# Lennard Wolf

## Löwenzahnkäfig

*Die Parteileitung hat die ganze Wahrheit,*

*der Gebietsparteisekretär hat die halbe Wahrheit*

*und der Bürger, tja der, der hat keine Wahrheit.*

– chinesisches Sprichwort

# Löwenzahnkäfig

**Lennard Wolf**

Bibliografische Information der Deutschen Nationalbibliothek: Die Deutsche Nationalbibliothek verzeichnet diese Publikation in der Deutschen Nationalbibliografie; detaillierte bibliografische Daten sind im Internet über dnb.dnb.de abrufbar.

für S & J

Verlag: BoD · Books on Demand GmbH, Überseering 33, 22297 Hamburg, bod@bod.de
Druck: Libri Plureos GmbH, Friedensallee 273, 22763 Hamburg
ISBN: 978-3-7693-5488-1

# Inhalt

## Abbildungsverzeichnis

# Prolog

„Wir haben kein Mitleid und wir fragen nicht nach eurem Mitleid. Wenn unsere Zeit kommt, werden wir uns nicht für den Terror entschuldigen", schrieb Chefeditor Karl Marx 1849 in der letzten Ausgabe seiner Kölner Zeitung.[1]

„Uns ist alles erlaubt", ergänzte sein Schüler Lenin später während des russischen Bürgerkrieges.[2]

Genauso handelten sie.

Sowjetrussland, die Geheimpolizei Tscheka und der Gulag waren eben gegründet, als im Juli 1918 der oberste Rat unter Jakow Swerdlow tagte. Wegen eines Attentats auf ,Pressekommissar' Wolodarski wurde der „rote Massenterror gegen die Bourgeoisie und ihre Agenten" beschlossen[3]. Als auch noch ein Doppelattentat auf Lenin und Tscheka-Chef Uritzki folgte, nahm der Staatsterror Fahrt auf. Zehntausende Bürger wurden unmittelbar umgebracht. Viele weitere folgten ihnen.

Lange Jahre währte das sozialistische Experiment. In jedem der zahlreichen Satellitenstaaten, wie etwa der DDR, gab es ein Gefängnissystem für Häretiker sowie eine politische Geheimpolizei nach dem Vorbild der Sowjetunion. Bis zum allgemeinen Zusammenbruch um 1990 starben weltweit etwa 80 Mio. Menschen.[4]

Ein Stück vom Leben im DDR-Sozialismus – jenem unerfüllten Traum von der Gleichheit und einem harmonischen Garten Eden auf Erden –, berichtet der ,Schwimmer', wie ihn die Staatssicherheit in einem ,Operativen Vorgang' nannte.

Das Buch gibt den Geist der Zeit wieder.

Januar 2025

# Einzelhaft

Vom betonierten Hof führen ihn lange Kellergänge zu einem halboffenen, beinahe heimeligen, nur von einer Schreibtischlampe erhellten Raum. Offenbar ist dies die Kleiderstelle. Ein großes Ziegelgewölbe im Hintergrund jedenfalls sieht wie ein Theaterfundus aus. Unschlüssig bleibt Wolf stehen. Er wird zum Betreten eines historischen Holzpodests aufgefordert, das von einem niedrigen Gatter mit Türchen umgeben ist. Es wirkt lächerlich klein.

Der Uniformierte wirft einen kurzen Blick auf den Neuling.

„Taschen leeren!", verlangt er.

Das ist nun einigermaßen unmöglich. Stumm hält Wolf die gefesselten Hände hin. Der andere lässt unwirsch die Acht aus Aluminium vom Transport aufschließen.[5]

Eine Ablage ist nicht vorhanden. Wolf deponiert also seine Habe auf dem handbreiten Geländer.

„Ausziehen!"

„Kann ich meine Sachen nicht anbehalten?", fragt Wolf verblüfft. Immerhin ist er ja kein Verurteilter.

„Die werden hier nicht gewaschen. Nehmen Sie besser unsere."

Das klingt nach einem längeren Aufenthalt. Aber auch sinnvoll. Wolf gibt nach.

„Kleidergröße?"

„Weiß ich nicht", antwortet der Zwanzigjährige.

Der andere mustert ihn kurz. Mit abschätzig verzogenem Mund verschwindet er im Hinterraum.

„Alles!", befiehlt der Mann mit der Goldrandbrille, als er wieder erscheint, und weist auf den Slip.

Wolf ziert sich etwas, beugt sich aber den Gepflogenheiten.

Die Märznacht ist kalt, eilig legt er das Überreichte an: graue Unterwäsche der praktischen Art aus Feinripp. Einen blauen

Kunstfaser-Trainingsanzug. Dazu gibt es nagelneue Halbschuhe, Marke ‚Granit'. Die Schnürsenkel sind zu entfernen. Nichts Persönliches bleibt an ihm, auch kein Ring. Die Schachtel Streichhölzer schiebt er sich unbemerkt in die Hosentasche.

Über drei Etagen aufwärts geführt, vorbei an vielen breiten, grau gestrichenen, schweren Holztüren mit Spion, geht es durch eine davon, herein in eine Zwei-Mann-Zelle. Zwei hünenhafte Uniformierte mit Gummiknüppel am Gürtel, die wie zum Sprung bereit aussehen, füllen sie beinahe komplett aus. Man belehrt ihn zur Hausordnung. Die besagt etwa, dass man an die Wand zurückzutreten und Meldung zu machen hat, wenn die Zellentür geöffnet wird – das Gesicht stets zur Tür gewandt.

Als sie weggehen, fragt Wolf nach einem Anwalt. Antwort erhält er keine. Die Tür wird verriegelt.

Bald darauf kommen sie zurück, treten ein und legen ein Blatt mit lokaler Anwaltsliste auf den schmalen Tisch. Vogel in Berlin, der Abschiebeanwalt, steht nicht darauf.

„Nur die können Sie nehmen", wird ihm gesagt.

Wenigstens ist A. gelistet, dem man das gleiche Geschäft nachsagt. Die anderen vier auf der erstaunlich kurzen Liste kennt Wolf nicht. Entscheiden muss er sich sofort.

‚Na, den Bock wollen wir ja nicht zum Gärtner machen', denkt er und unterstreicht A. Zu seiner Genugtuung wechseln die Uniformierten einen wissenden Blick.

‚Tja, ganz so unbeschlagen bin ich eben nicht, Leute', findet Wolf still, eine Spur besser gelaunt.

Die Stasi-Leute gehen.


Essen wird hereingegeben. Es ist ein beiger Plastikteller mit zwei Margarinesternen. Dazu je zwei Scheiben Mischbrot und Sülzwurst. Hier nennt man sie ‚Fensterwurst', erfährt er später, weil sie so dünn ist, dass man hindurchsehen kann. Weiter gibt es einen Plastikbecher mit Henkel, der kalten ‚Muckefuck', also Malzkaffee, enthält. Ungenießbares Zeug.

Wenigstens ist zum Runterspülen fließendes Wasser am Waschbecken vorhanden. Oder ist das präpariert? Jedenfalls schmeckt es normal.

Allein gelassen, verzehrt er alles.

Es ist die minimale Versorgung, die er noch aus dem Kinderferienlager kennt. Die es immer gab, wenn man zu spät kam und nichts anderes an Genussvollem mehr da war.

Zu seiner Überraschung ist es ein Uniformierter, der das Geschirr bringt und auch wieder abholt. Wohl um den Kontakt mit anderen Insassen zu vermeiden, machen die das hier.

Zwei Riegel verschließen knallend die Holztür. Von innen ist sie vollständig mit grauem Blech beschlagen. Ein Schlüsselbund rotiert.

Erstmals sieht er sich um. Den Raum erhellt ein typischer ‚sibirischer Kronleuchter', bestehend aus einer einzelnen Glühbirne. Sie ist über der Tür in eine Mauernische eingelassenen, die mit klarem Plastik abgedeckt wurde. So ist sie unerreichbar. Wolf betrachtet die sinnige Konstruktion. Das Licht bricht sich im Kunststoff in feinen, irisierenden Kreisen. Er kneift die Augen zusammen, um den Eindruck zu verstärken. Es sieht nun aus wie nach einem langen Schwimmtraining im Chlorwasser. Die Welt ist danach immer eine Zeitlang wie in Regenbogenfarben getaucht. Für einen Moment erinnert er sich an die angenehme Mattigkeit nach dem Sport, wenn er wie in Trance nachhause lief.

Himmelweit entfernt ist das jetzt.

Ein Bettlaken gibt es nicht, dafür zwei dünne Wolldecken. Warm genug ist der Raum immerhin, wenn er die Lüftungsklappe nicht öffnet. Draußen ist ja noch Winter.

Auf den drei Seegraspolstern der Holzpritsche sind Flecken, über deren Herkunft Wolf lieber nicht sinnieren will.

‚Gott o Gott, wo bin ich hier gelandet', denkt er noch, wickelt sich fest in die Decken und schläft sofort ein.

„Gesicht frei!", ruft irgendwann einer, der durch den Spion blickt.

‚Was will der? Ach ja, die Hausordnung', erinnert sich Wolf schlaftrunken und zieht sich die Decke vom Kopf. Eine miese Regel, denn hier gibt es wohl Dauerbeleuchtung. Traumlos vergeht die Nacht.

*

Kurzes, hartes Klopfen weckt ihn am Morgen. Wolf ist sofort hellwach und voller Tatendrang. Einen Augenblick lang muss er überlegen, wo er eigentlich ist. Es ist wohl schon etwas später, eine Uhr hat er ja nicht. Ach ja, da war das stundenlange Verhör gestern.

Es scheint angebracht zu sein, aufzustehen. Rasch angekleidet und gemäß Anstaltsordnung die Decken zusammengefaltet am Fußende der Pritsche platziert, wartet er.

Lange passiert nichts.

Zu seiner Überraschung öffnet sich eine Metallklappe, die in der Tür eingelassen ist. Eine kleine, hellgelbe Plastikschüssel wird daraufgestellt.

Er zögert.

„Essen fassen!" Auf den barschen Befehl hin greift er zu.

Es ist Kohlsuppe ohne sonstige Zutat.

„Will ich nicht", sagt er später zu dem abholenden Uniformärmel und stellt sie auf die Luke.

„Hier wird aufgegessen. Oder wollen Sie das Essen verweigern?"

„Na gut", sagt Wolf leise, eine Lösung parat. Er nimmt die Schüssel und appliziert den Inhalt direkt ins WC. Dem Ärmel genügt es, dass sie nun leer ist.

Weiterhin geschieht – nichts.

Wolf hat Zeit, über seine Situation zu grübeln. Diese Untersuchungshaftanstalt wird von der Staatssicherheit betrieben, die den Insassen ihre Allmacht sichtlich en Detail spüren lässt. Der Delinquent – Verdächtiger wäre zu viel gesagt, denn seine Anwesenheit beweist ja bereits seine Schuldigkeit – gibt mit der Kleidung auch seinen Namen ab. Er ist jetzt

‚46/1', benannt nach Zellennummer und Holzpritsche. Immerhin sind ein WC, ein Waschbecken, ein Handtuch sowie Tisch und Stuhl vorhanden. Allerdings kein Spiegel. Also ist er nur mehr ein Körper – in fremder Kleidung, namenlos und selbst sein Gesicht kann er nicht sehen. Hier soll man wohl fertiggemacht werden, was sonst. Staatsfeind, was sonst.

Gegen halb vier Uhr nachmittags wird Wolf einem Haftrichter vorgeführt, wie er auf dessen goldener Armbanduhr sehen kann. Der vitale, kleine Mann Anfang dreißig wirkt beschäftigt, eine Routinesache. Die Sekretärin neben ihm trägt ein hochgeschlossenes, enges rotes Top, das am Busenansatz dreieckig ausgeschnitten ist. Eindeutig West- oder ganz hochwertige ‚Exquisit'-Ware. Hier lässt sich's offenbar leben. Noch unterliegt Wolf der Illusion, dass sich die Sache jetzt aufklären ließe und er gehen könne. Ein paar öffentliche Losungen sind ja nun wirklich nicht die Welt. Doch weit gefehlt: Als Begründung für die angeordnete Untersuchungshaft steht auf dem Vordruck knapp ‚§§ 220'. Ein kleines schwarzes Kästchen rahmt die folgenschweren Zeichen ein.
„Was heißt das?", fragt er.
„Öffentliche Herabwürdigung", wird ihm unwirsch erklärt, so als wüsste das jeder. Wolf hört zum ersten Mal davon.
„Und das rechtfertigt Untersuchungshaft?", wirft er recht unpassend ins geschäftige Treiben ein.
„Wissen Sie überhaupt, was Anarchismus ist?", blafft ihn der Jurist zornig an.
Das soll also die Antwort sein? Augenblicklich wird ihm klar, dass der Mann hier nur die Schreibkraft ist, die etwas erledigt, was andere festgelegt haben. Offenbar ist es zwecklos und Wolf spart sich jede weitere Bemerkung.

Zurück im Zellentrakt wird er sofort in eine Einzelzelle verlegt. Das geht schnell, denn bis auf die Wolldecken und das Handtuch ist nichts mitzunehmen. Besteck und Sanitärsachen befinden sich vor der Zelle in einem Regal.

,Nun denn also, 44/1', stellt er nüchtern fest. Wobei die 1 ja sinnlos ist, denn eine weitere Pritsche passt gar nicht hinein. Also ist er einzig wegen Utz' Anarchistenzeichen hier, nicht wegen der Losungen? Schön blöd. Wusste er's doch, dass das Symbol Mist war.

Jetzt ist er Einzelhäftling. In einer Einrichtung, die ihn einfach geschluckt hat. Und bald dünkt ihn, dass sie ihn auch lebendig begräbt. Man kennt das ja aus dem Kinofilm ,Papillon'. Die Episode, als McQueen in einer Einzelzelle in Französisch-Guayana sitzt. Wo er Tausendfüßler isst und dann ziemlich abgerissen nach drei Jahren rauskommt. Das ist aber in der ungerechten Welt der bösen Kapitalisten gewesen, in Kolonial-Frankreich. Den Streifen hatte er in den ,Goethe-Lichtspielen' auf dem Boulevard der Stadt gesehen.
Hier bei der Staatssicherheit gibt es jedenfalls keine Tausendfüßler, nicht mal Kakerlaken. Hier endet er bestimmt nicht so. Oder wie?
Wolf hat Muße, das merkwürdige Sein dieser Einzelzelle ausgiebig zu betrachten. Bald kennt er jedes Detail. Das Gebäude mit seinen dicken Ziegelmauern ist vorsozialistisch, wahrscheinlich aus der Kaiserzeit. Rechts neben der Zellentür steht ein mächtiger grauer Rippenheizkörper an der Wand. Die Seitenwände sind bis auf Brusthöhe mit derselben blaugrauen Ölfarbe gestrichen. Es ist denkbar eng. Den Arm ausgestreckt und die linke Hand flach auf eine Wand gelegt, reicht der Platz auf der anderen Seite nur bis zum Ellenbogen. Dafür ist die Zelle ganze sechs Schritte lang.
Das Fenster gegenüber ist eigentlich keines. Dort sind Glasbausteine eingemauert. Einmal von oben herab auf der Innenseite. Eine Handbreit dahinter erneut, diesmal von unten aufwärts. Die letzte Reihe Glasziegel hat man dabei jeweils weggelassen. So kann der Delinquent nicht hinaussehen, doch Frischluft ist gegeben. Gemein, aber wirkungsvoll. Ge-

gen Kälte ist eine beige lackierte Holzklappe waagerecht dazwischengesetzt. Sie knarrt, als Wolf sie öffnet, und ist eingestaubt.

‚Hier war wohl lange keiner', denkt er seufzend. Sicher ist er ein Einzelfall.

Mehr als schummriges Tageslicht und den Schatten eines Gitters kann er hinter dem trüben Glas nicht erkennen. Hier endet alles Sichtbare.

Die Einzelzelle ist eine völlig stille Welt, nur gelegentlich von Geräuschen gestreift. Wer aus der lärmenden Stadt kommt, ist zunächst wie betäubt. Die Zeit tröpfelt langsam dahin; zäh, endlos. Ein unbändiges Verlangen nach Freiheit, Bewegung, Luft und Sonne – Dingen, die er ganz selbstverständlich immer hatte – erfasst Wolf. Und dennoch ist es nicht zu befriedigen. Der äußere Zwang ist jede Sekunde spürbar. Sentimentaler Schmerz packt ihn. Mit einem Streichholz kratzt er ein paar sehnsüchtige Verse in den Staub der Lüftungsklappe, wohl wissend um ihre ungelesene Vergänglichkeit. Was man glaubt, denkt, hofft, hat hier keine Bedeutung. Das Personal agiert einzig mit knappen Anweisungen. Existiert er überhaupt? Ist der Mensch mehr, oder doch nur die Vorstellungswelt im eigenen Kopf? Es ist, als sei nichts vorhanden außer Imagination. Bloß kein Selbstmitleid jetzt. Genau das ist ja das Ziel der Staatssicherheit, die ihn als Feind sieht. Die Absicht, den Verhafteten mürbe zu machen; ihn in Selbstzweifel über seine Überzeugungen zu stürzen. Was er ihnen nicht liefern wird.

Kleine Geräusche werden zu Sensationen.

Tauben gurren draußen auf einer Dachrinne. Was ihn zunächst erfreut, erscheint ihm bald wie der Totengesang für lebendig Begrabene.

Jemand in der Nachbarzelle klopft an die Wand. Wolf klopft zurück. Der andere wiederholt. Er auch. Sichtlich will der ihm etwas mitteilen, doch Wolf kennt die Sprache nicht, kommt zu seinem Bedauern auch nicht darauf. Er gibt auf.

„Frau Meister, die Küche!", ruft draußen eine Frau.
Drei, vier Mal, in Abständen. Sie ist ihm schon ganz vertraut.
Jeden Abend tut sie das, vermutlich gegen fünf oder sechs.
Sicher ist es eine Gefangene. Wie alt mag sie sein? Dreißig,
vierzig vielleicht?
„Fragen sind an den Vernehmer zu stellen", schnarrt die Essenausgabe, als er einmal wissen will, wie lange das hier
denn dauert. Dann schenkt er weiter schweigend aus.
Jeden Tag verlangt Wolf nun, zum Vernehmer gebracht zu
werden. Doch der holt ihn nicht. Will ihn wohl weichkochen
oder hat einen anderen Fall. Oder... wer weiß.
Am dritten Tag gibt man ihm ein Buch durch die Klappe. Auswahl gibt es keine. Es ist „Ole Bienkopp" von Erwin Strittmatter, ein Schmarren über die Segnungen der Bauernkollektivierung. Immerhin erwähnt der Autor, dass die Kühe in den
neuen Rinderoffenställen im Winter tot umfielen, wo nun ja
eigentlich Luft und Licht zum Wohl der Tiere rein sollte. Und
dass die offenen Stalltore jemand von der Partei mit Lederjacke befohlen hatte, ein Funktionär halt. Ansonsten sei aber
alles bestens. Diese Dörfler lernten nun, was sozialistischer
Fortschritt ist.
Wolf zwingt sich, jeden Tag nur fünfzig Seiten zu lesen. Das
müsste reichen bis zur nächsten Buchausgabe in einer Woche.
Unter den Buchstaben des Textes sind Punkte und Striche
mit Fingernagel eingedrückt, die er aber nicht deuten kann,
die für ihn keinen Sinn ergeben. Ein Buch im Buch.
‚Na ja, was für Literatur mag das wohl schon sein', denkt Wolf
und weiß doch, dass er nur der Fuchs in Äsops Fabel von den
Trauben ist, der sie verschmäht, weil er sie nicht erreichen
kann.

Das Wochenende ist ausgesprochen tragisch. Die Verwaltung ist auf Minimalbetrieb, gar nichts passiert im Ziegelgemäuer. Der Stasi-Apparat hat frei. Nur er selbst ist, unter Verkettung unliebsamer Umstände, in die Falle, soll heißen: die Zelle, geraten. Pech gehabt.

Immerhin bringt man ihn täglich zum Freigang in eine Hofbuchte, wortlos. Für eine geschätzte halbe Stunde sieht er zwischen hohen grauen Wänden den Himmel. Kann frei durchatmen. Oder geschieht das nur, um ihn auf grausame Weise an das zu erinnern, was er verloren hat? Das könnte denen so passen. Wolf beschließt, es als Vorteil zu sehen.

Oben am Gemäuer sieht er die gurrenden Tauben. Sie sitzen auf einer zerlöcherten Dachrinne, die, um sie zu vertreiben, offenbar mit Kleinkaliber beschossen worden ist. Was aber nicht gelang. Der Gedanke kommt ihm, dass sie frei sind, dass sie zur Saaleaue fliegen könnten, die ganz in der Nähe ist, einfach so. Doch will er darüber lieber nicht weiter nachdenken. Es ist zu schmerzlich.

Einmal schreit jemand unten im Gebäude, vielleicht im Keller. Glas splittert. Womit kriegt der nur die Glasbausteine kaputt? Wohl mit dem Stuhl. Er muss schon recht kräftig sein. Der arme Teufel ist wohl ausgerastet. Hastige Schritte im Gang, dann Stille.

Einmal führt man Wolf in den Keller. Auf einer uralten Holzstellage aus der Kaiserzeit hat er Platz zu nehmen. Eine Stativkamera fotografiert von vorn und im Profil. Dazu bedient der Uniformierte kurioserweise einen mechanischen Hebel, der den Sitz unter ihm dreht. Es geht eben nichts über altbewährte Technik. Eine hölzerne Plattenkamera mit qualmendem Blitz hätte ihn hier nicht verwundert.

In einer Ecke steht eine mannshohe Stellage unbekannter Funktion. Sie ist mit Stoff abgedeckt. Ist wohl ein Lagerraum, denkt Wolf.[6]

Würde er sich wegen Sehstörungen zum Optiker melden, käme sicher sein Ex-Chef vorbei. So könnte er sich draußen bemerkbar machen! Einmal im Monat, immer Mittwoch nachmittags, wenn das Ladengeschäft geschlossen ist, nimmt er hier Refraktionen vor.

Brillenreparaturen für die Insassen hatte Wolf öfters gemacht. Auf die Auftragstüten hatte der Chef nur römische Ziffern geschrieben, keine Namen. Alle waren aber unter derselben Anschrift, was Wolf verwundert hatte. Bis Kollegen ihm die Ursache verrieten. Nun firmierte er selbst unter dieser Adresse – Ironie des Schicksals.

Der Versuchung, sich vorführen zu lassen, widersteht er. Sie könnten sich ja doch nur schweigend mit Blicken verständigen. Sicher würde der alte Chef die Nachricht seiner Haft verbreiten, doch dessen mitleidige Miene ist das Letzte, was er jetzt braucht. Helfen kann der auch nicht. Außerdem, wie kam der überhaupt in diese Vertrauensstellung bei der Stasi? Womöglich ist er selbst ein Zuträger, eine von den ‚gesellschaftlichen Kräften'.

# Wintertag

Die Verhaftung fand an einem jener grau-gelben Wintertage statt, von denen man kaum erwartet, dass sie das ganze Leben ändern. Anfangs war er sogar noch ein wenig azurblau und sonnig gewesen. Wolf hatte wie gewöhnlich morgens ab sechs Uhr Rettungsschwimmerdienst.

Das Stadtbad gehört seltsamerweise zum ‚VEB Frisur und Kosmetik'[7] und nicht zum Betrieb Naherholung, wo der Vater arbeitet. Es ist ein Kuppelbau mit Türmchen und Bögen und dicken Mauern, beinahe wie eine Festung. Innen gibt es hübsche grüne Jugendstilkeramik, auf der Meeresgott Poseidon mit Dreizack und Blumenmustern posiert. Froher Bürgersinn hatte das einst erdacht. Leider ist hier stets eine wenig zuträgliche Dampfatmosphäre.

Am ovalen Beckenrand liest er oft, auch wenn das nicht gern gesehen wird. Kommt Frau Wurms, ein sportlich-langer, blonder, borstiger Besen, so reißt sie ihm meist das Buch aus der Hand. Frau Larnski, die Chefin, interessiert sich eher für den Text. Sie hat Kinder in seinem Alter. Bald ist sie dann mit ihm in ein Gespräch vertieft, bei dem sie ihr eigentliches Anliegen schon mal vergisst. Da sie das weiß, kommt sie wohl lieber nicht so oft vorbei, vermutet Wolf.

Schon beim Vater, im Freibad am Rande der Döhlauer Heide, arbeitete er in den Schulferien als Rettungsschwimmer. Der Vater leitet das ‚Objekt Heidebad'. Und seit er sechs Jahre alt ist, schwimmt Lenni Wolf. Allerdings mit mäßigem Erfolg. 1:32 min ist seine jemals beste Wettkampfzeit. Das war auf hundert Meter Kraul bei den Stadtmeisterschaften. Sein Stil ist ganz gut, doch für die Sportschule, wie bei Sandkastenfreund Holger, reichte das nicht. Vorteilhafterweise, sagte er sich. Denn diese Leute haben immer grünlich schimmernde Haare vom Chlorwasser. Er beneidete ihn aber doch. Holger ist eigentlich dünn, aber wenn er mit den Armen krault, sieht es aus, als kreisten zwei Propeller durchs Wasser, so schnell ist er.

Auch aus einem anderen Grund sind ihm die Stadtmeisterschaften in unliebsamer Erinnerung. Das liegt an einem Wettkampf, bei dem er auf Bahn 8 startete – direkt unter der Zuschauertribüne. Anfangs lief es gut, doch nach der Wende riss ihm beim Rückenkraulen der Badehosengummi. Schwimmen oder die Hose festhalten war nun die Frage, und er entschied sich für Letzteres. Leute beugten sich grinsend über das Geländer. Einarmig rudernd kam er als Letzter ins Ziel. Zwar feixte niemand der Kameraden, schließlich hätte es jeden treffen können, doch für den Elfjährigen war die Schmach vollkommen gewesen.

Mit dem Sport ist er jedenfalls so verbunden, dass selbst die Staatsicherheit ihre Akte über ihn später „OV Schwimmer"[8] nennen wird.


Utz, bei dem Wolf inzwischen in der Dachmansarde wohnte, ist wie er selbst voller Lebenshunger und Neugier. Sie testen Grenzen und philosophieren wild über die Welt, ihren Sinn und das Leben überhaupt. Was man als Neunzehnjähriger eben so macht. Jetzt liest Wolf nur noch das, was man die ‚ernste Literatur' nennt. Alles andere hielte einen doch nur auf. Mit beglücktem Stolz erwarb er zuletzt die zweibändige „Kritik der reinen Vernunft" von Kant.

„Lebe so, dass die Maxime deines Willens jederzeit Grundlage einer allgemeinen Gesetzgebung sein kann", schrieb der. Nicht übel.

Max Stirners Buch „Der Einzige und sein Eigentum" wiederum, ein Hohelied auf den Egoismus, hat ihm Baader einmal auf der Straße gegeben. Ebenso wie Ossip Mandelstam.

„Der hat im Gulag gesessen", sagte er verschwörerisch.

Das war vertrauensvoll, denn das Thema ist ein Tabu. Sachen weiß der!

Baader ist selbsternannter Poet. Er nennt sich so nach seinem Vorbild aus der Weimarer Republik, einem verrückten Berliner Dadaisten. „Ich bin, also ist Schönheit", heißt dessen Buch. Matthias Holst, so sein richtiger Name, ist fünf Jahre älter, rappeldürr und recht beliebt. Zuletzt kam er braungebrannt und den Duft von Freiheit verströmend von einer Bulgarienreise zurück. Eine Frau, die seine Prosa schätzt, hatte ihm den Urlaub geschenkt, was doch erheblich seinen Ruhm mehrte. Baader betreibt Sprachakrobatik aus Satzfetzen, ziemlich kurios und stets bedeutungsschwanger. Den Job bei der Universitätsbibliothek hat ihm seine Mutter besorgt.

Dort findet Wolf auch vergessene Schreiber, wie Beumelburg, Lezius und Flex in einem alten Register abseits des Hauptarchivs. Viele der Karteikarten wirken wie aus einer anderen Zeit. Sie sind geschwungen mit Tusche geschrieben, beinahe gemalt, und schwer lesbar. Doch es gibt sie und selbst die Bücher dazu! Jemand musste all das über die Zeit gerettet haben. Wolf fühlt sich reich beschenkt. Wie viel Wissen kann man doch erwerben!

Manches ist hier im ‚Giftschrank' und nur im Lesesaal mit ‚wissenschaftlichem Nachweis' erhältlich, wie etwa O. Weininger. Weil er es unbedingt lesen will, fälscht er den Nachweiszettel. Es war aber schwülstiger Unsinn und die Sache nicht wert, denn gesperrt werden wollte Wolf hier nicht. Zwar hat er noch einen weiteren Ausweis, den der Karl-Marx-Universität Leipzig, doch dort gibt es nur Nachkriegsware, sozialistische Literatur. Die Stadt wurde im Krieg ausgebombt. Jedenfalls fand er zu seiner Enttäuschung nichts anderes.

Bis zum Ende der Schulzeit war es die Mutter gewesen, die Lenni an Feiertagen die neuesten Jugendbücher schenkte. Das waren sozialistische Belehrbücher wie „Das Mädchen von Ruda" von Werner Heiduczek. Eines Tages wird man ihn zu den Müllkippen-Autoren zählen. Aus der Sowjetunion kam „Elli im Wunderland", dazu Geschichten von sibirischen Tierkindern und, über den Deutschunterricht, „Timur und sein Trupp". Eine Alphabetisierungskampagne lief gerade rund um die Welt, angetrieben von den sozialistischen Ländern. Man war stolz darauf, lesen zu können.

Der Vater hatte einiges aus dem Militärverlag. Darin war alles Jetzige gut, das Vorsozialistische hingegen böse.

War der Vater mit dem Tagwerk seiner Baustatik durch, hatte er in der Deutschen Bücherei immer in Westbüchern geschmökert, die es nur hier gab. Am liebsten las er von der Fremdenlegion, seinem Steckenpferd. Dann träumte er von Abenteuern in fernen Ländern und von Kämpfen unter Einsatz des Lebens – in Camerone oder in Dien Bien Phu, der Dschungelfestung. Manchmal nahm er Lenni in diese Bibliothek mit. Zwar war es langweilig, denn der Vater wurde ärgerlich, wenn man ihn störte, doch der große Lesesaal mit den schweren Eichentischen, dem gedämpften, grünlichen Licht und der so ernsthaften Stille imponierte ihm.

Zuhause bei den Eltern trug Lenni das dauernde Lesen den Spitznamen ‚zerstreuter Professor' ein, denn wurde er plötzlich etwas gefragt, musste er sich erst wieder in die Gegenwart zurückfinden. Der Bruder, der ein Jahr jünger ist, las ungern. Das Konzentrieren auf eine Sache strengte ihn an. Er ‚tobt lieber rum', wie die Mutter es nannte.

Zuhören konnte er aber. Gingen sie sonntags im Wald spazieren, lauschte auch er hingerissen dem Vater, der sich ein Forscherteam auf Reisen in der Saurierzeit ausgedacht hatte und die Geschichte öfters fortspann, um den langen Weg abzukürzen.

„Der Körper braucht Luft und Bewegung", war seine stetige Predigt, wobei er rasch voranschritt. Da half kein Jammern über platte Füße.

*

Dieses, sein neues Leben, hatte eigentlich, wenig prosaisch, aus Langeweile begonnen. Er war vierzehn Jahre alt geworden und verbrachte wie jedes Jahr die Sommerferien bei der Großmutter im Harz. Diese bemerkenswerte Frau mit ihren fünf Vornamen, von denen er sich immer nur drei merken konnte – Helga, Hedwig, Aline –, lebte mit ihrem Mann in einem großen Bürgerhaus. Ihr Papa Karl hatte es einst erbaut. Zeitliche Zwänge, so wie bei Lenni in der Neustadt, kannte sie kaum. Beim Frühstück in der Gartenlaube plauderte sie gern von der alten Zeit, als ihr Papa noch das Fagott im Orchester des Herzogs spielte, oben im Schlosstheater. Meist schlief sie dabei ein, bloß um eine Stunde später, wieder wach geworden, weiterzuerzählen.

Die Großmutter hatte er sehr gern. Viele Anekdoten kannte sie: schöne und tragisch-romantische, traurige und lustige. Im Wald etwa, auf halbem Wege zum Jagdschloss, zeigte sie Lenni eine Holzbank. ‚FÜR FAULE‘ war dort eingraviert.

„Das heißt: Friede und Ruh' Finden Auch Unglücklich Liebende Einmal", erklärt sie.

„Da hat sich ein Liebespaar erschossen. Die Eltern wollten die Verbindung nicht, sie war nicht standesgemäß. Ist das nicht tragisch?"

Da war er plötzlich froh, im Sozialismus zu leben. In der neuen Zeit, wo alle gleich sind.

„Die Russen haben uns befreit. Von allen guten Dingen haben sie uns befreit", war auch einer ihrer Sprüche, wenn wieder einmal etwas nicht zu bekommen war, in der Mangelwirtschaft.

„Und um hundert Jahre zurückgeworfen", ergänzte sie, wenn sie sich einmal richtig ärgerte.

„Großmutter, wenn das einer hört!", sagte Lenni dann erschrocken.

Die Russen sind sakrosankt, das sind die ‚Befreier‘. Sagt man nichts Positives, so hat man sie zumindest zu ignorieren. Einfach, als gäbe es sie gar nicht. Man sieht sie ja auch kaum. ‚Frage dich, wen du nicht kritisieren darfst, und du weißt, wer herrscht‘, soll ja Voltaire einmal gesagt haben. Die Großmutter findet er mutig.

Abb. 1 In der Laube im Harz

„Ich bin doch eine alte Frau. Was soll mir schon passieren?",
pflegt sie dann zu sagen.

Sie hatte sicher recht. Eines Tages im Sommer kam ein Brand-
schutzkomitee ins Haus. Es waren drei Männer mit dicken
Aktentaschen, die sich überall umsahen. Kurz danach musste
sie erklären, woher der antike Sekretär stammt, der im
Wohnzimmer steht. Eigentlich kam er aus dem Anhaltiner
Schloss, doch sie hatte ihn wirklich und wahrhaftig nach dem
Krieg für 600 Mark gekauft und besaß eine Quittung. Da zogen die Herren verdrossen wieder ab. Wie sich viel später
zeigte, waren die Leute von der Stasi gewesen. Sie durch-
suchten Privathäuser nach Antiquitäten und filmten heimlich
dabei. Konnte der Besitzer das Eigentum nicht nachweisen,
wurden die Sachen beschlagnahmt und an einen Westpoliti-
ker für Devisen verkauft.[9] Der saß mit ihnen in der deutsch-
deutschen Verkehrskommission und sollte sich eigentlich nur
um die paar Transitstraßen kümmern, die nach Westberlin
gehen.

‚Es gibt doch hässliche Menschen, nicht wahr?', pflegte die
Großmutter bei solchen Dingen zu sagen.

Womit sie aber den Charakter meinte und nie das Äußere. Es widersprach eben ihrem ästhetischen Empfinden. Dann wechselte sie gleich zu Schönerem. Wie etwa in jene Zeit, als Herr von Otterstedt sie die Landschaftsmalerei lehrte. Oder sie sprach über ihr Studium an der Kunstschule des Westens in Berlin-Charlottenburg. „Ich wollte so gern Bildhauerin werden, aber das war zu schwer für mich." Oder, oder...

In dieser alten Villa am Ostrand des Harzes, in der Dachmansarde, welche die Großmutter die ‚Schlafkoje‘ oder ‚das Kabinett‘ nannte, stand ein altes Bücherregal, das Lenni zunächst ärgerte, weil es Platz wegnahm. Da es nun aber einmal da war, beschloss er, es näher zu besehen. Es war ganz erstaunlich. Verstaubte Bücher standen hier hinter einem Vorhang, unberührt, so als harrten sie ihrer Erweckung. Die meisten waren aus Großmutters Kindheitswelt, die eine so gänzlich andere als die seine gewesen war. Da gab es „Brinker oder Die silbernen Schlittschuhe", mit fein silbern ziseliertem Einband. Und dicke Bände der „Gartenlaube", die ihre Eltern gelesen hatten. Auch „Leutnant Völkes Reise nach Afrika", ein Privatdruck auf dickem Glanzpapier. Die Albumin-Fotos darin, die jedes Detail erkennen ließen, zeigten Großwildjäger mit Flinte über zahllosen erlegten Löwen und Antilopen. Der Offizier hatte es einst der Familie geschenkt. Solche Leute gab es doch sonst nur in Geschichtsbüchern! Seine Großmutter aber hatte sie gekannt! Die Texte zwangen Lenni dazu, Frakturschrift zu lernen, und das unscheinbare Regal wurde zum Tor in eine andere Welt.

Ein kleines Werk, ein ganz schmales mit verrosteten Klammern, berührte ihn. In vorwurfsvoller Trauer beschrieb es die Ermordung des russischen Zaren durch die Bolschewiken. Das war unerhört. Nach seinem sozialistischen Schulwissen galt der Adel als dekadent und der Zar wurde 1918 zu Recht erschossen. Hier aber war von der ganzen Familie die Rede, und es dauerte ihn unendlich, dass auch die Töchter, die doch in seinem Alter waren, umgebracht worden waren.

Was konnten diese Mädchen denn schon Übles getan haben? Außerdem sahen sie mit ihren langen Locken und ihren Spitzenkleidern schön aus. Solche Kleider trug einst auch die Großmutter auf ihren Kinderfotos. Damals, als ihr Vater den Ratsdienereid auf den Herzog von Anhalt geschworen hatte.

„Helga hatte es gut. Wir hingegen waren immer viele", sagte Eva, die Westberliner Tante, die als Kind in den Sommerferien oft im Kurort gewesen war. „Wenn sie ihren Mittagsschlaf hielt, mussten alle im Haus still sein."

Eigentlich war Helga ja auch eine Prinzessin gewesen, dachte Lenni stolz. Schließlich war ihre Oma eine geborene ‚von der Heyden' gewesen. Sie starb jung und von wem ihr Sohn war, wusste niemand. Der Pfarrer erkannte das musische Talent und schickte Karl auf ein Konservatorium.

Abb. 2 Foto aus „Der Dornenweg des letzten Zaren", Berlin 1931. Rechts nachträglich koloriert (Olga Shirnina).

Das gewichtigste von all den Büchern aber war Schopenhauers „Grundprobleme der Ethik" gewesen. Weder wusste Lenni, was Ethik war, noch, dass es da Probleme gab. Viele griechische Zitate ohne Übersetzung fanden sich im Text eingestreut. Während die Sommersonne mild durch das kleine Fenster schien und die gekalkten Wände golden schimmern ließ, arbeitete er sich eisern durch, kaum die Hälfte verstehend. Das Altgriechisch aber, das blieb ihm trotzdem ein Rätsel. Er kannte niemanden, der die Sprache verstand.

Bildung, sagten alle immer wieder, sei wichtig und nützlich. Und so lernte er. Offenbar stimmte aber die Richtung nicht,

18

die Bücher hier waren ja verboten. Oder zumindest als bürgerlich verachtet. Der Einzige, mit dem er das Interesse teilte, war Klassenkamerad Thomas, jedoch nur, weil der Antiquitäten schön fand und sammelte.

Dass es eigentlich die Systemfrage war, auf die er so unbedarft zusteuerte, zeigte sich bald.

Abb. 3 Halle – Neustadt. 2.Wohnkomplex am Zollrain 1988

# Wintertag II

Am Verhaftungstag erschien um acht Uhr der ‚Schwimmverein 1905' im Stadtbad. In den Holzkabinen, die das Oval des türkisblauen Beckens umstanden, zogen sich die alten Damen gemächlich um.

„Ob sie wohl noch aus der Gründungszeit des Bades stammten?", sinnierte Wolf, während er die Schwimmerinnen beaufsichtigte. Er rechnete die geschätzten Lebensalter zusammen. Siebenhundert Jahre waren es bestimmt. Ihr langsames Treiben im Wasser bereitete ihm stets Kopfzerbrechen und er grübelte, wie wohl diese oder jene gewichtige Dame im Notfall herauszuziehen wäre, falls das nötig sei, und ob ihm das überhaupt gelänge.

Nach einer Stunde war es glücklicherweise vorbei und das Schulschwimmen mit den Sportlehrern begann. Er hatte nun etwas frei und ging zur Post.

Draußen war es bitterkalt. Wie Winters immer, lag ein gelblicher Dunst über der Stadt. Es lag an den vielen Öfen, die mit Braunkohle geheizt wurden. Anders als in Neustadt hatten hier nur wenige Leute eine moderne Fernheizung. Kleine Häufchen schmutzigen Schnees säumten die Bürgersteige, zusehends schrumpfend, denn geschneit hatte es schon seit Wochen nicht mehr.

Auf der Post trifft er einen Bekannten seines Alters, den er wegen seiner Wichtigtuerei aber nicht sonderlich schätzt. Er redet immer laut und blickt dabei in die Runde, um zu sehen, ob ihm auch gelauscht würde. Sie wechseln ein paar Worte. Er sollte der Letzte sein, mit dem Wolf in diesem Land, in dem er sein ganzes Leben verbracht hatte, in Freiheit spricht.

Zurück im Bad schiebt Wolf noch zwei Stunden Dienst, was überwiegend Herumstreifen und Plaudern mit der Garderobenfrau Lilo bedeutet. Die ist etwa sechzig und noch recht fesch für ihr Alter. Bei den Gesprächen hat sie die Angewohnheit, dem jungen Kerl deftige Geschichten aus dem Alltag des

Bades zu erzählen. Dabei sitzen sie im Aufenthaltsraum und rauchen. Oft spielt sie geziert mit dem Zipfel ihrer blauen Schürze, der auf dem Oberschenkel ihrer überschlagenen glatten, dünnen Beine liegt. Lilo war einst, so sagt man, im KZ gewesen, erhielt aber zu ihrem Ärger keine dieser hohen VVN-Renten, da sie nicht politisch, sondern als Prostituierte dort war.[10] Dass Wolf immer recht bald zu lesen beginnt, irritiert Lilo jedes Mal. Dann greift sie zum Kreuzworträtsel in der ‚Freiheit‘, der örtlichen Tageszeitung der Staatspartei.

Sein aktuelles geliehenes Buch stammt von der Friedensbewegung und aus dem Westen. Bastian und Kelly heißen die pazifistischen, grünen Helden darin. Sie sind fortschrittlich und visionär, geradezu revolutionär. Allerdings auch kurios. Er hat das Buch abfotografiert. Die selbst entwickelten Filmrollen und ein paar andere Bücher deponierte er im leeren Spind neben seinem eigenen, damit die Sachen ihn nicht kompromittieren. Eine sinnvolle Maßnahme, wie sich bald zeigt, denn die Stasi wird sie nicht finden. Frau Larnski vielleicht, aber die hat sie ihnen wohl nicht ausgehändigt. Er sieht die Dinge nie wieder.

Gegen vierzehn Uhr, bald schon Feierabend, ruft ihn die Chefin per Haustelefon zu sich. Er trifft sie bereits in der Vorhalle, sie ist ihm entgegengelaufen. Es musste wohl wichtig sein.
„Auf Sie warten zwei Herren. Die sind heute Morgen schon mal dagewesen, aber ich habe sie weggeschickt“, erklärte sie, ihn verschwörerisch anblickend, so als hätte sie ihm einen Gefallen getan.
„Sonst hätten wir das Bad schließen müssen, habe ich denen erklärt.“
Ihr politischer Mut ist, wie bei den meisten, etwas gebremst und sozusagen privat, aber eine überzeugte Genossin ist sie nicht. Dann doch eher das Gegenteil. Zum Beispiel lässt sie, anders als allgemein üblich, ihren Weihnachtsbaum zuhause von der Decke baumeln, wie sie einmal erzählte. Das ist zwar nur seltsam, aber bereits gesellschaftlich auffällig.

„Ach so", antwortete Wolf so beiläufig wie möglich, ist aber voller Adrenalin.

Es hätte ihm nichts genützt, wenn er von dem unliebsamen Besuch vorab gewusst hätte. Fliehen wollte er ja nicht. ‚Jetzt geht's wohl los', denkt er nur.

Im Büro stehen ihm zwei dickliche Herren in schlechtsitzenden Anzügen gegenüber. So stellt er sich frühere, kapitalistische Staubsaugervertreter vor. Wegen der hohen Luftfeuchtigkeit im Bad schwitzen sie ziemlich.

„Komm'se mit", wird er knapp aufgefordert. Seine Frage nach dem Warum wird mit der üblichen Floskel, ‚Zur Klärung eines Sachverhalts', beantwortet.

Draußen platziert man ihn im Fond eines Polizeiautos der Marke ‚Lada 1500' zwischen zwei Genossen. Es ist recht eng. Die Türen werden mit einem Klacken verriegelt. Der Laut ist unangenehm und seither packt Wolf immer eine gewisse Unruhe, wenn andere ihn irgendwo einriegeln.

Wolf ist verblüfft, dass keiner der Passanten Notiz von der Angelegenheit nimmt, doch wird ihm das noch öfters passieren. Na ja, warum sollten sie auch, so im Großstadtgetriebe.

Die kurze Fahrt führt zur Volkspolizeiwache des Stadtbezirks. Es ist ein recht großer Laden. Die Umstände scheinen ihm etwas bedrohlich, so etwas hatte er noch nicht erlebt. Die Sache war wohl ernst. Aber hat er es letztlich nicht provoziert?

Man führt ihn in einen kleinen, unbenutzten Konferenzraum, der mit zusammengeschobenen Bürotischen und sogar einem Rednerpult vollgestellt ist.

Die Anzugträger, die sich schon im Bad als Kripo vorstellten, beginnen umständlich danach zu fragen, wo er am Vorabend gewesen sei. Nach einigem Geplänkel, bei dem es ihm darum geht, herauszufinden, ob er überhaupt wegen ihrer Sache vom Vortag hierhergebracht worden war, entschließt er sich, einfach auszupacken. Das ist mit dem Freund abgesprochen, falls sie einen von beiden greifen würden.

„Sie suchen sicher den, der gestern Losungen angebracht hat", sagt Wolf geradeheraus und sozusagen ins Blaue hinein. Was konnte wohl des Nächtens in der Stadt sonst losgewesen sein?

„Das war ich."

Zu seiner Überraschung zeigt sich bei den vier Kripomännern keine Erleichterung über den schnellen Erfolg. Ein kurzes, bleiernes Schweigen breitet sich aus. Sie wissen wohl, was nun kommt. Es sind eben Männer aus dem Volk, trotz allem, mit Familien und Söhnen in seinem Alter.

„Wissen Sie, was Sie da sagen?", fragt einer schließlich schwerfällig, so als müsse er sich dazu durchringen, und sieht ihn beinahe bedauernd an. Wolf ärgert das.

„Ja", antwortet er trotzig bis frech, hat aber nicht wirklich eine Ahnung. Alle verlassen den Raum.

Er muss plötzlich an seine Klassenlehrerin denken. ‚Lenni neigt besonders in den Nachmittagsstunden zu unüberlegten Handlungen', hatte sie ihm einmal ins Hausaufgabenheft geschrieben. Die Mutter hatte gelacht und ihn ermahnt. Dass ‚Handlungen' immer überlegt sein müssten, ging ihm dann in der Pubertät wirklich auf den Zeiger.

Kaum eine Viertelstunde später treten plötzlich vier andere Herren auf. Statt der wollenen, groben Sakkos ihrer Vorgänger tragen sie glatte von deutlich besserer Qualität. Zudem sind sie jünger, sportlicher und sehen intelligenter aus als ihre Kripokollegen. Es ist die Staatssicherheit, was sonst.

Obwohl es etwas unangenehm ist, deren geballte Aufmerksamkeit zu haben, befriedigt es ihn doch.

‚Jetzt nehmen sie dich ernst', denkt er, ‚endlich.'

Dass diese Leute allerdings keine Spaßvögel sind, lernt er bald.

Von der Stasi, der Staatssicherheit der DDR, kursieren wilde Gerüchte. Ihr Verwaltungsgebäude in der Neustadt, gespickt mit modernen Richtfunkantennen, hat noch nie jemand betreten, den Lenni kennt. Es heißt, es gäbe dort tiefe Polster, aus denen man von allein nicht wieder aufstehen kann. Und versteckte Kameras und Mikrofone sind sowieso überall. Als Kinder schauderte sie das einst. Dort, gegenüber der Eissporthalle, werden die Klassenfeinde ‚vorgeführt'. Wen sie erfassen, der ist ein ‚Feind des Sozialismus'. Er muss einer sein, denn die Stasi ist so gründlich wie sonst niemand, die irrt nicht. Sie ist sozusagen die verkörperte Effizienz.

Natürlich hat Wolf, wenn auch selten, bereits Stasi-Leute gesehen. Sie haben einen eigenen Sportplatz, den Besten der Stadt, wo er sie manchmal im Trainingsanzug Runden laufen sah. Beim Vorbeigehen blickte man besser nicht so genau hin, um nicht ihre Aufmerksamkeit zu erregen. Sie musterten einen sonst scharf.

Auch ging Mona, eine Freundin aus dem Heidebad, mit einem ältlichen Stasimann öfters Eisessen. Er gab ihr jedes Mal 100 Mark, was richtig viel war. Die Aufmerksamkeit, die er ihr schenkte, reizte sie. Sie waren da sechzehn. Mona hat auch noch zwei jüngere Schwestern, die mehr oder weniger oft ins Heidebad kamen. Ihr Vater trägt beeindruckende goldene Litze auf seiner blauen Trapo-Uniform.[11]

Die Mädels arbeiteten manchmal nachts bei der Post. Sie bekamen dafür jeweils üppige 70 Mark. Was sie dort taten, verrieten sie nicht. Ein paar vermuteten, dass sie für die Stasi Westbriefe öffneten, die dann kopiert wurden.

Und dann war da noch Alex: Vor einem Jahr traf er den Ex-Schulkameraden zufällig an einer Neustädter Bushaltestelle. „Psst, soll ich dir mal was zeigen?", sagte der wichtigtuerisch. Sich diskret umblickend, zog er einen schicken kleinen, mattschwarzen Plastikausweis hervor, klappte ihn auf und hielt ihn Wolf unter die Nase. Da waren seine Personendaten mit Foto und oben stand ‚Wachregiment des Ministeriums für Staatssicherheit ‚Feliks Dzierzynski''. Dieser Mann war Chef der Tscheka gewesen, der Geheimpolizei in Sowjetrussland, und das große Vorbild der Stasi.

Wolf lauschte jetzt den dollen Geschichten aus Alex' neuem Leben. Dass sie es sind, die in diesen kleinen Alu-Boxen mit kupferner Spiegelverglasung, die vor all den Berliner Botschaftsgebäuden stehen, Wache halten. Und dass er neben der Uniform zwei Zivilanzüge hat, um Streife zu laufen.

„Einmal hängt da nachts um eins ein Schwarzer oben an der Mauer[12] und guckt rüber", erzählte er in einem aufgeregten Schnellsprech, den er sich inzwischen zugelegt hatte und der wohl zum Umgangston gehört.

„Zweimal angerufen, keine Reaktion, Koppschuss, tot."

Am meisten hätten sie Respekt vor Russen, die von der Armee weggelaufen sind, berichtete er und wurde direkt unruhig.

„Die könnten unter ihrer Wattejacke die Kalaschnikow dabeihaben. Alles schon passiert."

Dann kam der Bus und sie trennten sich.

Über solche Dinge spricht man in der DDR nur im nahen Bekanntenkreis. Wer nachfragt, macht sich verdächtig. Bloße Neugier reicht bereits aus. Zudem reißt es den, der darüber redet, gleich mit rein. Und wer will das schon?

Warum erzählte er ihm das? Sicher hielt Alex ihn für harmlos. Als Schulkamerad und da ihr Zusammentreffen ja zufällig war. Jugendliche Prahlerei hatte ihn wohl auch geritten.

Das war nun beinahe alles, was Wolf über die Staatssicherheit wusste.


Ein Stasimann hatte mit Kuli seine Aussage festgehalten und ging sie nun nochmals durch. Draußen auf dem Flur der Kripo-Dienststelle setzte eine aufgeräumte Büroschlussstimmung ein. Sicher hätte Wolf im Schwimmbad jetzt auch die Feierabendlaune erfasst. Natürlich nur theoretisch.

„Wir sprechen jetzt woanders weiter", sagte ein Stasimann. Die Tasche wird Wolf abgenommen. Im Hof setzt man ihn in ein ziviles Auto, einen ‚Wartburg', und zu dritt fahren sie ein paar Häuserecken weiter. Es wird bereits dunkel.

„Sehn' Se nach unten!", wird Wolf barsch aufgefordert, als er die Gegend betrachtet. Für einen Moment denkt er daran, während der langsamen Fahrt einfach rauszuspringen.

Nein, er weiß nicht, wo er ist. Obwohl er die Altstadt gut kennt. Jedenfalls ist es im selben Viertel. Es überrascht ihn, als sie vor einer niedrigen Häuserreihe, die ganz unauffällig ist, anhalten. Sie wirkt harmlos und hat einen adretten kleinen Vorgarten mit niedrigem Ziergitter.[13]

Sicher würde er erzählen, er brannte sogar darauf. So war es vereinbart. Sie wollten beide hier weg. Der Sozialismus war natürlich völlig richtig, doch schien Wolf sein eigenes Leben zu kurz, um mühselig am Aufbauwerk teilzunehmen, wo es zudem an jeder Ecke bröselte. Ganz unbedingt hingegen wollte er etwas von der Welt sehen. Vom Leben da draußen. Es war eine körperlich spürbare Sehnsucht und dieselbe, die ihn dazu trieb, Prosa zu schreiben. Als er noch bei den Eltern wohnte, ging Lenni oft mit dem Hund zwischen den Wohnblöcken in der Dunkelheit Gassi. An vielen der dunklen Wohnzimmerfenster flackerte blau der Szenenwechsel der Fernseher. Bei fast allen wechselten sie zugleich, denn es gibt nur drei Fernsehprogramme: DDR1, das ARD-Westfernsehen und DDR2. Letzteres sieht kaum jemand, denn da gewinnen jeden Abend die Russen den zweiten Weltkrieg. Davon wollten selbst die ganz Überzeugten nach Feierabend ihre Ruhe haben. Als Kind sah er dort oft die polnische TV-Serie „Vier Panzersoldaten und ein Hund", was spannend und lustig war. Natürlich gab es da nur gute Sowjetsoldaten, welche die Welt befreiten. Nirgendwo sonst, nur bei diesen abendlichen Spaziergängen, bei diesen simultan flimmernden Fernsehern, wurde ihm die Bedeutungslosigkeit des Einzelnen im Sozialismus, und demnach auch seine eigene, so schmerzlich bewusst. Das konnte einfach nicht alles sein; so ein Leben, wie ein bloßer Baustein im Getriebe.
Die Parteigenossen kannten dieses sehnsüchtige Gefühl nach Veränderung natürlich, hatten sie doch einst selbst, noch im Kapitalismus, von der Idealgesellschaft geträumt. Deshalb gab es in der Berufsschule auch Unterricht in ‚marxistisch-leninistischer Philosophie', mit Fragen wie ‚Wer hat das Primat

– Geist oder Materie?' Und Aufsätze wurden geschrieben mit Titeln wie ‚Erklären Sie den zwingenden Untergang des Kapitalismus!' Leider bekam Wolf da nur eine Drei. Sein ‚Klassenstandpunkt' war nicht deutlich genug herausgearbeitet. Anstatt nur distanziert zu beschreiben, wie der Marxismus es sich vorstellt, war ein echtes Bekenntnis gefragt gewesen.

Diese Lindenauer Berufsschule war überhaupt scharf ‚rot'. Ging man die breiten Stufen hinauf, stand dem Treppenaufgang gegenüber auf einer Wandzeitung in dicken schwarzen Lettern: ‚Faulender, stinkender, parasitärer Kapitalismus'. Darunter Fotos von Orangenvernichtung in den USA wegen zu niedriger Marktpreise, vom Vietnamkrieg, von EU-Butterbergen usw. Das mit den Orangen war nun allerdings wirklich eine Sauerei. Die gab es so gut wie nie in der DDR, und wenn, dann waren es kleine grüne aus Kuba, sauer, und mit vielen Kernen drin.

Die Wahrscheinlichkeit, in ihrem Alter das Land legal verlassen zu können, ist denkbar gering. Deshalb war das Ganze auch kaum mehr als eine Art abenteuerliches Spiel. Was Emigration und Exil bedeutet, wussten Utz und Wolf nicht, auch wenn dies in verstaubten kommunistischen Erzählungen aus der ‚Kampfzeit' immer als schmerzlich erwähnt wurde.

Durch Hörensagen, denn das ist nicht öffentlich, hatten sie erfahren, wie man ein ‚Ausreiseersuchen' stellt. Das erzählte ihnen jemand bei den Christen in der Marktkirche, bei der Jungen Gemeinde. Man musste dazu beim Rat seines Stadtbezirkes, Abteilung Inneres, einen formlosen Text einreichen. Am besten per Post und mit Einschreiben, sonst landet er gleich im Müll. Oder in der Personalakte, die ja jeder sein Leben lang hat. ‚Antrag auf Ausreise', soll man es keinesfalls nennen, das war die Sprache des Westens, sondern ‚Ersuchen auf Übersiedelung'.

Der Plan war gefasst. Zuvor wollten sie sich informieren, wozu ihnen die ‚Ständige Vertretung der BRD' in Berlin genau das Richtige zu sein schien. Die hieß so, weil die BRD keine echte Botschaft hier hatte, denn sie erkannte die DDR völkerrechtlich nicht an.

# PM 12

Mit dem Zug fahren sie im Spätsommer nach Berlin.

Es ist noch sehr heiß. Am S-Bahnhof fragen sie einen harmlos erscheinenden Passanten, wo die Botschaft der BRD sei. Entschlossen, so als hätten sie dort etwas zu erledigen. Dafür ernten sie zwar einen misstrauischen Blick, doch auch die gewünschte Auskunft.

Wie von der belebten Kreuzung aus zu sehen, ist die Straße vor der Vertretung für den Verkehr gesperrt. Passanten gibt es dort so gut wie keine. Stattdessen patrouilliert am Eingang ,VP', die Volkspolizei, in grünem Nahkampf-Overall. Ganz sicher würden die sie aufhalten. Auch an der Kreuzung selbst standen vereinzelt welche, aber anders gekleidet. In voller Ausrüstung, also mit brauner Protokolltasche am Oberschenkel und dickem Mikrofon an der Brust. Manche hatten weiße Ärmelüberzüge, so als würden sie den Straßenverkehr regeln, was sie aber nicht taten.

Wolfs Idee ist, dass sie, mit Aktentasche unter dem Arm und ins Gespräch vertieft, Studenten spielen, die zufällig an der Vertretung vorbeilaufen. Vor dem Eingang würden sie dann rasch die Treppenstufen hochspringen, bevor sie jemand festhalten kann. Genau das tun sie.

Es ist ein aufregendes Gaudi und es klappt. Mit dem kleinen Problem allerdings, dass ihnen ein Polizist hinterherhechtet und die Eingangstür leider verschlossen ist. Glücklicherweise erfasst der junge Pförtner neben der Tür blitzschnell die Situation und drückt den Summer. Utz ruft noch „Ey!", weil ihn der ,Grüne' bereits am Ärmel gepackt hat, kann sich aber losreißen. Der wagt nun nicht, ihnen zu folgen, obwohl er könnte, denn es ist ja keine echte Botschaft und somit kein exterritoriales Gebiet. Doch das hätte vielleicht die Westpresse für Propaganda ausgeschlachtet.

Das Gespräch drinnen, nach kurzer Wartezeit im Foyer, ist wenig fruchtbar. Über den Ablauf solcher Ausreiseanträge und die Erfolgsaussichten kann oder will der Mann ihnen nichts sagen. Sie hinterlassen ihre Daten und erklären, dass sie das Ersuchen demnächst stellen werden. Als Wolf beginnt, die Gründe dafür zu nennen, legt der Mitarbeiter, ein älterer Beamter mit grauem Fünf-Tage-Bart, den Zeigefinger auf die Lippen. Ohne sich umzudrehen, deutet er mit dem Daumen über die Schulter aus dem Fenster. Überrascht folgt Wolf seiner Geste. Auf der anderen Straßenseite steht ein mehrstöckiges Verwaltungsgebäude mit blinder Aluminiumfassade, also von besserer, wenn auch nicht der besten Qualität im Land. Mit den geschlossenen Vorhängen hinter den Glasscheiben wirkt es völlig verlassen. Es war ihnen gar nicht aufgefallen, Leerstand gibt es überall. Er meint also, dass von dort mitgehört werde. Wolf ist etwas enttäuscht. Dem konnte das doch egal sein. Dass er nur in ihrem Sinne handelte, wurde erst später klar. Dann nämlich, als die Stasi ihnen ‚ungesetzliche Verbindungsaufnahme' anhing.

Natürlich wurden sie, wie zu erwarten, doch noch erfasst. Wieder aus der Botschaft raus, greift sie an besagter Kreuzung ein Volkspolizist auf und prüft die Ausweise; das Funkgerät wie zufällig an der Brust.
„Name? Wohnort? Adresse?", schnarrt er übermäßig laut. Mehr will er nicht wissen. Sie können gehen.
Sprachlos sehen sie sich an. Das ist ungewöhnlich. Üblicherweise wird man in einem leutseligen, etwas herablassenden Tonfall in der dritten Person angesprochen. Etwa mit „Na, was haben wir denn falsch gemacht?" Oder: „Wo wollen wir denn hin?" Beliebt ist auch: „Hauchen Se mich mal an!", wenn Alkohol vermutet wird.
Ihr Botschaftsbesuch muss wohl was Ernstes sein.
„Gut so!", finden sie.

Dieser letzte Sommer in Freiheit ist überhaupt sehr schön und ereignisreich gewesen. Mit dem Motorrad, einer MZ TS250, die ihm der Großvater aus dem Westen über Genex[14] gekauft hatte, fuhr Wolf oft Touren zur Freundin nach Wolfen. Das war schon etwas anderes als das kleine Simson-Moped zuvor. Sie badeten dann in einem Baggersee mit feinem Sand und ganz klarem, türkisen Wasser, den Isa kannte.

Nachts auf dem Heimweg kam er jedes Mal durch Zörbig. Den Namen des Dorfes kannte jeder, prangte er doch auf allen Marmeladengläsern im Land. Auch seltener Ketchup kam von hier. Öfters stand nachts vor der Fabrik eine lange Reihe Traktoren, um die Tomatenernte abzuliefern. Unter dem klaren Sternenhimmel tropfte Tomatensaft von den Ladeflächen der vielen Anhänger. So stark, dass es wie Regen klang. Es war völlig surreal.

Ein anderes Mal brannten Heuballen auf dem Feld nebenan, was viele Kilometer weit zu sehen war. Wie ereignisreich und sonderbar waren doch all diese Dinge des Lebens! Auch Isa, die ihm aufgeregt davon erzählte, empfand das so.

Wolf war nun Optikergeselle und arbeitete noch eine Weile im Betrieb. Er wechselte ins Stadtbad, um mit dem leichteren Job nebenbei das Abendabitur zu machen. Bei den Eltern zog er aus. Die Mutter weinte etwas, als Lenni den Gestell-Rucksack mit seinen Lieblingsbüchern und einiges an Wäsche packte, doch er war frohen Mutes und gab ihr einen Kuss auf das liebe, nasse Gesicht. Alles war gut. Ein neues Leben hatte begonnen, er war frei.


Mit Utz stellt er den Antrag auf Ausreise. Dieser ‚verschwörerische Akt' ist ein Kameradenbund, beinahe eine Blutsbrüderschaft, findet er. Es ist allerdings klar, dass der Antrag, ihr provokativer Jux, diese ferne Möglichkeit, nicht genehmigt werden wird. Wolfs Schreiben ist gespickt mit politischen Träumereien. Er sei Pazifist, hielte nichts von militärischer Aufrüstung, wie sie in der DDR stattfindet, habe kein Abitur machen können, zudem wolle er zu seinem Großvater in die BRD etc.

Per Post lädt man ihn sofort vor.

Zum Termin erscheint Wolf in einem grünbunt-gemusterten Filzmantel. Der hat etwas Närrisches, was ihm passend scheint.

Das Büro in der Stadtbezirksverwaltung, hinter dessen Tür er Platz zu nehmen hat, ist erstaunlich schmal. Am anderen Ende, unter einem mit langen Gardinen behängten, hohen Fensterkreuz, sitzt ein Mann in kariertem Sakko. Straßenlärm dringt herauf und er schließt das Fenster. An der Wand direkt neben ihm, kaum einen Meter entfernt, tippt die Sekretärin auf einer Schreibmaschine. Wolf kann die beiden im sonnigen Gegenlicht nur schemenhaft erkennen, das wiederum direkt auf ihn selbst scheint.

Das Gespräch ist ein Durchgehen seines Antrags. Man will sichtlich wissen, ob er der Autor ist, was Wolf mit dem etwas naiven Stolz des Neunzehnjährigen sogleich beweist. Er rezitiert aus dem Stand. Diskussionen gibt es keine; man würde ihm Bescheid geben.

Dass solcherart ‚Gespräche‘ manchen Antragsteller direkt in die Stasi-Zelle bringen, erfährt er später. Politisches Argumentieren wird gern einmal als ‚öffentliche Herabwürdigung der staatlichen Ordnung‘ angesehen. Bei einer solchen ‚Tat‘ ist dann der städtische Angestellte mit seiner Sekretärin die ‚kleine Öffentlichkeit der DDR‘. Nur private Gründe, wie Familienzusammenführungen, sind beim Ausreiseersuchen erlaubt, denn die Idealgesellschaft gilt im Land als bereits verwirklicht. Es gibt sozusagen schlicht keinen anderen, ernstzunehmenden Grund, um von hier weg zu wollen.

Ein paar Tage darauf erhält er Post mit dem lapidaren Satz: ‚Der Antrag ist abgelehnt.‘

Nun, dies ist bekannt und sie reichen – Utz hatte das gleiche Schreiben erhalten – in derselben Woche einen Neuen ein.

Ihre Anträge haben freilich den schlafenden Bären geweckt. Oder bereits der Berlinbesuch? Zwei Wochen später jedenfalls lädt die Polizei Wolf ins Kreisamt vor.

‚Klärung eines Sachverhalts‘, steht auf der vorgedruckten Postkarte.

Wolf kennt das Polizeigebäude schon lange. Es ist ein großer, grauer Kasten aus der Kaiserzeit. Die Busse aus der Neustadt halten in der Nähe. Um in die Altstadt zu gelangen, läuft man an der langen Fassade vorbei. Auch ist es eine recht windige Ecke; im Winter eisig kalt, im Sommer so staubig, dass es zwischen den Zähnen knirscht. Er mag den Bau nicht.

An der Pforte nimmt man Wolf den Personalausweis ab und weist ihn zu einer Bürotür im Obergeschoss.

Dieser Dienstraum hat einen herrlichen Blick auf den Hallmarkt, der unterhalb der großen Stadtkirche liegt.

Wieder sitzt er direkt am Eingang neben der Tür. Diese Art der Platzierung scheint Methode zu sein.

An großen, alten Schreibtischen, die zu einem H zusammengestellt sind, sitzen zwei Männer, die unterschiedlicher kaum sein könnten. Links ein betresster, alter, graubärtiger Polizeioffizier, der ihn befragt. Gegenüber lümmelt zurückgelehnt ein Zivilist mit Lederjacke an einem leeren Schreibtisch. Er spielt mit einem Schlüsselbund und ist wohl ein zufälliger Besucher.

Zu seiner Überraschung fragt der Ältere sofort nach einem entfernten Bekannten, Gundolf. Das ist ein etwas eitler Kerl seines Alters, der seine schwarze Lockenpracht lang bis über die Schultern trägt. Wolf vermutet, dass er sich die Löckchen reindreht, um den Mädels zu gefallen. Ein auffälliger Typ, der gern, um sich wichtig zu machen, fabuliert, er sei untergetaucht und solche Sachen. An sich ist er aber ganz nett. Jedenfalls zu denen, die er originell genug findet, um sich mit ihnen abzugeben.

„Wissen Sie, dass Gundolf H. Schmierereien im Stadtgebiet angebracht hat?", fragt der Graubärtige.

Davon weiß Wolf allerdings nichts. Jedoch fallen ihm gleich ein paar neue, recht sinnlose, weiße Kringel ein, die er kürzlich an Häuserwänden gesehen hat. Sind die von ihm? Typisch Gundolf wäre das, mit seiner Hippie-Art. Da hätte er selbst doch ganz was anderes, was echt Substantielles geschrieben! Sie sind zudem mit Farbspray gemacht. Etwas, dass es in der ganzen DDR nicht zu kaufen gibt. Damit geht das natürlich leicht. Was für eine Verschwendung, der hatte es offenbar! Naja, er raucht ja auch westdeutschen CLAN-Tabak aus dem Intershop, den sonst keiner hat. Bei Wolf hatte es in dem Devisen-Laden höchstens mal für ‚Wrigleys Doublemint' gereicht, die 50 Westpfennig pro Packung kosteten.

Er antwortet nicht. Der Uniformierte wartet.

„Nein, weiß ich nicht", sagt Wolf schließlich.

Das kurze Nachdenken scheint jedoch den polizeilichen Instinkt geweckt zu haben. Der Verdacht, dass er doch etwas wissen könnte, blieb fühlbar in der Luft.

„Im Übrigen habe ich einen Ausreiseantrag gestellt", erklärt Wolf nun eifrig, froh, eine Gelegenheit zu haben, den ‚Organen' wiederum sein Anliegen kundzutun.

Er hält dem Polizisten seinen zugegeben reichlich dünnen Ordner mit den Austrittserklärungen für die Parteijugend FDJ und die Deutsch-Sowjetische Freundschaft sowie dem Ausreiseantrag selbst, alles säuberlich abgeheftet, unter die Nase. Der will erst gar nicht zugreifen, und Wolf wird sauer.

‚Wieder einmal nicht ernstgenommen!', denkt er.

Zögerlich blättert der Betresste ihn dann doch durch.

„Aus der FDJ sind Sie auch ausgetreten?"

Es klingt mehr wie eine nüchterne Feststellung. Wortlos übergibt er die Mappe seinem Gegenüber.

Der Ältere fragt nun in einem jovialen, nachsichtig-väterlichen Tonfall, was das denn solle. Wolf geht nicht darauf ein und schnarrt seine Ausreisegründe aus dem Gedächtnis runter. Lieber hätte er sie vorgelesen, aber das ging ja gerade nicht.

Im nächsten Moment wirft der Zivilist, der die Blätter beiläufig überflogen hat, wütend seinen Schlüsselbund auf den Tisch, dass es kracht.

„Wie kommen Sie darauf, dass es bei uns keine Meinungsfreiheit gibt!", blafft er scharf. „Sehen Sie, da!"

Er weist aus dem Fenster auf den Hallmarkt.

„Bei uns kann jeder denken, was er will!"

Wolf folgt der Geste. Draußen queren Passanten, die ihrem Alltag nachgehen, den Markt.

‚So ein blödes Argument', schießt es Wolf durch den Kopf. ‚*Denken* ja, aber nicht *sagen*.'

Eine bissige Antwort bereits auf den Lippen hält er jedoch inne.

‚Will der mit mir diskutieren? Oder nur provozieren, um mich dann hopszunehmen? Der andere würde sicher als Zeuge fungieren. Nein, so einfach kriegt ihr mich nicht.'

‚Offenbar ist der Kerl in Zivil nicht zufällig hier', denkt er im nächsten Moment und ärgert sich, dass er das nicht gleich vermutet hat. Er schweigt.

Die beiden wechseln einen vielsagenden Blick. Nach einer Kunstpause eröffnet ihm der Polizist: „Sie erhalten einen vorläufigen Personalausweis. Alles Weitere erfahren Sie unten bei der Wache."

Wolf bekommt einen Laufzettel und ist entlassen.

Der Uniformierte an der Pforte weist ihn an, sich Passbilder für den neuen Ausweis zu besorgen. Seinen alten will er ihm nicht wiedergeben. Das ist nun allerdings ein Problem. Wer ohne Ausweis auf der Straße angetroffen wird, bekommt Schwierigkeiten. Er erhält dann einen Zettel mit seinen Daten; eine Art Abholschein.

‚Das reicht', meint der Uniformierte knapp und unwillig. Nun, wenn er es sagt.

Zum ersten Mal im Leben ist Wolf ohne Personalausweis. Amtlich eingezogen. Ein merkwürdiges Gefühl. Als gehörte man nicht mehr dazu. Doch er freut sich darüber, empfindet es quasi als Auszeichnung. Mit dem ‚PM12', dem vorläufigen Ausweis[17], darf man das Land nicht mehr verlassen. Aber seit Polen das Kriegsrecht verhängt hat, kann man auch mit dem richtigen Ausweis visafrei nur noch in die CSSR fahren. Es ist also eher eine symbolische Geste, denn ins ‚Bruderland' Tschechoslowakei musste er nicht, da sah es kaum anders aus als hier. Wenn einen die Polizei kontrolliert, fällt beim PM12 höchstens auf, dass man irgendwie verdächtig ist.

Utz ist eifersüchtig auf den Wisch, denn ihn haben sie nicht vorgeladen.

Abb. 4 Passfoto für den PM12 der DDR-Volkspolizei (die Perforation erfolgte nachträglich andernorts)

Wovon Wolf nichts ahnt: Die Staatssicherheit leitet nun einen ‚Operativ-Vorgang' gegen ihn ein. Ihr Plan ist es, im Umfeld dieser ‚feindlich-negativen Person mit voraussichtlich unüberschaubarem Bekanntenkreis' eine ‚Vertrauensperson' zu schaffen, wie sie in der Akte notieren, die er Jahre später einsieht. Ein Spitzel sollte auf ihn angesetzt werden. Allerdings war das zwei Wochen später nicht mehr nötig. Sie hatten ihn.

# Verhör

Die Zellentür wird aufgeschlossen, beide Riegel knallen laut. „Raustreten zur Vernehmung!", heißt es plötzlich, eine Woche nach Beginn der Einzelhaft.

Die Tage hat Wolf gezählt. Geradezu erleichtert, beinahe froh, tritt er auf den Gang. Niemand außer dem Schließer ist zu sehen, es ist völlig still.

„Kopf nach unten", heißt es beim Gehen, „Gesicht zur Wand" beim Warten an der nächsten Gittertür.

Die Wache geht voran. Wolf kann in den Schuhen ohne Schnürsenkel nur laufen, indem er die Zehen krümmt, um sie festzuhalten. Es klappert trotzdem. Stumm zeigt er darauf, als der Uniformierte ihn auffordert, leiser zu gehen. Wortlos akzeptiert der andere den Einwand.

Hatte Wolf etwa geglaubt, dass es jetzt Schnürsenkel gäbe? Verdammte Schikane.

Mit gesenktem Blick sieht er eine umläufige Zellenetage mit großem Lichtschacht in der Mitte. Der ist mit Drahtgeflecht vom unteren Stockwerk getrennt. Grauschwarze Stoffdecken liegen darauf. Vielleicht zur Geräuschdämpfung oder als Sichtblende. Weiter unten sind noch mehrere Stockwerke.

Es geht für ihn abwärts und raus aus dem Gebäude.

Ein überdachter Holzsteg, der seltsam provisorisch wirkt, führt über den gepflasterten Hof ins Vernehmungsgebäude. Viele Male wird er ihn noch gehen, monatelang. Und jedes Mal freut er sich darauf. Holt im Vorbeigehen tief Luft, riecht das nasse Holz, wenn es geregnet hat, oder den geschmolzenen Teer der Dachpappe, wenn es heiß ist. Ein paar Wildpflanzen haben sich zwischen Pflastersteinen angesiedelt. Der Löwenzahn ist freiwillig hier, ohne es zu wissen. Zufrieden in seinem abgeschlossenen Ich.

Ob nur Wolf all das bemerkt? Wüsste die Stasi von seinem Genuss, von dieser Irregularität, würde sie es sicher unterbinden.

Aufwärts führt eine breite Treppe auf einen ebenfalls breiten Gang, der mit rotem Sisalteppich belegt ist. Fast wirkt es nobel, wie in einem Hotel. Bürotüren befinden sich links und rechts. Über jeder sind eine rote und eine grüne Signalleuchte montiert. Es ist immer leer auf dem Flur. Nur einmal sieht er eine Frau im roten Kleid mit ein paar Akten auf dem Arm. Erschrocken blickt sie ihn an und verschwindet sofort hinter der nächsten Tür.

‚Als sei er ein wildes Tier‘, denkt Wolf schmerzlich betroffen. Oder ist es nur eine Dienstverletzung, weil sie nicht rechtzeitig verschwand, als die Lampen auf Rot gingen, und sie bekommt Ärger deswegen? Wer weiß.

Der Schließer drückt den Knopf neben einer der graugelb lackierten Türen. Es ist immer die gleiche Doppeltür. Wolf wird mit einem knappen ‚Eintreten. Setzen‘ aufgefordert, auf einem Stuhl daneben Platz zu nehmen. Der Mann hier wird entscheiden, wann er einen Anwalt sehen würde. Das hat man ihm bei der Einlieferung gesagt.

Das Verhörbüro wirkt antiquiert mit seinen blassen, sicher zwanzig Jahre alten Mustertapeten, den Spitzenvorhängen, den laminierten Pressspanmöbeln.

Der Vernehmer, der sich natürlich nicht vorstellt, sitzt mit dem Rücken zum Fenster. An der Wand fällt Wolf ein Ulbricht-Portrait auf. Dieser ehemalige Parteivorsitzende ist bereits lange tot und üblicherweise hängt Honecker, der aktuelle, in Diensträumen. Der Stasivernehmer bemerkt seinen Blick.

„Weshalb denn das?", fragt Wolf leichthin, etwas spöttisch.

„Warum interessiert Sie das?", ist die Antwort in Form einer abweisenden Gegenfrage.

‚Ein bisschen deplatziert‘, will Wolf antworten, unterlässt es aber. Augenblicklich wird ihm klar, dass hier nichts als Informationen gesammelt werden. Über ihn. Er ist das Insekt auf dem Tisch, das Untersuchungsobjekt. Jede Äußerung ist besser genau abzuwägen und Scherze sind sowieso nicht angebracht.

„Sie wissen, warum Sie hier sind?"

„Der Haftrichter hat es mir erklärt."

„Gut."

Nach dem Abfragen persönlicher Daten wird der andere sogleich recht konkret, sich dabei am Beschuldigtenprotokoll festhaltend. Hier wird offenbar keine Zeit verloren. Der Mann ist trocken wie ein Bückling.

Wolf erklärt, dass er daran interessiert ist, hier schnell wieder rauszukommen. Die Bemerkung überrascht den Stasimann, was wiederum Wolf überrascht. Wer ist wohl gern hier? Der wohl? Ach ja, das ist ja seine Arbeit. Bestimmt ist er ein stolzer Tschekist und kann sich nichts Besseres vorstellen.

Mit der Bemerkung jedoch hat der andere nun gewissermaßen einen persönlichen Aufhänger. Vorgeblich um Wolf entgegenzukommen, redet er von rascher Aufklärung durch Kooperationswillen des Verdächtigen. Dann wäre das machbar. Dagegen hat Wolf zunächst nichts. Die ‚Tat' ist ja bekannt. Dass das nur eine Finte ist; es der Stasi um mehr geht, viel mehr, wird ihm erst später klar. Den Spruch wird er noch bereuen, denn sie interpretieren das als Schwäche. Und als Bestätigung dafür, dass ihre miesen Haftumstände wirken? Eindringlich, beinahe genüsslich, wird der andere noch ein paar Mal darauf zurückkommen. Doch nun bleibt Wolf jedes Mal stur und reagiert nicht, bis der Stasimann es irgendwann lässt.

Als er zurückgeschlossen wird, verlegt man ihn sofort auf die andere Seite des Ganges, in eine Drei-Mann-Zelle. Nun ist er 54/2. Die Nummer Zwei, weil ihn bereits ein schwarzbärtiger, vierschrötiger Zeitgenosse, der auch eben umquartiert wurde, erwartet. Er ist die 54/1. Doch der bärbeißige Eindruck täuscht. Der andere reicht Wolf förmlich die Hand und stellt sich vor. Überrascht greift Wolf zu. Angesichts der Umstände ist die Geste etwas grotesk. Wenigstens kommt nicht noch eine /3 in der Zelle dazu.

Urs ist Ende dreißig und Opernsänger aus W. Auch er ist etwas unsicher – darüber, was Wolf wohl für einer ist. Doch sie erkennen schnell, dass sie neben der geteilten Zelle einige Gemeinsamkeiten haben und sich in der Enge auch einigermaßen arrangieren können. Als Künstler kennt er das Sinnierende, Melancholische, von Idealen Träumende, wenn er auch eher die grandiose Darstellung liebt. Er kann lange Textpassagen aus Opern rezitieren und gibt draußen Gesangsunterricht, woran allerdings Wolf, zu dessen Bedauern, kein besonderes Interesse hat. Bald wissen sie offenbar alles voneinander. Nur über ‚ihren Fall‘ sprechen sie kaum. Immerhin besteht die Möglichkeit, dass der andere darüber befragt wird und sie nicht zufällig zusammengelegt wurden.

Stirnrunzelnd teilt der Sänger seine Zigaretten mit ihm. Es gibt hier einen Einkauf auf Bestellung, erfährt Wolf. Der Vernehmer erlaubt oder verbietet die Teilnahme. Wolf hatte zufällig 70 Mark bei der Verhaftung dabei. Er wird ihn fragen müssen.

Urs ist seit fünf Wochen hier. Er lehrt Wolf das Klopfalphabet und die Vorteile des Sprechens über die WC-Schüssel, nachdem man das Wasser rausgedrückt hat. Dann erzählt er ihm von den anderen Verhafteten hier, die sie ja praktisch niemals sehen werden. Eine ganze Welt unsichtbarer Leidensgenossen tut sich auf.

Im selben Moment wie er auf diese Gebäudeseite, wurde Utz auf die gegenüberliegende verlegt. Das zu erfahren dauert eine Weile, denn der Freund liegt zwei Etagen tiefer. Kurzes wildes Klopfen reihum erbringt es. Der Verwaltung ist bekannt, dass der jeweilige Trakt miteinander kommuniziert, und so trennt man die ‚Mittäter‘ voneinander, meistens jedenfalls.

Unter ihnen ist eine Etage mit Männern belegt, weiter darunter eine mit Frauen.

Die Etage über ihnen ist leer, bis auf einen Mann in Einzelhaft, der wohl schon Monate hier ist, sagt Urs.

Der Umstand mit den beiden Geschlechtern bewirkt ein reges Klopfen, zumeist abends nach den Vernehmungen. Man schildert sich etwa gegenseitig das Aussehen. Richtige Flirts entstehen, bei denen es die Diskretion gebietet, nicht mitzuhören. Häufig geklopft wird I. L. D. – ich liebe dich. Fast ritualartig enden damit immer diese ‚Gespräche‘. Die Ehepaare, von denen es zwei hier gibt, nutzen es am meisten.

Das Klopfalphabet ist recht einfach, allerdings etwas mühselig. Wegen des rauen Zementputzes kriegt man zudem rasch wunde Knöchel. Anders als Urs bevorzugt Wolf es trotzdem, da die WC-Gespräche von üblen Kanalgerüchen begleitet sind.

Man klopft zweimal kurz an die Wand, um den Nachbarn aufmerksam zu machen. Dieser antwortet genauso. Sodann klopft man einzeln die Buchstaben eines Wortes, jeweils mit kurzer Pause dazwischen; also einmal für A, zweimal für B, und so weiter. Satzzeichen lässt man aus. Das Kürzel ‚I. L. D.‘ wird also mit 9 – 12 – 4-mal Klopfen übermittelt. Jeder einzelne Buchstabe wird dabei mit einmaligem, etwas verzögertem Klopfer beendet. Ein ganzer Satz endet mit zweimal kurz. Nun weiß der andere Bescheid und antwortet auf dieselbe Weise. An der Außenwand kann man auf diese Weise sogar mit denen plaudern, die zwei Etagen tiefer liegen. Oder auch quer über mehrere Zellen hinweg, wofür man allerdings den Ellenbogen einsetzen muss. Das wummernde Geräusch ist jedoch derart laut, dass die Wache bald aufmerksam wird. Mit einem „Hörn Se uff mit Kloppen!", schlagen die dann ihrerseits an die jeweilige Zellentür. Wer es ihnen zu bunt treibt, wird rausgeholt, woanders eine Zeitlang zwischengelagert oder gleich nach gegenüber verlegt.

Auch aus anderen Gründen muss man vorsichtig sein. Gelegentlich schreibt eine Wache das Geklopfte mit und berichtet es dem Vernehmer. Verboten ist es ja sowieso. Und wer weiß, vielleicht klopft die Stasi ja selbst mit?

Mit der Zeit verliert diese Kommunikation für Wolf allerdings an Reiz. Es ist ja klar, dass die anderen quasi in derselben Malaise wie er selbst sind, und außer ihrer Paragraphen teilen sie verständlicherweise eher Belangloses mit.

Ein trauriger Fall ist allerdings eines Tages ein Neuer nebenan, dem er mitteilen muss, dass seine Mutter in der Zelle unter ihnen ist. Sofort klopfen die beiden wild.

Unvorstellbar, wenn seine eigene Mutter einmal hier wäre.

Abb. 5 Viertürmiges Gebäude rechts: Zellenhaus der Staatssicherheit Halle/S. Mitte: Wirtschaftsgebäude des Frauengefängnisses mit Schornstein, dahinter der Frauenfreihof. Privatfoto 4/1984.

# Kultur

Mit Utz war er im letzten Sommer nach Neustadt gefahren. Dort gab es eine Kinoeröffnung mit Kurzfilmfestival. Gleich neben der Magistrale, der großen Verbindungsstraße, stand jetzt ein massiger Betonbau mit kupfergetönten Scheiben. Er hieß ‚Prisma' und war aufwendig gemacht. Lennis ganze Kindheit hindurch war hier eine Sandgrube mit steilen Hängen gewesen. Oft stand Regenwasser einen Meter hoch darin. Die Schulfreunde hatten in dem See ‚geflößert', wie sie es nannten. Dabei stakte man mit langen Latten umher, auf schwimmenden Holzpaletten balancierend. Als Schiffbrüchige oder Piraten versuchten sie, sich gegenseitig zu entern, und die Freude war groß, wenn das gelang. Sein Freund Wagus war dabei besonders geschickt. Wie lange war das jetzt her!

In den angenehm weichen Polstern des Kinos, keinem engen, harten Holzgestühl wie üblich, sieht er nun einen bemerkenswerten Cartoon. Ein Mann im schwarzen Anzug wandelt durch eine karge, aber grüne Gegend. Es liegen mannshohe, lebendige Köpfe mit übergroßen Augen und Ohren herum, die stumm ihr Umfeld betrachten. Der Mann breitet die Arme aus. Er hat nun Flügel, bewegt sie, hebt schließlich ab, fliegt über die Landschaft mit den Köpfen. Er besieht sich alles aus der Adlerperspektive. Blickt auf einfarbige, grasgrüne Hügel. Er sieht zum Horizont und fliegt dorthin. Bald taucht vor ihm ein gewölbtes Gitter, ähnlich den Längen- und Breitengraden der Erde, und dahinter ein azurblaues Nichts auf. Es ist der eiserne Vorhang, die Grenze zum Westen und das Ende der Wahrnehmung, was sonst. Der Fliegende landet in einer der Maschen, hält sich fest und blickt zurück auf das, was er kennt.

Im Kinosaal ist es atemlos still. Jeder ist gespannt darauf, was er tun wird. Die Analogie zur DDR ist unübersehbar. Was ist auf der anderen Seite, jenseits des Netzes? Jenseits der

Mauer und allen Wissens? Diese unheimliche, aufregende Frage bewegt die Zuschauer.

Etwas Unerwartetes geschieht. Der Mann verdoppelt sich. Einer fliegt in die blaue Ferne, der andere zurück ins alte Leben.

Dieses Ende ist reichlich unvollkommen. Der Regisseur, ein weltläufiger Berliner mit teurer, abgeschabter West-Lederjacke im Stil von Berthold Brecht, der hier in die Provinz gekommen ist, veranstaltet direkt eine Diskussionsrunde. Niemand traut sich anzufangen, als plötzlich einer Jugendlichen der Kragen platzt. Mit hochrotem Kopf verlangt sie eine Erklärung, eine Lösung. Der Regisseur antwortet mit schwammigen Allgemeinplätzen. Jeder könne selbst seine Schlüsse ziehen usw. Mehr zu sagen, ist eben nicht möglich. Er hat schon genug riskiert, indem er die Frage überhaupt filmisch aufwirft. Die Stasi ist ganz sicher auch hier.

Ein anderer Kurzfilmer lässt sich das Wort geben. Er schimpft über jenes Werk, das sinnlos Mittel verschlungen habe. Seine Filme über den Arbeitsschutz hingegen, die er im Chemiewerk drehte, hätten einen wirklichen Nutzen. Dann führt er direkt einen vor. Der Film ist in jener hölzernen, mahnenden Verwaltungssprache verfasst, die jeder kennt. Übliche Worte von Ordnung, Sicherheit und Disziplin. Nach fünf Minuten zeigen die Leute, was sie davon halten und trollen sich scharenweise. Der Berliner Regisseur lächelt fein. Das aufgebrachte Mädel geht nach vorn, als sich der Saal leert, und ist kurz darauf ins private Gespräch mit ihm vertieft. Ein paar merkwürdige Jackett-Träger stehen an den Wänden, sich unterhaltend und die Szenerie betrachtend. Vielleicht werden die ja noch Personalien feststellen. Wolf geht zögerlich. Eigentlich hätte er noch gern mit beiden gesprochen, dem Regisseur und dem Mädchen, unterlässt es aber. Die Situation ist zu ‚öffentlich', um etwas Substantielles erwarten zu können, denkt er resigniert.

Kinofilm, und damit Utz' Arbeit, ist ein seltsames Metier. In dem Haus seiner Arbeitsstelle am Saaleufer, der Bezirksfilmdirektion, lagern alle Filmrollen, die in den Kleinstadtkinos und auf den Dörfern des Bezirkes[18] gezeigt werden. Auch Bestellungen aus dem Westen kommen hier in dicken Paketen an. Gekauft werden sozialkritische US-Filme, etwa mit dem kommunistischen Schauspieler Robert Redford.

„Diese Filme gibt es nur im Bundle mit zwei, drei anderen, die dann aber nie gezeigt werden", sagt Utz. „Die DDR ist gezwungen, das mitzukaufen."

So lagert hier „Der weiße Hai" und ähnlicher Schund, den sich nur die Mitarbeiter ansehen. Ist jemand misstrauisch, erklärt man einfach, ihre Vorführbarkeit prüfen zu wollen.

Neben den sozialistischen Produktionen leiht man aus dem Westen auch reine Unterhaltung, wie italienische Hau-Drauf-Streifen mit Terence Hill oder dänische ‚Olsenbande'-Filme. Das ist allgemein beliebt und die Vorführungen immer gut besucht.

Die Direktion bietet Utz einen Kurs für die Lizenz zum Filmvorführer an. Wolf macht aus Neugier mit.

Im kleinen Kino einer alten Einkaufspassage findet die Schulung statt. Es trägt den markigen Namen *Theater der Deutsch-Sowjetischen-Freundschaft* und hat merklich schon bessere Tage gesehen. Geübt wird das Einlegen von Filmen in alte Vorführgeräte. Darunter ist eine russische *KN17*, deren Innenleben sogar ein Holzzahnrad hat. Sie bestaunen US-CinemaScope-Filmstreifen mit doppelter Tonspur. Es sind nur Schnipsel zur Ansicht. So etwas kann kein sozialistisches Land herstellen.

Bei den Dozenten atmet noch der längst verblasste Enthusiasmus des roten Propagandafilms. Einst, in der frühen Zeit der bolschewistischen Revolution, zogen Parteiagitatoren über Land und belehrten mit ihren Hurra-Filmen ganze Dorfgemeinschaften, die nie zuvor im Kino waren. TV war noch nicht erfunden.

Im Fach ‚Kultur' lehrt man sie die Gestaltung von Szenenwechseln und Kameraführung. Als Beispiel dient der Film „Fünf Patronenhülsen". Es ist ein öder Politstreifen, der wegen seines Minimalismus gepriesen wird, denn die meiste Zeit spielt er in einem Granattrichter des Spanienkrieges 1936. In den Westen ausgewanderte Mimen, die nun nicht mehr erwähnt werden, deren Namen ausradiert sind, posieren darin als sozialistische Helden.

Bis zur Vorführlizenz schaffen es Utz und Wolf nicht. Sie werden inhaftiert.

In den letzten Tagen in Freiheit, mitten im eiskalten März, sitzen sie zusammen in einem Altstadtlokal, trinken eine Flasche sauren bulgarischen Wein und fluchen auf die Verhältnisse. Eben hatte im städtischen Saal eine Gedichtlesung von Volker Braun stattgefunden. Der Staatsliterat sonnte sich in der gespannten Aufmerksamkeit des vollen Saales.

‚Würde er etwas Kritisches sagen, etwas wirklich Mutiges?', dachte jeder. ‚Wer sonst konnte das, wenn nicht der?'

Es war aber alles nichts Halbes und nichts Ganzes. Er lavierte nur in politischen Andeutungen. Zu Utz' Ärger war auch sein Stiefvater dort, der bald darauf eine unrühmliche Rolle spielen wird. Bei der Lesung mimte er wichtigtuerisch den Poesiefreund, schwärmerisch umgeben von einigen seiner Pädagogikstudentinnen.

Zu zweit diskutieren sie in der Gaststätte darüber, wie glaubwürdig Braun überhaupt sei. Wagt der es nicht, mehr zu sagen? Oder dienen seine Anspielungen gar nur als Ventil für die Bevölkerung? So wie die Kabaretts, die immer Monate im Voraus ausgebucht sind.

Plötzlich sieht Wolf in einiger Entfernung Gundolf mit ein paar anderen. Der hat ihn ebenfalls bemerkt und schlendert, schon im Gehen begriffen, an ihren Tisch.

„Hey, wie gehts?", fragt er lässig.

„Geht so. Nichts Besonderes", meint Wolf, noch immer unter dem Eindruck der trostlosen Buchlesung.

Er überlegt kurz. Da er die Begleiter nicht kennt, will er lieber nichts von seiner Polizeibefragung erzählen, in der der andere erwähnt wurde.

„Ich fahre übrigens in drei Tagen nach Westberlin. Habe den Pass bekommen", lässt Gundolf wie nebensächlich fallen, wohl wissend um die Wirkung.

Getroffen. Wolf ist so perplex, dass er nur ein kratziges, etwas sinnfreies „Hey, wann denn?" hervorbringt. Oder liegt es am sauren Wein? Er wusste nicht mal, dass der einen Ausreiseantrag laufen hatte.

„Halb zwei geht der Zug", ergänzt Gundolf noch mit stolzgeschwellter Brust.

„Alles Gute!", bleibt Wolf nur zu wünschen übrig.

Der Hippie bedankt sich lächelnd und zieht triumphierend ab.

Einigermaßen sprachlos bleiben die Freunde zurück. Wie war das möglich? Vor der Armeezeit kam doch hier keiner weg! Wolf kann ihn sich allerdings auch nicht in Uniform vorstellen. Wahrscheinlich sind die ‚staatlichen Organe' froh, ihn los zu sein.

‚Sieh an, wer denen richtig auf die Nerven geht, wird ausgewiesen. Das ist vielleicht die Lösung', sinnieren sie.

Womöglich schieben sie gerade jetzt renitente junge Leute ab. So wie letztes Jahr in Jena, wo sie den Jahn gefesselt in einen Interzonenzug steckten. Das wurde im Westfernsehen berichtet. Schade, wenn man dann nicht dabei wäre. Sie beschließen, etwas zu tun.

An besagtem Mittag eilt Wolf zunächst von der Arbeit zum nahegelegenen Hauptbahnhof, um Gundolf noch alles Gute zu wünschen. Tatsächlich sieht er ihn am Treppenaufgang zum Berliner Zug mit zwei anderen Hippie-Exoten seiner Art stehen. Schon will er hingehen, da fällt ihm ein, dass sie vermutlich überwacht werden. Er hält inne. Wenn Wolf ihn jetzt ansprächе, wäre das der Beweis, dass er ihn, anders als im Volkspolizei-Kreisamt ausgesagt, doch näher kannte. Er betrachtet genau die Umgebung, konnte jedoch nichts Auffälliges ausmachen. Das musste aber nichts heißen. Mit etwas Bedauern, aber auch Neid in der Brust, geht er grußlos davon.

Im Lesesaal der Universitätsbibliothek durchforstet Wolf die gebundenen Gesetzblätter der DDR. Sie liegen frei auf einem Pult zur Einsicht. Er hatte gehört, dass sich das Land Jahre zuvor zu ein paar Menschenrechtsvereinbarungen verpflichtet hatte. Und tatsächlich, da war er! Jener berühmte Beschluss der Helsinki-Konferenz[19]. Der Westen hatte hier den Osten, der immerzu von Frieden und Völkerverständigung sprach, über den Verhandlungstisch gezogen. Im Gegenzug zur 'friedlichen Koexistenz', die der Ostblock[20] forderte, wurden die ‚universalen Menschenrechte' des Westens eingebaut. Alles sollte dann in nationale Gesetze gegossen werden.

Friedlich scheint die Sonne durch die Fenster der Hallenser Bibliothek und Wolf liest, schwarz auf weiß, neben dem Recht auf Arbeit, das die Kommunisten beigesteuert hatten, so unerhörte Sätze, wie:

„Jeder hat das Recht, seinen Wohnsitz frei zu wählen."

„Jeder hat das Recht, frei seine Meinung in Wort, Schrift und Ton zu äußern" usw.

Ihm zittert die Hand vor Aufregung. Ist es akademische Gründlichkeit, weshalb das hier herumliegt? Es ist das Gesetzblatt 1976 II Nr. 6. Und es ist wie Dynamit. Nur: Zwar steht es seit Jahren im DDR-Gesetzestext, ist aber nicht ratifiziert worden. Denn dann hätte sich ja jemand vor Gericht darauf berufen können.

Das muss man doch einfach bekannt machen! Wolf berichtet Utz darüber.

An einem Montag Ende März greifen sie sich einen Topf weiße Farbe nebst einer Flasche Rotwein und streifen abends durch die Altstadt. Sie sind ziemlich aufgekratzt von ihrem Vorhaben, ihrem durch etwas Alkohol gestärkten Mut und dem anfangs recht milden Abend.

Wolf beginnt. Er versucht, ‚Wann hält sich die DDR an die Menschenrechte?' an irgendeine Klinkerfassade zu malen. Die Vollendung scheitert allerdings an der Textlänge sowie an Utz' vermaledeiter Ölfarbe, die alt und unglaublich zähflüssig ist. Mehr als ‚Wa' gelingt ihm nicht. Autos fahren vorbei und sie gehen rasch weiter, den Farbtopf in einem Beutel. Bei der nächsten Gelegenheit malt Utz, der das Ganze eher einen Jux fand, ein Anarchistenzeichen an einer vielbefahrenen Kreuzung. Im Gegensatz zu Wolf war er schon öfters durch die Stadt gezogen, um ein bisschen Party zu machen. Ab jetzt übernimmt er das Malen. Er ist dahingehend unbekümmerter. Wolf ist allerdings sauer wegen des Zeichens, denn Schwachsinn will er nicht, das ist ihm zu Assi. Was sagt das schon aus? Sie wollen doch Informationen für die Bürger verbreiten. Utz geht, gutmütig und bezecht, wie er ist, grummelnd darauf ein. Es gelingt ihm, noch an einigen Stellen unbeobachtet den gewünschten Satz zu schreiben. Einmal sogar mit dem Gesetzblattzitat. Zuletzt, der Topf ist fast alle, schreibt er, lautstark singend, noch richtig groß ‚Menschenrechte – Wann?'. Das ist an einem mächtigen, moosgrünen, gusseisernen Stromverteiler aus der Kaiserzeit, der gegenüber dem Volkspark steht. Hier fahren Straßenbahnen vorbei, doch das ist ihm gerade egal. Beschwingt laufen sie nachhause und versenken den Farbtopf in einer Aschetonne am Weg.

Sie besprechen ihr weiteres Vorgehen. Zunächst vereinbaren sie, sich gegenseitig zu erwähnen, falls einer festgenommen wird. Dann wollen sie ihre Freundinnen informieren, um ein Alibi von ihnen zu erhalten, falls das nötig ist. Die Stasi soll ruhig wissen, dass sie es waren, doch besser wäre freilich, wenn es, wie bei Gundolf, nicht beweisbar ist. Dabei haben sie jedoch verschiedene Ansichten. Um die Mädels nicht zu kompromittieren, sei es besser, sie erfahren nichts Genaues, meint Wolf. Der Gefährte findet das nicht so wichtig. Er will bei ihr sein ‚Licht nicht unter den Scheffel stellen' und ein bisschen mit der Tat prahlen. Sie beschließen, dass das jeder auf seine Weise handhaben würde.

Vom nahegelegenen Filmverleih aus wird Utz am nächsten Morgen noch mit Wolfs Kamera und Rad herumfahren und nachsehen, ob die Losungen noch da sind. Sie am besten auch fotografieren. Wolf kann aus dem Stadtbad morgens unmöglich weg, um das zu tun.

Es ist ein rundum gelungener Abend, finden beide zuletzt.

Am frostklirrenden nächsten Morgen, der blassblau und sonnig beginnt, ruft ihn Utz im Schwimmbad an.

„Ich habe das Bild", meint er nur kurz.

‚*Das* Bild? Sollten es nicht mehrere sein? Aber gut', denkt Wolf.

„Dann bis heute Abend!", antwortet er erfreut und legt auf.

An jenem Elektrokasten, bei dem es ihnen gelungen war, den elend langen Text wie geplant zu schreiben, also ‚Wann hält sich die DDR an die Menschenrechte? GBL. 76/1 II 1976', stand früh um halb sieben bereits die Stasi mit einem Maler und ließ das Ganze überpinseln. Bestimmt hatte es ein guter Bürger gemeldet. Utz gelang ein Foto und er verschwand eilig, als man auf ihn aufmerksam wurde. Aus dem Abend, an dem sie wohl den Film entwickelt und Abzüge gemacht hätten, wurde dann leider nichts. Die Stasi war schneller.

\*

Neben der Trinkerjugend, den Kirchenleuten und dem Gros der Normies gab es einen Teil der DDR-Jugend, der eine Art verspätetes 1968er-Woodstock-Hippietum lebte. Es war eine versuchte Eigenständigkeit, ein Weiterdenken. Eine Abgrenzung von den ewigen, überall ausgehängten Parolen der Staatspartei SED[21]. Abseits der Maifeiern, bei denen man Jahr für Jahr mit Fahnen an mobilen Ehrentribünen aus Holz vorbeizudefilieren hatte, um der Staatsführung für die ‚sozialen Errungenschaften' zu danken, die dann huldvoll und großmütig zurückwinkte.

Zu einer derart verschworenen Gruppe Gleichgesinnter gehören und dabei noch dem Leben einen individuellen Anstrich geben – das wärs doch! Baader etwa lief nur in gefärbten Malerlatzhosen herum. Die gab es im Berufsbekleidungsladen für wenig Geld. Die Mädchen nähten sich lange Gewänder aus weißen Bettlaken und färbten sie manchmal ein. All das war andersartig und günstig. Sandalen, ‚Jesuslatschen' genannt, waren en vogue und auch Wolf hatte seine Rolle, dank einer Truhe des Lehrmeisters, in der sich runde Metallfassungen befanden. Es waren Gasmaskenbrillen aus der Kriegszeit, die ihm der Chef überließ. Im Kellergewölbe des alten Ladengeschäfts, wo noch die beeindruckende Jahreszahl ‚1492' auf einem Türbogen aus Sandstein eingraviert war, hatte er sie gefunden. Wolf machte daraus dunkle Sonnenbrillen – fast solche, wie sie die verstorbene Sängerin Janis Joplin getragen hatte. Die war mit ihrem Wahlspruch ‚Lebe schnell und intensiv, stirb früh' eine der Ikonen der Zeit. Er verkaufte sie für zehn, fünfzehn Mark oder verschenkte sie.

Dabei lernte er Utz kennen, der jedoch eine richtige Brille, eine mit Korrekturgläsern, brauchte, weil er extrem kurzsichtig war. Wolf machte sie ihm und Utz war begeistert, weil er nun nicht mehr die dickwandigen Kunststoffbrillen der Krankenkasse tragen musste, mit denen man aussah wie ein Glaskuckuck.

Als Optikergeselle im Gesundheitswesen traf er die seltsamsten Kameraden. Da war Andy, der mit ihm das Gleiche lernte, ein Predigersohn, der beim Diakonissenhaus aufgewachsen war.

„Die schweben immer so zwei Zentimeter über dem Boden", sagte er, und meinte damit, dass sie zwar lieb, aber nicht realitätsnah genug waren.

Dann ein Orthopädiemechaniker, den sie zu seinem Ärger meist den ‚Holzbein-Schnitzer' nannten.

Alle gingen, wie auch zwei seiner Arbeitskollegen, zu den Jugendtreffs der Kirchengemeinden. Es war ein Freiraum, den man abseits des Staates haben konnte.

Sie alle waren bei privaten Kleinbetrieben angestellt, die als ‚restkapitalistisch' galten und bald abgeschafft, also verstaatlicht und industrialisiert werden sollten. Daraus entstand bei denen, die in diesen ungeliebten Firmen arbeiteten, ein trotziger Stolz auf die historische Handwerkskunst.

Viele provozierten gern. Die Kirche machte wegen der Kriegsgefahr eine Kampagne, die ‚Schwerter zu Pflugscharen' hieß. Friedensmessen wurden veranstaltet, bei denen die Pfarrer ein paar passende Symbole zum Aufbügeln verschenkten. Die faustgroßen, runden Sticker hatten sie aus dem Westen mitgebracht. Der rot und schwarz bedruckte Stoff war sogar waschbar – eine Technik, die sonst nur die Ungarn auf Baumwoll-T-Shirts beherrschten, wenn auch nicht besonders haltbar. Wolf hatte eines der seltenen Stücke ergattert. Er vermied jedoch, es offen zu tragen, um Ärger zu vermeiden. Das Symbol darauf, ein muskulöser, halbnackter Mann, der stehend ein riesiges, gebogenes Schwert mit einem Hammer bearbeitete, sah geradezu heroisch aus. Es war sehr unbeliebt bei der Obrigkeit. Das Kämpferische gab es in der DDR schon, doch hatte es gefälligst der ‚Befreiung der Massen' zu dienen und nicht solchen defätistischen Zielen wie Pazifismus, der ja nur den Kapitalisten in die Hände spielen würde. Die Christen aber meinten, jede Waffe sei sinnlos, was Wolf gefiel. Andy trug seinen Sticker sichtbar auf dem Ärmel eines militärgrünen Parkas. Solche, von der Kleidungsindustrie nachgemachten Armeejacken, Kutte genannt, trug jeder, der sich zur Friedensbewegung zählte. Quasi als Dauerbekenntnis. Man zeigte, dass man sich täglich des Wettrüstens der beiden Gesellschaftssysteme – Kapitalismus und Sozialismus – bewusst war. Einige wenige hatten auch hochbegehrte Jacken von der westdeutschen Bundeswehr oder, noch besser, der US-Army. Die waren von guter Qualität – tiefgrün und aus langlebigem, festem Stoff. Waschen musste man sie zudem selten. Solche Kleidung gab es auch im Westen nur in kleinen Military-Shops, die gebrauchte Uniformteile verkauften.

Mit einem Armee-Parka fiel man jedenfalls auf und wurde öfters von Polizeistreifen gefilzt. Die Transportpolizei am Leipziger Bahnhof riss Andy irgendwann den ‚Frieden-schaffen-ohne-Waffen'-Aufbügler wütend von der Jacke und beschlagnahmte ihn. Empört und stocksauer malte er sich mit Kugelschreiber einen Neuen. Abgebildet war nun eine dampfende Bratpfanne mit dem Text ‚Friede. Freude. Eierkuchen.' Dagegen ließ sich kaum etwas sagen.

Wussten sie denn, dass die 68er-Revolte von vielen als willkommenes Vehikel der Kulturmarxisten für den Westen angesehen wurde? Als ein Werkzeug von Sozialutopisten, die überzeugt davon waren, dass die bolschewistische Weltrevolution erst stattfindet, wenn die als Urzelle des Kapitalismus angesehene Kernfamilie mit Vater, Mutter und Kind, beseitigt ist? Amorpher Individualismus würde die Länder für die kollektivistische Lebensform der Sowjetunion reif machen. Eine Gesellschaft, die Wolf doch am liebsten verlassen hätte! Nein, sie wussten es nicht. Und wenn, hätten sie es doch begrüßt, denn seit dem Kindergarten hatte man ihnen erzählt, dies sei der wahre Fortschritt der Welt. Eben jene neue, ideale Lebensweise des Menschen.

Bolschewiki heißt übersetzt ‚Mehrheitler'. Diese marxistische Kleingruppe in Russland war überzeugt davon, dass die ‚Massen' dumpf und unwissend seien. Sie benannte sich so, um die Leute glauben zu machen, dass ihr Programm allgemeiner Volkswille sei. So würden sie ihnen sicher folgen.

Und falls nicht, dann redete eben ‚Genosse Mauser', wie es Ernst Busch im ‚Linken Marsch' sang. Was hieß, dass Häretiker mit eben jener Mauser-Pistole ins Jenseits befördert wurden. Ohne die ‚revolutionäre Kampfpartei' kommt der Kommunismus eben nicht.

Wie Wolf diese herrischen Dogmen, diese moraltriefende Entmündigung und Dauerbelehrung doch eigentlich verachtete! Er war eben ein rückständiges bürgerliches Subjekt.

# Wintertag III

Der Freund hatte die Fotos gemacht. Sie waren zur Arbeit gegangen und am Nachmittag saß Wolf bereits zur Vernehmung bei der Stasi. Das ging schnell.

„Wir haben heute Morgen zusammengesessen und überlegt, wer das war", sagt der erste Vernehmer, in einem vorwurfsvollen Tonfall.

So als hätte Wolf dessen Zeit verschwendet.

Auf die Frage nach ‚Mittätern' hin wird Utz nun auch verhaftet und ins ‚Objekt zugeführt'. Die Aussagen beider in verschiedenen Räumen werden abgeglichen. Die Situation wurde wohl ernst. Aus dem Befragungsprotokoll entsteht ein fünfseitiges Beschuldigtenprotokoll und der ganze Kram wird dafür noch einmal abgetippt. Was für ein Aufwand. Haben die sonst nichts zu tun?

Als der vernehmende Stasimann wieder einmal im hinteren Teil des Gebäudes verschwindet, kommt eine Aufsicht zu Wolf ins Verhörzimmer. Der Mann fläzt sich schräg gegenüber auf einen Stuhl und fixiert ihn unverschämt. Wolf ignoriert ihn.

„So schnell sieht man sich wieder!", sagt der andere plötzlich.

Wolf fasst ihn näher ins Auge. Der glattrasierte Stasimann lächelt süffisant mit schiefem Mund, einen Schlüsselbund in der Hand. Wolf erinnert sich. Es war der Typ aus dem Polizeipräsidium, der Schlüsselspieler.

Sichtlich genießt der andere es, dem beim letzten Treffen so aalglatt durch die Finger Gegangenen; dem, der sich auf seine platte ‚Hier kann jeder denken, was er will'-Rhetorik nicht eingelassen hatte, nun so gegenüber zu sitzen. In machtvoller Position. Fast sah es aus, als lauere er auf einen passenden Moment, um zuschlagen zu können. Um sozusagen die proletarische Rachefaust einmal anzuwenden. Zum

Vernehmer reichte wohl der Verstand nicht. Das könnte dem so passen!

Wolf antwortet auch diesmal nicht, grinst aber beinahe. Offenbar war dem Kerl bewusst, dass er beim letzten Zusammentreffen erfolglos gewesen war, und hatte sich darüber geärgert.

Dann wieder ist Wolf allein im Raum. Er sieht sich nach Kameras um, findet aber keine. Eine plötzliche Eingebung veranlasst ihn, in das Schreibset gegenüber zu greifen. Er entnimmt einen kurzen Bleistift, kaum fingerlang, als Souvenir und mischt ihn unter seinen Tabak. Als hätte er es geahnt, wird der ihm später noch einiges nützen.

Inzwischen ist es halb neun Uhr abends. Sichtlich erleichtert darüber, dass es nun wohl vorbei sei, denkt er daran, sich auf diesen Schreck mit dem Freund erst mal ein Schnitzel im Restaurant zu gönnen. Das kostet immerhin sieben Mark.

Sein Gegenüber greift plötzlich zum Telefon.

„Einen Wagen für Objekt grün/gelb", verlangt er.

Wolf glaubt, sich verhört zu haben, und verliert etwas die Fassung.

„Komme ich jetzt in Untersuchungshaft, oder was?", fragt er etwas kleinlaut.

„Sicher", sagt der sozialistische Genosse, „oder sind sie schwanger?"

Er grinst dabei höhnisch über seinen vermeintlich guten Witz und sonnt sich in Wolfs Betroffenheit.

„Kann ich noch etwas zu essen haben?", antwortet der trotzig.

Einen Augenblick genervt, sich dann aber großspurig zurücklehnend – wir sind ja ganz rechtstaatlich –, greift der Stasimann noch einmal zum Hörer.

„Zwei Essen für Zugang."

‚Na prima', dachte Wolf resigniert.

Er ist wie betäubt von den langen Stunden der Anspannung und dem ebenso langen Tag.

Kurz darauf wird er hinausgeleitet. Am Ausgang muss er seinen Hausschlüssel abliefern. Handschellen werden angelegt und der Mantel darüber geworfen. Mit prüfendem Blick versichert sich der Stasimann, dass Wolf ausreichend präpariert ist. Jemand hält die Tür auf. Man führt ihn durch den kleinen, unschuldigen Vorgarten hinaus.

‚So verbergen sie ihre Taten‘, ist Wolfs empörter Gedanke.

Niemand ist zu sehen und es geht sehr schnell. Auf dem Kopfsteinpflaster steht ein kleiner Lieferwagen der Marke *Barkas 1000*, mit grauem, völlig geschlossenem Metallkastenaufbau. Er trägt in geschwungenen Lettern die Aufschrift ‚Brot‘. Das kommt ihm allerdings bekannt vor. Woher nur? Plötzlich erinnert er sich. Diese Lieferwagen fuhren öfters an der Optikerwerkstatt vorbei. Er hatte sich stets darüber gewundert, dass nur ‚Brot‘ oder ‚Fisch‘ an der Seite stand und kein Firmenname. Es waren also die Transportautos des ‚Roten Ochsen‘ gewesen! So nennt man das Stasiuntersuchungsgefängnis am Friedhof. Es liegt im Stadtteil seiner alten Arbeitsstelle. Ganz schön oft fuhren die vorbei.

Das Minifahrzeug ist innen mit einem schmalen Gang versehen, von dem rechts und links ein paar Zellen mit völlig dichten Metalltüren abgehen. Mit seinen langen Beinen kann Wolf nur halb stehen; die Knie an der Blechwand gegenüber, den Kopf gebeugt.

Einmal eingesperrt, ruft er nach Utz. Der antwortet noch mit „Ja“, doch werden sie mit einem empörten „Ruhe!“ zum Schweigen gebracht.

Die rumplige Fahrt dauert etwa fünfzehn Minuten und endet, dem Geräusch elektrisch betriebener Stahltürschleusen nach zu urteilen, im Hof der Untersuchungshaftanstalt des Ministeriums für Staatssicherheit. Eines der riesigen Tore kennt Wolf von außen. Das zweite, welches eher ein mächtiges Schiebegitter ist, gekrönt von Signalleuchten, sieht er nun von innen. Sicher ist es fünf Meter hoch. Zwei Uniformierte empfangen sie.

Der Gefängnishof ist hell beleuchtet und von hohen Betonmauern sowie Gebäuden aus roten Ziegeln umgeben. Wolf wird als erster ins Gemäuer geführt.

Lange, viel zu lange, eine halbe Ewigkeit, gemessen an seiner Jugend, wird er nichts anderes mehr sehen. Und er wird ein anderer sein, danach. Wenn auch nicht gerade ein Geläuterter im Sinne der Partei.

# Der Fall

Der Vernehmer ohne Namen holt ihn nach Belieben. Meist an drei Wochentagen, öfters auch an vier oder fünf. Es ist ein Mann mittleren Alters, schlank und dunkelhaarig, der sicher einmal gutaussehend, nun aber etwas faltig und verlebt ist. Im Allgemeinen ist er korrekt und pedantisch, dabei vollkommen unpersönlich. ‚Alles für die sozialistische Sache, der Einzelne zählt nichts!', ist ja deren Devise. So ist der Vernehmer als Person bedeutungslos und dennoch hängt Wolfs Schicksal von ihm ab. Verdammter Apparat!

Der andere kennt ihn natürlich, unfairerweise. Aber Fairness gehört ja nicht zum Repertoire. Der Zweck heiligt die Mittel, immer. Wolf wurmt es trotzdem.

„Wir beobachten Sie schon seit zwei Jahren", sagt der Vernehmer einmal drohend zwecks Einschüchterung. Ob das stimmt? Lange grübelt Wolf über den möglichen Anlass dieser ‚Beobachtung'.

Auf dem Schreibtisch des Vernehmers liegt eine kleine braunlederne Federmappe, auf deren Rücken sich, stark verwaschen, nach langem Bemühen ‚Berger' entziffern lässt. Wolf nennt den Namenlosen ab nun so.

Stasi-Berger nimmt sich jeden Tag ein Detail zum Abarbeiten vor. Morgens wird befragt und handschriftlich notiert. Dann wird Wolf zurück in die Zelle geführt. Nachmittags wird er erneut vorgeführt. Nun sitzt er dabei, während Berger mühselig und nervtötend im Zwei-Finger-System das vormittags Notierte in die Schreibmaschine tippt. Der Delinquent dient dabei der Beantwortung ergänzender Fragen.

Immerhin kann er rauchen. Einen großen Teil der Kippen, die er auch selbst raucht, stellt Berger zur Verfügung. Wenigstens sind es *Alte Juwel*, eine der besseren Marken. Wolf sieht keine Veranlassung, das Angebotene abzulehnen.

Am Ende des Tages verzieht der Mann auch mal eine Augenbraue, wenn Wolf ihm eine Schachtel weggedampft hat. Der Etat ist wohl begrenzt für so was.

Nach zwei Wochen Befragung und endlosen Zellenabenden mit gründlichem Nachdenken scheinen Wolf die ganze Ausreise-Geschichte, die Verfolgung, die Haft, die angedrohte Strafe den Aufwand nicht mehr wert. War es nicht eigentlich nur ein Gedankenspiel? Ein Jux? Sicherlich, ernst gemeint war es schon, für den Moment. Doch entsteht Zufriedenheit nicht allein und zuerst im Kopf? Und nur da? Alles andere ist eitel Tand. Die Einzelzelle hatte ihn das gelehrt.
Eines Vormittags teilt er dem Vernehmer mit, dass er den Ausreiseantrag zurückziehe. Der Kerl ist sichtlich enttäuscht. Warum, ist Wolf ein Rätsel. Sollte der nicht froh sein, ein Schäfchen für die sozialistische Sache gerettet zu wissen? Oder hatte der den Ehrgeiz, einen ‚harten Knochen' weich zu kochen, um befördert zu werden?
„Das beeinflusst Ihre Tat nicht", schnarrt er lapidar.
„Das ist mir klar", sagt Wolf. Mehr als eine Geste von, sozusagen, gutem Willen hatte er auch nicht vor. Zu erwarten war von denen sicher nichts. Verkaufen würde er sich allerdings auch nicht.
„Ich möchte schriftlich eine Erklärung abgeben. Und das Strafgesetzbuch einsehen."
„Die Gelegenheit werden Sie haben", erklärt Stasi-Berger großspurig. Dann geht er zum Tagesgeschäft über. Darüber, woher Wolf seinen ‚Mittäter' eigentlich kenne.

Wie er Monate später von Utz erfährt, benutzte Stasi-Berger, der diese Sache bei ihm als nebensächlich abtat, seine Äußerung triumphierend gegenüber dem Kameraden. Utz war tief konsterniert. Er glaubte, dass man Wolf sofort entlassen würde. Er beschließt, beim Ausreiseantrag zu bleiben. Was er ab da über Wolf aussagt, weiß nur seine Akte.

Wolfs Position hat sich nun geändert. Um fortan nicht mehr ‚Gegner' zu sein, wird von ihm jetzt erst recht Kooperation erwartet. Rasch wird dabei deutlich, dass er die Maschine nur immerwährend mit Stoff füttern muss, um möglichst wenig Reibung zu erzeugen. Offenbar tut der Vernehmer das Gleiche. So weit kennen beide die Bürokratie. Wenn er kooperiert, befriedigt das die Maschine. Was er liefert, muss nicht stimmen, doch zumindest einigermaßen plausibel sein. Unbedingt erwartet wird Denunziation. Doch dazu ist er nicht bereit. Aus Selbstachtung nicht und wegen der Folgen für andere. Biermann hatte diesen Abyss ja besungen, wie er es von Utz' Tonbandaufnahmen kannte. Dumpf und kratzig war es gewesen, kaum zu verstehen, weil schon so oft illegal kopiert:

„Ach, der erste Verrat, kann aus Schwäche geschehen,
doch der zweite Verrat will schon Orden sehn,
und beim dritten Verrat musst du morden gehen,
selber morden gehen..."
– es konnte nicht anders sein.

Immer wieder drängt Stasi-Berger darauf, woher er seine Überzeugungen habe. Am liebsten wären ihm westliche Medien; das würde wohl seine Vorstellungen befriedigen. Wolf beharrt aber auf Literatur – was dem anderen nicht ausreicht, denn das ist legal. Wolf erfindet daher eine Person aus dem Umfeld der Jungen Kirchengemeinde (das musste leider sein), von der er nur den Spitznamen zu kennen meint. Jenem ‚Karo' dichtet er, neben der Literatur, seine gewonnenen Überzeugungen an, innig hoffend, dass es ihn nicht wirklich gibt. Denn selbst Kleidung und Habitus will Stasi-Berger wissen. Sie werden wohl einen Spitzel losschicken.

Zu dem Thema wird Wolf eine Woche lang befragt. Angestrengt denkt er sich Sachen aus, von denen er sicher ist, dass sie auf niemanden zutreffen. Dabei kommt ihm sein Alter zu Hilfe, denn von Jugendkultur verstehen sie wohl nicht viel und wüssten gern mehr. Schwierig, alles Gesagte zu behalten, zumal er sich keinerlei Notizen machen kann und die Protokolle nur zur Unterschrift sieht.

Zwei weitere Vorteile hat er. Zum einen kann er in der Zelle ungestört die Dialoge wieder und wieder rekapitulieren. Ein Hirnjogging sozusagen. Zum anderen wollen sie Informationen, und es liegt in seinem Ermessen, was er berichtet. Es ist fast wie ein Sport, ein Tauziehen. Oder wie jenes Schachspiel, das er einmal bei den Stadtmeisterschaften gespielt hatte. Der Gegner war ihm damals völlig ebenbürtig gewesen. Beide Fallblättchen der Uhr standen schon auf zwölf. Der andere hatte nur noch planlos gezogen und dann hastig den Stopper gedrückt, um Zeit zu gewinnen. Es war nur die Winzigkeit eines Augenblicks, doch Lennis Plättchen fiel zuerst. Heiß diskutierte die Mannschaft danach, denn es ging um den dritten Platz. ‚Strategisch hast du jedenfalls nicht verloren', tröstete ihn Schulkamerad Siebi einst.

Hier bei der Stasi ist das Spiel allerdings unfair und Trost gibt es auch keinen. Klar kann er versuchen, fünf Züge vorauszudenken, wie es der Schachtrainer immer forderte. Doch die Stasi hat alle Figuren, während er nur mit den Bauern spielt. Sie haben die Zellen, den Zwang, die Akten und das ganze sonstige Repertoire. Und er? Nur seinen Kopf. Als es wirklich eng wird, beendet Stasi-Berger plötzlich das Thema ‚Junge Kirchengemeinde' und kommt auch nicht mehr darauf zurück. Keinen einzigen seiner Bekannten hat er erwähnt. Verhalten freut sich Wolf darüber, den Genossen, die wohl nun auf der Jagd nach einem Phantom sind, ein Schnippchen geschlagen zu haben. Oder sie glauben ihm die Geschichte ohnehin nicht, wer weiß. Aus diesem Griff hat er sich jedenfalls herausgewunden. Ein anderes Mal hat er jedoch echtes Pech.

# Unkraut im sozialistischen Rosengarten

Wolf war bei den Eltern ausgezogen. Bei Stasi-Berger erklärt er nun, dass es wegen politischer Differenzen geschah. Das stimmte nicht, doch die Familie war damit ‚aus dem Schneider' und nicht in seinen ‚Fall' verwickelt. In der sozialistischen Planwirtschaft kann man allerdings nicht ohne Wohnungszuweisung einfach irgendwo hinziehen. Utz hatte Glück. Er wohnt in der zwar kärglichen, im Übrigen aber coolen Dachmansarde eines Privatmietshauses. Die Besitzerin suchte einen Hausmeister und nahm ihn auf. Wolf meldet sich unter seiner Adresse beim Rat des Stadtbezirks an. Kaum geschehen, erhält er eine Vorladung zum ‚Abschnittsbevollmächtigten der VP'. Der dicke Polizist, der nach Alkoholiker aussieht, erklärt, dass er sofort zu verschwinden habe, wohin sei ihm egal. Offenbar will der Ordnung in seinem Revier. Er gibt ihm zwei Wochen Zeit. Schöner ‚Freund und Helfer'! Nun war er wirklich in der Bredoullie. Ein Zufall hilft ihm weiter.

In diesen kalten Tagen findet just eine dreitägige Friedensmesse des Stadtjugendpfarrers Neher statt. Wolf geht hin und ist wieder einmal beeindruckt. Pfarrer werden von der Staatsmacht beargwöhnt, besitzen aber eine gewisse Freiheit. Das Gemeindehaus ist voller junger Leute. Im Aufgang hängt eine Posterwand mit der Überschrift ‚Ich werde nicht Berufssoldat der NVA', was ziemlich frech ist. Hunderte haben schon unterschrieben. Drinnen spielt der Pfarrer mit der schütteren roten Mähne wild auf einer der neuen Elektronikorgeln, die es nur im Westen zu kaufen gibt. Bei flackernder Diskobeleuchtung rezitiert er zu den Klängen aus der Bibel:
„Und sie errichteten eine Stele...
im Land Kanaan...
aus purem Gold.
Und jeder...
musste erscheinen...
um sie anzubeten...“

Kräftiger Applaus. Das Gleichnis auf die DDR ist offensichtlich. Es ist die alte Streitfrage zwischen Kommunisten und Christen: Wer hat das Primat? Die einen bestehen auf Materie, die anderen sehen den Geist als Ursprung des Lebens an.

In der Pause trifft Wolf zufällig Franky wieder, den der Vater meist ‚Jesus' nennt. Der wirkt mit seinen langen, meist fettigen Haaren wie ein verwahrloster Asket, den nur die geistige Welt interessiert. Das Amt hatte ihn einst als Saisonkassierer ins Freibad geschickt, wo Wolf ihn traf. Franky kennt viele Leute und hat dauernd interessante, verbotene, westliche Bücher. Zudem wohnt er in einer WG, von denen es kaum drei oder vier in Halle gibt. Sie nennen sich die 6K, was für ‚Kleine-Kinder-kauen-Kippen-kotzen-Konventionen' steht, und leben als halbe Hippies. Ein paar arbeiten als Kulissenschieber am Theater, andere als Friedhofsgärtner. Einer ist Koch im besten Hotel der Stadt und Baader, der inzwischen aber woanders wohnt, ist Bibliothekshilfe. Rega, die abtrünnige Tochter eines Botschafters, lebt auch dort. Wie es möglich ist, dass sie alle die Etage in einem runtergekommenen Gründerzeithaus bewohnen können, als Kommune, ist Wolf ein Rätsel. Es hieß, das Haus gehöre eigentlich einer westlichen Brauerei. Wolf plaudert etwas mit ihm und erzählt dann von seinem Wohnproblem.

„Kann ich mich bei euch anmelden?", fragt er rundheraus.

„Ja, klar", antwortet Franky locker.

Wolf ist überrascht, aber natürlich erfreut. Allerdings hat er keine amtliche Zuweisung für diese Wohnung. Mal sehen.

Am letzten Tag der Frist versucht er sein Glück und geht ohne das Zuweisungspapier aufs Stadtteilamt. Es ist später Nachmittag und das Büro maßlos überhitzt.

„Ich möchte mich ummelden", sagt er so belanglos wie möglich zu der Dame mittleren Alters am Schreibtisch. Sie nimmt ein Formular zur Hand, spannt es in die Schreibmaschine und trägt seine Daten ein, ohne nach dem berühmten Schein zu fragen. Wolf ist sich sicher, dass sie ihn noch verlangen wird.

Er sitzt wie auf glühenden Kohlen. Ihm rinnt der Schweiß und das Hemd klebt auf der Brust. Zum Glück bemerkt sie es nicht, denn im großen Büro tippen ein Haufen Leute. Es ist laut und wohl bald Feierabend.

„Welche Straße?", fragt sie, als sie zu der betreffenden Stelle im Formular kommt.

„Jägergasse 2."

Diese Anschrift hat eine enorme Wirkung. Sie schlägt sozusagen ein wie eine Bombe. Augenblicklich versteifen sich ihre zuvor freundlichen, jovialen Gesichtszüge. Mit eisiger Miene, abweisend, tippt sie weiter und fragt nichts mehr. Wortlos überreicht sie ihm das Papier.

Es war ein Wunder, aber es hat funktioniert. Gewohnt hat er dort nie.

Triumphierend steckt er dem Polizisten, der ihn verwiesen hat, den Meldezettel in den Briefkasten und hört fortan nichts mehr von ihm. Auch der muss wohl nur der Form Genüge tun und hat nun aktenmäßig Ruhe.

Nach der Verhaftung fand, sicher zu Frankys Verdruss, wegen Wolf eine Haussuchung bei ihm statt. Die Stasi brannte wohl darauf, in die 6K-WG einmal ganz offiziell reinzugehen, Fotos zu machen und zu beschlagnahmen, was sie interessierte. So kommt es, dass Stasi-Berger ihm bei einem Verhör nun einen Ordner von Franky unter die Nase hält.

„Kennen Sie das?", fragt er gespannt.

Allerdings kennt Wolf *das*. Es war mit Schreibmaschine abgetippte, verbotene Literatur darin. Außen standen die Namen von vier abtrünnigen Autoren, darunter Bartsch und Kunze.

„Was ich verwahre,
hinter Schloss und Siegel, Tochter?
Vergangenheit.
Sie zu kennen, kann die Zukunft kosten."

Diese Literaten waren aus der DDR ausgereist und existierten offiziell nicht mehr. Er hatte das alles im letzten Sommer frohgemut in der Gartenlaube der Großmutter abgetippt.

Dafür war er extra mit dem Motorrad und Mutters zwanzig Kilogramm schwerer Büroschreibmaschine in den Harz gefahren, hatte einen ebensolchen Ordner angelegt und ihn fatalerweise mit derselben Aufschrift versehen.

‚Jetzt haben sie Franky‘, denkt Wolf betroffen. Denn natürlich ist auch seine eigene Abschrift in ihren Händen.

Abb. 6 Durchsuchtes Zimmer in der 6K-WG, Jägergasse 2 in Halle. Begehungsfoto der Staatssicherheit 1984.

Er nimmt das vom Vernehmer gereichte Original und blättert darin, um Zeit zu gewinnen. Verdammt, was sagt er nur? Die Weitergabe verbotener Literatur ist eindeutig straffähig. Es war ein Vertrauensbeweis von Franky, dass er ihm den Ordner überhaupt mitgab. Sollte Wolf jetzt schuldig an seiner Verfolgung werden? Im nächsten Moment aber ist er enorm erleichtert. Franky hat den Inhalt komplett ausgetauscht, warum auch immer. Der neue ist harmlos. Das ist die Rettung. Blieb nur noch das Problem der gleichartigen Aufschrift außen drauf. Stasi-Berger weist darauf hin.

„Kann ich nicht erklären“, wird er als seine Aussage im Protokoll festhalten.

Die Affäre hinterlässt natürlich ein Stäubchen Unglaubwürdigkeit auf seiner Weste als ‚geläuterter politischer Sünder'.

Mittels solcher, fortwährend neuer Anekdoten ist der Druck auf den Stasi-Häftling enorm. Wolf denkt über tausende Details nach, die man ihm womöglich anlasten könnte, als Urs von seiner Vernehmung zurück in die Zelle geschlossen wird. Er sieht aschfahl aus. Betroffen erklärt er, dass es bei ihm hoch hergegangen sei. Der Vernehmer hatte ihn wütend angebellt.
„Sie sind ein Unkraut in unserem sozialistischen Rosengarten!", schrie er am Ende einer langen Tirade.
Urs ist tief betroffen. Was für einen Strick werden sie ihm drehen? Er war auf Operntournee in der Tschechoslowakei verhaftet worden. Der Bruder hatte ihm schon öfters Schleuser zu den Auftritten nachgeschickt, um ihn in den Westen zu holen. Urs hatte darüber nachgedacht und sie hingehalten. Die Bühne war sein Leben und er fürchtete, dies alles, einmal im Westen, zu verlieren. Das lavieren zwischen den Welten wurde sein Verhängnis. Umgang mit professionellen Schleusern ist für die Stasi schon so etwas wie Landesverrat. Nun hat er ‚Nichtnachrichtendienstliche Agententätigkeit' am Hals, was zehn Jahre bedeuten kann. Es ist ein Witz, aber leider ein schlechter.
Jeder kleine Strohhalm bedeutet Hoffnung. Der Vater der Verlobten ist Nationalpreisträger Zweiter Klasse, fällt ihm ein. Kann das helfen? Würde der helfen?
        In ihrer Zelle wird Urs vierzig. Wolf schenkt dem Kameraden zu dem Anlass eine Zigarette. Der nimmt sie erfreut an, obwohl er sonst nur die teuren *Club* raucht. Wegen der Geste. Seine Freundin ist zweiundzwanzig. Er hatte ihr einst Gesangsunterricht gegeben. Verlustängste plagen ihn. Kinder hat er keine. Öfters betet er, wozu er eine der blauen Zigarettenschachteln als Altarbild in die Fensternische stellt. Manchmal, wenn er vom Vernehmer kommt, deutet er davor kurz einen Kniefall an und bekreuzigt sich. Vor Wolf, dem

Atheisten, ist ihm das ein wenig unangenehm. Aber nur ein wenig.

Ist er besser aufgelegt, erzählt er von grandiosen Bühnenbildern. Er als König von Ägypten in Verdis „Aida", auf hohen Stufen mit goldenem Thron. Stehende Ovationen des Publikums, was ihn noch in der Erinnerung zu Tränen rührt.

Wolf lernt von ihm, wie man mithilfe des Zwerchfells ein größeres Stimmvolumen erreicht. Er übt es, natürlich gedämpft. Urs hat einen tiefen, sonoren Bass. Zusammen intonieren sie eine schwermütige Gefangenenmelodie. Die Noten dazu schreibt Wolf mit Streichholzasche auf einen Kartonrest. Notendiktate gelangen ihm schon in der Musikschule recht gut. Eine Zeitlang summen sie es im Duett. Bei einer Taschen-Kontrolle zum Hofgang wird die Notiz weggefilzt. Einfach so. Lange sind sie darüber tief betrübt. Dann hat Wolf eine Idee.

Als es einmal gut läuft und Stasi-Berger aufgeräumter Stimmung ist, fragt ihn Wolf nach dem Zigarettentabak, der sich bei seinen Zivilsachen befindet. Tage später erhält er ihn. Die Chance war gering, doch tatsächlich ist darin noch der kurze Bleistift, den er bei der ersten Vernehmung einsteckte. Auf den Gedanken, den Inhalt zu filzen, war man wohl nicht gekommen. Fortan verbirgt er den Stift in einer Fliesenritze unter dem Waschbecken. Urs und Wolf schreiben die komponierte Melodie aus dem Gedächtnis erneut auf ein improvisiertes Notenblatt. Doch die Stimmung, es fortzuspinnen, ist verflogen, seit die Stasi ihnen die erste Notiz wegnahm. Sie ihnen ihre Realität aufzwang. Der neuerliche Verlust ist zu erwarten. Stattdessen kritzeln sie nun Kassiber, denn der erste Besuch von draußen scheint bald möglich. Tag und Dauer der Vernehmungen notiert sich Wolf auch und kommt zuletzt auf 350 Stunden, die ihn Stasi-Berger nach Belieben vorführte.

Dass der Inhaftierte sich irgendein Muster im Handeln der Stasi notiert, seine Gedanken schriftlich sammelt, ist streng verboten. Auch darf er hier ja keinen Spiegel besitzen, um sich selbst zu sehen, und keine private Kleidung tragen. Empfangene Briefe sind nach dem Lesen abzuliefern. Die Hände haben nachts auf der Decke zu liegen, der Kopf darf beim Schlafen nicht bedeckt sein. Nach der Abnahme aller persönlichen Dinge bleibt schließlich auch noch sein Name bei den Effekten[22].

Und doch hat Wolf den Bleistift, dieses kleine Wunderding. Erst einen Monat später wird der entdeckt.

Die maximale Reduktion, diese äußerlich nicht mehr vorhandene Existenz der Persönlichkeit, ist Ziel der Einrichtung. Um aus dem derart aufgelösten Bürger das Maximum an Information zu ziehen. Nur hinter dem Vorhang der Augenlider existiert in seinem Kopf noch eine langsam verblassende Erinnerung an die frühere reale Welt. Ein Rudiment, bestehend aus flüchtigen Gedanken. Und das alles dient nun also der Idee von der besseren Gesellschaft, geboren in den Hirnen von Marx, Dzierzynski und Lenin. Die es von Rousseau, Lassalle und Robespierre lernten. Es ist halt ein persönlich tragisches Problem, ein ziemlich privates sozusagen, dass Wolf in diese Fänge geraten ist.

Aber ist nicht eigentlich die Drohung mit der Geheimpolizei der wahre Geist, die echte Basis der Kommunisten? Sie würden es bestreiten. ‚Die Staatssicherheit ist nur Mittel zum Zweck‘, würden sie sagen. Ist nur ‚Schwert und Schild der Partei‘, die wiederum für alle das bessere Leben anstrebt. Mag sein. Merkwürdigerweise hatten auch alle Angst vor Herbert Hoover, dem Gründer des FBI in den USA. Von jedem Politiker hatte er ein Dossier in seinem Safe, wodurch er im Amt eine ganze Riege von Präsidenten überlebte. Keiner wagte es, ihn zu entlassen, heißt es. Wie sich das doch gleicht, im Sozialismus und im Kapitalismus. Oder wo auch immer bürokratische Geheimdienste tätig sind.

# Von draußen

Jede Woche kann Wolf einen einseitig beschriebenen A4-Briefbogen von draußen erhalten. Der Vernehmer liest ihn zuerst. Nur ein echter Verwandter ist dabei postalisch gestattet und zuvor festgelegt. Wolfs Freundin schied damit aus. Den ersten Brief sandte der Vater.

Doch der ist eine herbe Enttäuschung. Er erreicht ihn zudem in tiefsten Nöten innerer Zweifel. Der Vater ist immer ein eher vorsichtiger Mensch gewesen, der nur in gefahrloser Umgebung offen spricht. Die Mutter nennt ihn manchmal scherzhaft einen ‚Wohnzimmerstrategen‘. Ein wenig unfair ist das schon. Schließlich hatte er einst Parteigenossen im Betrieb als ‚Rucksack-Kommunisten‘ bezeichnet, ihnen quasi die politisch ehrliche Gesinnung abgesprochen, was ihn den Job als Abteilungsleiter gekostet hatte. Er war eben ein gebranntes Kind.

Diesmal hatte er sich allerdings selbst übertroffen, findet Wolf schmerzlich. Des Vaters Schreiben ist völlig nichtssagend. Jeder Satz ist genau überlegt. Nicht einmal das Blatt bekam er voll. In seiner Antwort fordert Wolf ihn auf, künftig die Mutter schreiben zu lassen. Gern überlässt er ihr das, und sie macht das prima, spendet dem Zwanzigjährigen Trost und Ablenkung. Mütter sind intuitiv geübt darin. Vielleicht sind sie auch besonders mutig. Erstaunlicherweise wird ihre Courage akzeptiert. Weil letztlich auch der Stasimann eine Mutter hat?

Eines Nachts wird Wolf aus der Zelle geholt, Stellung: Gesicht zur Wand. ‚Fangen jetzt Nachtverhöre an, oder was‘, denkt er beunruhigt. Schlaftrunken rekapituliert er rasch, mit was für neuerlichen Vorwürfen er wohl zu rechnen hat und was das letzte Vernehmungsthema war. Nichts fällt ihm ein, was nun erst recht beunruhigend ist.

„Fassen Sie das“, befiehlt der Uniformierte und weist mit einer Handbewegung auf den Boden.

Dort steht eine Holzgemüsekiste an der Wand. Wolf greift zu. Wieder eingeschlossen, entdeckt er eine ganze Sammlung von Essbarem: Kekse, Äpfel und selbst Orangen von guter Qualität, die es draußen kaum gibt, sind darin. Die Mutter hat das einfach frech abgegeben und es wurde akzeptiert. Sie sind von einer Verkäuferin, die um seine Verhaftung weiß. Geheim sind die Wege der Solidarität. Wolf erfährt später davon.

Dreimal in den langen Monaten gibt es einen halbstündigen Besuchstermin, der ‚Sprecher‘ heißt. Die Mutter und Freundin Isa kommen. In fensterlosem Raum sitzen sie sich an einer Tischreihe gegenüber. Am Kopfende präsidiert Stasi-Berger. Der sonst so harte Knochen sitzt zurückgelehnt und mit verschränkten Armen, sich als jovialer Gastgeber gebärdend. Er erlaubt, dass sie sich gelegentlich an den Händen halten, ab und an huldvoll mahnend. Wolf könnte ihm an den Hals springen vor Wut.

Die Zeit verfliegt viel zu schnell. Zuletzt, schon stehend, umarmt er Isa mit einer schnellen Bewegung und hält sie fest. Überrascht gestattet es der Vernehmer mit einem kaum merklichen Kopfnicken. Wolf schiebt Isa unauffällig ein Minikassiber in die Gesäßtasche ihrer Cordjeans. Mit dem famosen Bleistift hat er superklein, auf einem daumengroßes Stück Papier, Details über diese Örtlichkeit und die zu erwartende Anklage geschrieben, worüber zu sprechen ja hier verboten ist. Dem üblichen Filzen entging das Papier, weil er es bei der Fliegerstellung an der Wand zwischen zwei Fingern hielt.

Hinterher, in der Zelle, erzählt er Urs davon. Der hat auch bald ‚Sprecher‘ und findet die Sache nachahmenswert. Sein Zettel fällt allerdings größer aus. Auch er wagt es nicht, ihn in der Hose des Trainingsanzuges zu transportieren und nimmt ihn stattdessen in den Mund. Da sein Vernehmer ein harter Hund ist und ihm außer Händchen halten nichts erlaubt, spuckt er der Freundin den Zettel in einem unbeobachteten Moment ins Dekolleté. Die ist ganz erschrocken darüber und sieht ihn zunächst an, als sei er irre geworden. Dann fasst sie sich und versteht. Zwischen den vielen düsteren Grübeleien lachen Urs und Wolf später noch etliche Male über diese Szene.

# Rechtsvertreter

Einer mit Zugang zum Stasigefängnis ist sein Verteidiger. Etliche Male hat er beim Vernehmer diesen Besuch verlangt, doch er findet nicht statt. Es ist das einzige Recht, mit dessen Entzug Stasi-Berger nicht droht. Weil er es per Gesetz nicht kann. Der Anwalt sei informiert, ist deshalb sein jedes Mal sattzufriedener, geradezu hämischer Kommentar, was Wolf wenig glaubwürdig findet.

Vier Wochen nach seiner Verhaftung taucht der Anwalt erstmals auf. Große Hoffnungen setzt er auf ihn. Den Namen von A. hatte er einmal in der Kirchengemeinde am Marktplatz gehört, als Empfehlung bei politischen Schwierigkeiten, doch wusste er nichts Näheres über ihn. Es hieß, er habe mit den Abschiebungen in den Westen zu tun. Den Eltern hatte Wolf deshalb, am Vorabend der Pinselaktion, ganz intuitiv einen Adresszettel hinterlassen, worauf er sie bat, im Ernstfall zu Anwalt Wolfgang Vogel in Berlin zu reisen. Als zweite Wahl stand dort A.

Beim Besuch dieses Mannes schließt man ihn in einen ‚Gästeraum' im Erdgeschoss, der makaber freundlich aussieht. Mehrere Tische, sogar mit Deckchen und jeweils kleiner Blumenvase, stehen dort. Zwei bemerkenswert große Fenster, zwar vergittert, aber ohne Sichtblenden, geben den Blick auf eine ruhige Straße frei. Das Kopfsteinpflaster glänzt nass, Regen hat die warme Frühlingsluft reingewaschen. Wie wenig trennt ihn von da draußen! Und doch alles.

Der Anwalt, ein kleiner schmaler Mann im Sakko, sitzt bereits. Er erhebt sich, reicht ihm die Hand und spricht ihn mit Namen an. Fast fühlt sich Wolf wieder menschlich. Das kleine Abzeichen der Einheitspartei an seinem Revers irritiert freilich etwas, aber das muss wohl sein.

Sogleich ist Wolf Feuer und Flamme und plaudert los, um seine Möglichkeiten zu erkunden. Einen Moment lang hört

A. zu. Dann weist er mit dem Zeigefinger zur Decke, andeutend, dass sie abgehört werden könnten. Betroffen schweigt Wolf und überlässt ihm das Gespräch. Ab nun geht es um Banales, etwa beschlagnahmte Gegenstände. Als er ihn auf die Helsinki-Akte anspricht, welche die freie Meinungsäußerung und freie Wahl des Wohnortes paraphiert, wird der Anwalt ablehnend.

„Staatsrecht geht vor Völkerrecht!", schnarrt er lapidar.

Stasi-Berger hätte es nicht besser sagen können. Wolf ist echt düpiert. Auch über die Höhe der zu erwartenden Strafe weiß er rein gar nichts mitzuteilen, so als sei Wolf sein erster Fall. Damit ist nun eigentlich alles gesagt. Nach kaum zehn Minuten steht A. auf, zieht seinen schicken, teuren, ockerfarbenen Trenchcoat über und greift zum Schirm.

„Oh, es regnet ja wieder", spricht er mit Blick nach draußen, um in das Schweigen hinein irgendetwas zu sagen.

‚So ein Rindvieh', denkt Wolf. ‚Wie ich hier drin lebe, ist dem piep egal, wahrscheinlich eh meine Schuld. Und dafür wird der bezahlt. Regen kenne ich schon lange nicht mehr und auf einen Schirm hätte ich ganz bestimmt verzichtet, nur um das endlich wieder einmal zu erleben.'

Blickt er nicht gar herablassend auf die traurige Gestalt im billigen Stasi-Trainingsanzug vor sich? Sein kleiner Triumph gegenüber diesem wohlgekleideten Fatzke sollte aber noch kommen.

Weil der Abgang des Anwalts so schnell war, ist Wolf einen Moment allein im Besucherraum. Er blickt aus dem Fenster. Weiße Quellwolken mit etwas grau darin ziehen rasch am Himmel dahin. Ein richtiges Frühlingsgewitter scheint es gewesen zu sein. Vereinzelte Tropfen platschen noch weich auf den hellgelben Granit. Auf den Tischen, ganz freundlich, doch auch klein und verletzlich, neigen sich die Blumen in den Vasen. Sanft berührt er eine. Nein, sie ist nicht aus Plastik. Dann, ganz plötzlich, verebbt seine Freude. Es ist doch alles nur eine Illusion! Ausgerissen hat man euch, genauso wie mich, denkt er. Dabei sollten sie doch alle da draußen sein.

Sich am Leben und am Gleichmaß der ewigen Natur erfreuen. Sein Leid. Ihr Leid. Hart wendet er sich zur dunklen Gittertür, um eine tiefe Traurigkeit zu verhindern. Leider gelingt es ihm nicht ganz. Er ruft, damit man ihn zurück in die Zelle bringt. Der Schließer blickt ihm prüfend ins Gesicht.

Am Freitagnachmittag holt ihn unversehens der Vernehmer. Zu seiner Überraschung sitzt am leeren Schreibtisch ein junger Kerl in Wolfs Alter, sichtlich ‚auf dem Sprung'. Er hat die Vorhänge und das Fenster weit geöffnet. Mild weht eine warme Brise herein, bringt den süßen Duft des großen, blühenden Fliederbaums mit, dessen blassviolette Färbung er in der Ferne sonst immer schemenhaft sehen kann. Wie ein eherner Recke steht er da, das Geäst manchmal leicht wiegend im Wind. Er ist ihm wie ein Freund geworden, inmitten der feindseligen Umgebung des Vernehmungsraumes. Wird er wieder einmal traktiert – wegen seiner Einstellung, seiner Kontakte oder was auch immer –, lenkt er seine Gedanken auf ihn, erinnert sich an das ‚Draußen' und daran, dass dort die wirkliche Welt ist. Stasi-Berger hat diese Wirkung auf den Verhafteten stets gespürt und jedes Mal unwillig das Fenster geschlossen. Durch die Gardine sah Wolf den hohen Baum aber dennoch. Für so etwas gibt es keine Regel, es ist nur ein Gefühl und der Stasi-Mann wusste das. Es ärgerte ihn. Möglicherweise, weil es sich seiner Kontrolle entzog.
Der junge Stasityp merkt davon nichts.
Beim Anblick des prächtigen Baumes schnürt sich Wolf das Herz zusammen vor Sehnsucht nach Freiheit, nach Sonne und Baden gehen. Bloß keine Regung zeigen jetzt, sonst ist die Üppigkeit vorbei. Er nimmt an, es ist der Sohn des Vernehmers. Dieser betrachtet Wolf wie eine seltene Anomalie und überreicht ihm ein Blatt zur Kenntnisnahme.
Das Schreiben ist von der Berliner Kanzlei Vogel. Und es ist eine Sensation. Es ist auf weißem West-Papier mit Pergamentstruktur verfasst und mit den klaren rundlichen Lettern

einer hochwertigen elektrischen Schreibmaschine geschrieben. Dazu hat es einen dezent farbigen Schriftkopf. So etwas hat Stasi-Berger nicht. Keine Spur von sozialistischem Mangel ist an dem Brief; auch keine hölzerne, unbeteiligte Wortwahl. Wolf glaubt zu träumen. Es ist wie ein Anker, eine ferne Macht, die ihm zu helfen gewillt ist, ihm einen schützenden Mantel um die Schultern legt. Dort steht, dass Vogel jetzt die Verteidigung übernimmt und seinen Untervertreter A. damit beauftragt hat.

Der Stasi-Jungspund will nichts weiter. Wolf quittiert als ‚Gelesen'. Behalten darf er es natürlich nicht. Er wird zurück in die Zelle gebracht und ist dabei so frohen Mutes wie lange nicht mehr. Urs, der ja sowieso in der DDR bleiben will, befürchtet ein höheres Strafmaß, wenn er diesen Anwalt nähme. Obwohl sein Bruder ihm den bestimmt bezahlen würde. So wirkt die Selbstzensur bis in die finstersten Gemächer der Macht hinein, wo man doch eigentlich nichts mehr zu befürchten hat. Oder doch?

Beim nächsten Anwaltstermin erscheint Wolf ohne große Erwartungen. Anwalt A. trägt ja das Bonbon[23] der SED am Revers. Vielleicht ist er ja, wie die Vernehmer, auch im Parteiauftrag unterwegs.

„Sie haben ja nun Rechtsanwalt Vogel beauftragt", eröffnet A. mit säuerlicher Mine.

„Damit lege ich mein Mandat nieder und handle ab jetzt als Vertreter der Kanzlei Vogel."

Obwohl er im Umgang geschäftsmäßig bleibt, ist seine Enttäuschung spürbar. Das Leben hat ihn offenbar eingeholt. Er ist eben doch nur ein Provinzbarde, der sich wichtigeren Leuten zu beugen hat, Edeltrenchcoat hin oder her. Wolf ist es eine Genugtuung.

Es wird abgehandelt, welche beschlagnahmten Dinge der Anwalt zurückholen und den Eltern übergeben soll. Er teilt wichtigtuerisch mit, dass das Fahrrad zurückgegeben wurde.

Als ob das irgendeine Bedeutung für Wolf hätte. Ganz geschäftsmäßig gehen sie auseinander. Die Blümchen in den kleinen Vasen sehen heute ganz unbeteiligt zu. Es scheint, als hätten sie ihr Schicksal angenommen; als dächten sie an den Tag, an das Leben.

# Justizgestrüpp

Eines Vormittags wird Wolf in eine leere, benachbarte Einzelzelle geschlossen. In ihrem Einheitsgraublau wirkt sie ganz gewöhnlich und dabei so steril, als sei lange niemand hier gewesen. Stasi-Berger hat Wort gehalten. Papier, Stift, das gewünschte Strafgesetzbuch und die Prozessordnung[24] liegen bereit. Papiermäßig alles schön rechtsstaatlich. Wieviel Zeit er haben wird, ist nicht klar.

In fliegender Eile setzt Wolf seine ‚Erklärung' auf, die er sich in Gedanken zurechtgefeilt hat. Der Stil ist nicht schwer, da viel geübt in Schulaufsätzen. Ihm macht so etwas Spaß. Es ist ein hübscher Drahtseilakt; bestehend aus etwas tätiger Reue, ohne sich aus Selbstachtung jedoch allzu sehr zu verbiegen oder anzubiedern, und unbeteiligter Wiederholung der Parteiphrasen. Wolf stellt darauf ab, dass er die Tat bedauert, da es sicher andere Wege gäbe, seine Meinung ‚auf konstruktive Weise' kundzutun; dass die Rechtslage eben so sei und er sich nun den Konsequenzen stellen werde. Auch schreibt er, dass er die sozialistische Gesellschaft für die Bessere halte, was ja stimmt. In diesem Tenor geht es fort und rasch füllt er fünf Seiten.

Mit der Prozessordnung kann Wolf nichts anfangen. Das Heft ist wenig ergiebig. So vertieft er sich ins Strafgesetzbuch. Der Inhalt entsetzt ihn. Die Formulierungen sind enorm schwammig und der ihm vorgeworfene Paragraph 220, der sich mit der ‚öffentlichen Herabwürdigung der staatlichen Ordnung' befasst, kann ihn bis zu fünf Jahre hinter Gitter bringen. Verdammt, hatten sie nicht nur ein paar Losungen geschrieben? Ist das die sozialistische Rechtsprechung? Beinhart, die Genossen. Dass es dabei allerdings nicht einmal bleiben würde, sollte sich bald zeigen.

Auch für Urs sieht es darin nicht rosig aus. Sein § 100 ist mit bis zu zehn Jahren strafbar. Wolf überlegt, ob er es ihm überhaupt sagen soll, tut es dann aber doch. Natürlich ist der Kamerad betroffen und es stürzt den armen Mann in neue innere Nöte. Wolfs Beispiel folgend, verlangt auch er, eine Erklärung abzugeben, sowie Einsicht in die Gesetzestexte. Er schreibt dann zwölf Seiten, was Wolf doch ziemlich üppig findet. Nun ja, er ist ja auch doppelt so alt.

Sie reden nicht über die Inhalte ihrer Erklärungen. Auf gewisse Weise ist es eben doch beschämend, angesichts ihrer Lage. Und wenn man es nüchtern betrachtet, muss man es ja als ‚Ergebenheitsadresse‘ an eine Macht ansehen, deren Handeln man im Grunde verachtet und als unmaßstäblich ansieht.

Abb. 7 Die Türme des Stasi-Zellenhauses im ‚Roten Ochsen‘ Halle/S. Privatfoto, Halle 4/1984.

# 219er am Hals

Eines gleichförmigen Tages lässt ihn der Vernehmer wie gewohnt vorführen. Doch diesmal ist alles anders. Der Verhörraum ist umgestaltet: Auf dem seitlichen Tisch rechts steht, mit einem Tischmikrofon davor, eines dieser monströsen russischen Tonbandgeräte der Marke ‚Jupiter'. Ein anderer Kerl erwartet Wolf. Dieselbe Größe, etwas dicklich und mit lockigem Haar. Erstaunlicherweise kommt er auf ihn zu und reicht ihm wohlwollend eine quallige Hand. Das war es dann aber auch schon mit der Jovialität. Natürlich stellt er sich nicht vor. Er schaltet das Gerät auf Aufnahme.

„Sie haben am ... die Ständige Vertretung der BRD in Berlin aufgesucht. Was haben Sie dort gemacht?", sagt er mit ernsthafter Eindringlichkeit.

Wolf ist erleichtert, dass es nur darum geht, jedenfalls anfangs. Dass er dort gewesen ist, wussten die sowieso, ihre Personalien sind ja nachher kontrolliert worden. Also erzählt er, dass es darum ging, sich zur Ausreise zu informieren.

Die Staatssicherheit ist nun aber durchaus an Details interessiert. Die BRD ist der Klassenfeind, hier ist alles von Bedeutung. Eine Skizze wird verlangt. Darüber, wo denn nun der Cola-Automat stand und wie die Sitzgruppe im Warteraum angeordnet ist. Alles keine Geheimnisse. Besucher soll er beschreiben, gibt aber vor, sich nicht genau zu erinnern. Die junge Familie, die er sah, bleibt unerwähnt. Allein den Gesprächspartner und den Pförtner beschreibt er näher. Als BRD-Bürgern kann denen ja wohl nichts passieren. Zum Ärger des Vernehmers fallen ihm die Namen allerdings nicht ein.

Zwischendurch kommt Stasi-Berger kurz zum Verhör dazu. Das ist neu, denn hier sieht Wolf sonst kein weiteres Personal. Kommt wohl noch aus der kommunistischen Kampfzeit: Niemand kenne mehr als drei Leute, um schön konspirativ zu bleiben. Oder befürchten sie, dass man bald im Westen ist und dann das Personal hier beschreibt?

Als die beiden ein paar Worte wechseln, hat Wolf den Eindruck, dass der Dickere Stasi-Bergers Vorgesetzter ist. Und auch, dass die beiden etwas ausbaldowert haben, um sich wichtig zu machen. Auf seine Kosten.

Feierlich wird ihm erklärt, dass nun seine Anklage auf § 219, ‚ungesetzliche Verbindungsaufnahme', ausgeweitet wird.

„Wieso das", fragt Wolf. „Ist es nicht erlaubt, die Ständige Vertretung aufzusuchen?"

„Natürlich. Sie haben dort aber ihren Ausreisewunsch mitgeteilt. Damit haben Sie Angaben gemacht, die über Ihre Personalien hinausgehen", ist die Antwort des Stasi-Bürokraten. Wolf kann das gar nicht glauben. Was war das wieder für ein Witz? Sollte er da reingehen, sagen wie er heißt, wo er lebt und wie alt er ist, um dann wieder zu gehen? Was für einen Sinn ergäbe das? Wolf ist sich sicher, dass das vor Gericht keinen Bestand haben würde. Das war doch lächerlich!

Aber da lag er falsch. Die Stasi irrt sich nie. Oder muss es zumindest nicht zugeben. Und wen sie einmal mit ihren Vorwürfen packt, den hält sie beharrlich fest. Schon um die Reputation zu wahren.

Dass noch mehr hinter dieser Beschuldigung steckt, wird klar, als er wieder zu den ‚normalen' Verhören kommt. Natürlich will er von Stasi-Berger wissen, warum die bloße Mitteilung des Ausreiseersuchens an den westlichen Vertreter ein hinreichender Grund für den § 219 sei. Über Inhalte hatten sie dort ja gar nicht gesprochen. Wolfs Versuch, auch die Ausreisegründe mitzuteilen, hatte der BRD-Vertreter ja — wohl in weiser Voraussicht — mit der Handgeste des Abhörens unterbrochen.

Stasi-Berger gibt sogar zu, dass das wenig ist. Das heißt, natürlich nicht direkt. Er verweist auf Utz' Briefkasten und Wolfs Adressbuch als weitere, dazugehörige ‚Untaten'.

Mit jenem kleinen Adressbuch war ihnen nun aber ein peinlicher Fauxpas unterlaufen, der zeigte, dass auch die Stasi nicht unfehlbar ist. Am Tag, als ihm Stasi-Berger seinen Tabak aus der Kleiderkammer bringen ließ, sah er sich wohl erstmals die restlichen Dinge an, die Wolf bei der Verhaftung bei sich trug. Niemand schien bis dahin auf die Idee gekommen zu sein, die Zivilsachen des Verhafteten zu filzen. Eifrig geht er nun beim Verhör das aufgefundene Büchlein, das seine West-Kontakte enthält, Seite für Seite durch. Das sind so illustre Namen wie die IGfM[25] in Frankfurt am Main.

„Denen haben Sie auch geschrieben? Das sind doch Wlassow-Leute", meint er entsetzt. Der Sowjetgeneral Andrei Wlassow war im Zweiten Weltkrieg zum Gegner übergelaufen.

‚Meinetwegen', denkt Wolf nur und schweigt. Er wusste nicht, dass das Exilrussen sind. Doch es wäre ihm auch egal gewesen.

Dann stehen da *Amnesty International*, der Großvater, der Onkel in Frankfurt am Main. Und noch eine weitere Adresse, von der er überzeugt ist, dass sie seinen weiteren Schicksalsweg im Sozialismus maßgeblich beeinflusste. Es ist die Anschrift eines entfernten Verwandten, eines Ministerialen im Bonner ‚BM Verteidigung', wie Stasi-Berger es ganz weltläufig nennt. So, als ginge er dort ein und aus. Auch, wenn Wolf ihn nie getroffen hat, ja nicht einmal kennt – diese Anschrift interessiert Stasi-Berger besonders. ‚Der nützt uns vielleicht noch zur Informationsbeschaffung?', denkt er vielleicht. Unverkennbar steigert es Wolfs Wert, was ihm durchaus hilfreich scheint. Stasi-Bergers eigenen Wert innerhalb des Apparates wohl auch.

Die Sache mit der Postkarte des hessischen Onkels indes ist katastrophal. Die Stasi leert wohl seit der Verhaftung gelegentlich ihren Briefkasten. Bestimmt überwachen sie auch die Wohnung. Eines Tages fällt ihnen dort jedenfalls eine schöne bunte Karte aus Frankfurt in die Hand. Wolf hatte den Onkel gebeten, sich für seine Ausreise einzusetzen. Alfred war selbst in den 1950er Jahren in den Westen geflohen, allerdings zwangsweise. Als Pförtner im sozialistischen

Betrieb ‚BKB Kohle Leipzig' hatte er, der inzwischen zum Zeugen Jehovas konvertiert war, ein religiöses Traktat ausgehängt. Als er Tage später von der Arbeit nach Hause kam, war die Straße von den ‚Organen' abgeriegelt. Man flüsterte ihm zu, dass er gesucht werde. Nachbarn holten Frau und Kind durch den Polizeikordon. Alle drei flohen dann buchstäblich über Nacht in den Westen. Seither war allerdings Gras über die Sache gewachsen und er konnte seine alte Mutter in den 1970er Jahren einmal besuchen, wo Lenni ihn traf. Von da an schrieben sie einander.

Beim Durchblättern des Adressbuches bei des Onkels Anschrift angekommen, zieht der Vernehmer nun die besagte Postkarte hervor. Er überreicht sie Wolf mit einem abschätzigen Lächeln und beobachtet ihn genau.

Offenbar hat Alfred den Brief erhalten, denn auf seiner Karte steht kurz, verfasst in seiner wie immer etwas kuriosen, runenartigen Schrift:

„Ich werde dein Anliegen nicht unterstützen. Dein Onkel Alfred."

Das ist nun freilich ein gefundenes Fressen für den Vernehmer, Wolfs Schmach vollkommen. Ein echtes Waterloo. Der Onkel musste verrückt sein – oder einfältig. Oder beides. Er kannte doch die Verhältnisse. Oder hatte er alles vergessen? ‚Hoffentlich kommt nicht noch mehr kompromittierende Post', denkt Wolf konsterniert.

Natürlich wandert die Karte als Beweisstück in seine Akte. Wie ein Albdruck lastet dieses Schreiben noch tagelang auf ihm. Wohl wegen all dem – wegen seines Besuchs in Berlin, seinen, allerdings nicht nachweisbaren, Schreiben an IGfM und Amnesty, der unseligen Antwortpostkarte sowie des Adressbuchs – wird ihm nun der 219er wie ein Mühlstein um den Hals gelegt.

In den vielen gefangenen Stunden, wenn die vergehende Zeit einem monotonen, langsam tropfenden Wasserhahn gleicht, sind es die kleinen Ereignisse, die plötzlich an Bedeutung gewinnen. So wie für Francois Villon jene Mäusefrau, die in seiner Zelle ihre Jungen gebar, damals, im Mittelalter. Was dessen gereizte Nerven so rührte, dass er weinte und gar ein Gedicht dazu schrieb. Zwar gibt es hier keine Mäuse und was man aufschreibt, wird beschlagnahmt. Doch die kleinen, unerwarteten Dinge, die gibt es trotzdem.

Jede Woche samstags, an einem Tag, an dem außer der löchrigen Tageszeitung mit den vorab entfernten Artikeln, die der Inhaftierte nicht lesen soll, nichts passiert, wird, den Geräuschen nach zu urteilen, wieder einmal der Flur im Trakt gereinigt. Es sind offenbar Frauen, die gelegentlich ein paar unverständliche Worte wechseln. Vielleicht Gefangene? Bestimmt, denn weibliches Wachpersonal sah er noch nie. Und auf der anderen Gebäudeseite war ja jene Frau im Hof, die abends immer die ‚Meisterin' rief. Er setzt sich auf den Boden hinter die Zellentür und liest, wartet, bis die Geräusche bei ihm sind.

„Hallo?", frage er durch die dicke Holztür.

Das Putzen verstummt.

„Hallo", hört er leise. Die weiche, weibliche, etwas zaghafte Stimme berührt Wolf. Sie passt so gar nicht hierher.

„Bist du Gefangene?", fragt er weiter.

„Ja", sagt sie unterdrückt.

Ihm scheint, dass der Kontakt auch für sie etwas Besonderes ist.

„Warum bist du hier?"

„Wegen Devisenvergehen. Paragraph … Und du?"

„220."

„Was ist das?"

„Herabwürdigung."

„Was ist das?"

„Habe an Wände geschrieben."

„Ach. Wie lange hast du?"

„Noch kein Urteil. Und du?"

„Viereinhalb. Jetzt noch ein Dreivierteljahr."

‚Verflucht, ist das lange‘, denkt Wolf. ‚Die Arme, und das wegen Geldhandels. Westgeld darf man offiziell nur bei der Staatsbank umtauschen. Also sind die wohl auch Politische?‘
„Ich muss weiter“, sagt sie leise. Bestimmt ist sie unter Aufsicht.
„Tschüss. Alles Gute!“
„Tschüss. Dir auch“, antwortet sie leise.
‚Was für ein schönes Gespräch‘, denkt Wolf. ‚Aber so traurig, diese Umstände. Frauen sollten nicht ins Gefängnis. Niemals. Es passt nicht zu ihrer Natur‘, findet er.

Ein anderes Mal, wieder an einem Wochenende, holt der Schließer die Tageszeitung aus der Zelle ab. Das geht wortlos, eine Routine. Wolf rollt sie zusammen und schiebt sie ihm durch die Luke. Er beschließt, ihn nach der Uhrzeit zu fragen. Der Gefangene hat keine Uhr. Er darf die genaue Zeit nicht wissen. Wegen möglicher Fluchtabsprachen vielleicht. Oder Schikane, wer weiß.
„Würden Sie mir sagen, wie spät es ist?“, fragt er ausgesprochen höflich.
Überraschend hält der Schließer ihm sein Handgelenk an die Luke. Es ist eine junge Hand mit Uniformärmel.
‚Ok, wenn er das schon macht‘, denkt Wolf, greift hindurch und dreht die Armbanduhr an dessen Handgelenk, so dass er sie lesen kann. Es ist eine japanische Digitaluhr, sie steht auf 13:17 Uhr.
„Danke“, sagt er.
Der andere schließt wortlos die Klappe.
Warum hatte er das getan? Es war ihm nicht erlaubt, das ist sicher. Und trotzdem tat er es.
„Es war bestimmt ein Rekrut“, sagt Wolf zu Urs.
„Ja“, meint der brummig und wenig interessiert.
Es gibt eben doch eine Menschlichkeit hier, manchmal. Obwohl Wolf für den Schließer ja ein Feind sein muss. Oder auch nur, weil das Wachpersonal im Zellentrakt die Akten der Verhafteten nicht kennt. Vielleicht.

Wenn sie den ersehnten, täglichen Freigang haben, wird er mit Urs zusammen in eine der Freiluftbuchten im Hof geführt. Falls es nicht regnet. Oder man nicht ärgerlicherweise gerade beim Vernehmer ist.

Die Stahltür an der Hofzelle, die natürlich auch einen Spion hat, wird verriegelt. Der Freigang dauert eigentlich dreißig Minuten. Oft ist er kürzer, selten auch länger. Oben ist ein Gitterlauf mit bewaffnetem Posten, der über alle Freigangboxen hinweg auf und ab geht. Andere Insassen sieht man nicht, streng wird auf separaten Umschluss geachtet. Dass es viele sein müssen, hört man am schweigsamen Schlurfen der Schuhe ohne Schnürsenkel. Manche joggen wohl auch.

Die Wände in den ‚Zellen mit Himmel' sind grau und hoch, bei einigen ist der Boden gepflastert. Dennoch sind sie eine kleine Sensation. Allein den Himmel zu sehen! Und die Luft, die nach Freiheit riecht!

Hier draußen unterhalten sie sich so gut wie nie. Gespräche gehören zur unliebsamen Zellenwelt. Wolf blickt in den Himmel und kneift die Augen zusammen, so dass er die Wände nicht mehr sieht. Tief atmet er ein und aus. Er ist frei.

Es gibt auch asphaltierte Boxen, aber jene mit den unvollkommenen Pflastersteinen sind ihm lieber. Wie am hölzernen Gang zum Vernehmungstrakt sprießt hier etwas Grün. Auch das ist Löwenzahn und Wolf freut sich jedes Mal, die Pflanzen zu sehen. Sie wachsen schnell. Einer ist eines Tages entfernt, so als hätte es ihn nie gegeben. Jener im Hof des Vernehmungsgebäudes aber bleibt und wächst weiter. Niemand scheint ihn zu beachten. Irgendwann trägt er eine einzelne goldgelbe Blüte.

Trotz der Aufsicht ist es einigen gelungen, in den Freilaufboxen an die Wand zu kritzeln. Womit, ist ihm ein Rätsel.

‚Bis zum Herbst beim Oktoberfest"', liest er einmal. Wolf ist tief beeindruckt von dem kühnen Gedanken. Es ist so unvorstellbar weit weg. Unerreichbar.

‚Ja genau, beim Oktoberfest in München sehen wir uns', denkt er trotzig und mag nicht erwägen, in welchem Jahr das sein wird.

Urs übt draußen brummend Tonfolgen mit Hilfe des Zwerchfells. Manchmal wird er lauter, wenn er verträumt in seiner Opernwelt versinkt, bis der Posten „Ruhe!" ruft. Dann ist er empört wie sonst selten und erwidert etwas.

„Na, hören Sie mal, ich muss üben. Ich … !", ruft Urs.

„Ruhe! Sonst ist Schluss hier!", blafft der Posten zurück.

Der Kamerad macht leise weiter.

Er probiert es bei jedem Freigang wieder. Einmal solidarisieren sich andere, rufen und pöbeln den tumben Posten an. Die Reaktion überrascht Wolf dann doch. Sofort werden alle Freigänger zurück in die Zellen geschlossen. Es geht enorm schnell. Offenbar gibt es einen Plan für so etwas.

Urs fechtet zudem einen beständigen Kampf zwischen Rauchen und Pfefferminzbonbons aus.

„Ich will meine Stimme nicht verlieren", sagt er.

‚Wer will das schon', denkt Wolf.


Laut Singen kann Urs aber dann doch. Beim wöchentlichen Duschen im Keller. Auch dahin geht es zellenweise. Der Weg führt an ein paar Zellentüren im Keller vorbei, von denen eine öfters offensteht. Das erste Mal sah Wolf diese Zelle, als er noch in Einzelhaft war und allein zum Duschen geführt wurde. Sie verfehlte ihre Wirkung nicht.

Der Raum ist strahlend weiß gestrichen und mit einer grellen weißen Neonröhre versehen. Er ist zur Nutzung hergerichtet, mit Pritsche und Schwarzdecke. Zwar gibt es Tisch und Stuhl, doch neben einem historischen Fäkalienkübel mit Deckel nichts weiter. Es muss eine Art Arrestzelle sein. Bei jedem Duschgang fällt der Blick unweigerlich darauf. Wolf kommt zur Überzeugung, dass dies wohl ein Schauraum sei. Dafür, dass man froh über die Haftbedingungen sein sollte, denn es ginge auch anders. Er nennt es bald ‚die Instrumente zeigen'.

So, wie man bei mittelalterlichen Prozessen dem Delinquenten zunächst die Folterwerkzeuge vorführte, um ihn durch bloßes Betrachten gefügig zu machen. Dafür spricht auch die Neonröhre im Raum, denn die Beleuchtung ist dem Inhaftierten sonst nicht zugänglich. Hier aber könnte er sie zerstören, sich mit den Splittern selbst verletzen oder sie als Waffe benutzen. Es macht also keinen Sinn.

‚Und wenn sie die Zelle doch nutzen?', überlegt er dann. Er will es nicht herausfordern.

Beim Duschen steht man auf einem gelblich gefliesten Podest unter einer Reihe von Brauseköpfen.

„Zehn Minuten", sagt die Wache, verlässt den großen Raum und verriegelt die Tür. Dann stellt sie das Wasser an. Derart allein, seift man sich so rasch wie möglich.

Unter dem recht spärlich fließenden Wasser der Brause kann Urs nun lauthals intonieren und seinen sonoren Bass üben. Als erfahrener Sänger bringt er richtig Kultur in die nüchterne Hütte.

„Hörn' Se uff!", ruft die Wache gelegentlich laut durch die Tür und droht mit Abbruch.

Den meisten ist das aber egal, vielleicht, weil sie während der Zeit selbst woanders hingehen. Wolf findet das Singen unterhaltsam, würde es aber sehr bedauern, wenn deswegen das Wasser abgedreht würde. Das Ganze dauert nicht lang, manchmal lediglich geschätzte fünf Minuten, und oft ist das Wasser nur lauwarm. Die Beiden beschweren sich nie. Sonst würde es vielleicht verboten, denken sie.

Als Wolf nach dem Urteil, nun als 46/2, mit zwei anderen Mitgefangenen hierhergeführt wird, ist der Aufenthalt weniger prosaisch. Die recht praktisch veranlagten Männer fluchen gern lautstark über Dauer und Temperatur. Zu seiner Überraschung haben sie damit meistens Erfolg.

# Tag X

Zwei Wochen, bevor es soweit ist, erfährt Wolf seinen Verhandlungstermin. Es wird der 7. Juni sein. Vor über zwei Monaten, noch im Winter, ist er verhaftet worden. Der Anwalt taucht noch einmal auf und bespricht einige Details. Auf Wolfs Frage nach seiner Strategie bei der Verteidigung sieht der ihn pikiert an. So als hätte er zu viele Westfilme gesehen. „Ich werde auf schuldig plädieren", antwortet ihm der Mann mit dem Parteiabzeichen reserviert.

Wolf ist nicht einmal enttäuscht. So ist das eben im Einparteienstaat. Der kann eben auch nicht anders.

„Wie hoch, denken Sie, wird das Strafmaß sein?", fragt er nach.

„Zwei Jahre, möglicherweise", murmelt A. nach einigen Ausflüchten.

„*Zwei*... WAS?!" Wolf ist bestürzt.

Der Anwalt muss wohl seine Betroffenheit bemerkt haben.

„Das wird sich zeigen", fügt er beschwichtigend hinzu.

Wolf ist vollauf bedient, praktisch sprachlos. Ein paar Floskeln folgen noch, dann reichen sie sich die Hand.

Gleichzeitig werden sie auf gegenüberliegenden Raumseiten durch die Gitter aus dem Besucherraum geschlossen.

‚Da zieht er von dannen, in die Freiheit', denkt Wolf seufzend. Diesmal vermeidet er einen Blick auf die Blumen. Aber er denkt an sie.

‚Ich kann euch nicht helfen, ihr mit mir Eingesperrten. C'est la vie', denkt er. Man schließt ihn zurück in seine Zelle.

Beim letzten von drei Sprechern bittet die Mutter den Vernehmer darum, Kleidung für seinen Prozesstag abgeben zu dürfen. Es ist Wolf unangenehm, wie devot sie auf dessen wie üblich großspurige Masche reinfällt. Er hasst diesen trockenen Bürokraten. Punkt für Punkt hat er den Fall abgearbeitet, mit fast lächerlicher Pedanterie, stets den Gegner im

Fokus. Die Akten konnte Wolf ab und zu ansehen. Ein Hund wurde eingesetzt, um noch in der Nacht der Tat ihre Spur zu erfassen. Diese verlor er allerdings an einer Straße.

Zwei Anwohner wurden befragt, einer davon ein guter Bürger, der ein Protokoll von denunzierender Wichtigtuerei ablieferte – krakelig und voll mit Schreibfehlern, doch ohne Relevanz.

‚Das sind also die Spitzel des MfS[26], armselig‘, hatte er beim Lesen gedacht.

Der Bericht des anderen Bürgers zeugte von wortkargem Desinteresse; weil ihm das Ganze, zu Wolfs stiller Freude, wohl unangenehm war.

Ihr Weg an dem Abend wurde abgelaufen und das Corpus Delicti, die Farbbüchse, aus einer Aschetonne gegraben, wo Utz sie eine Armlänge tief versenkt hatte, als sie leer war. Stasi-Berger hatte sie eines Tages aus dem Tresor hinter sich hervorgeholt.

„Erkennen Sie das wieder?", fragte er dabei triumphierend.

„Sicher", antwortete Wolf und musste ein Grinsen unterdrücken.

Zwei Wohnungen waren durchsucht worden; Fotos wurden dort gemacht, Dinge beschlagnahmt.

Und all das wegen einer öffentlich kundgetanen Meinung. Die eigentlich nur auf das vom Staatsratsvorsitzenden Honecker per Unterschrift anerkannte Völkerrecht verwies. Dazu dann noch dieses monströse Aufblasen ihres Botschaftsbesuchs.

*

Der Verhandlungstag ist für den Inhaftierten von großer Bedeutung, naheliegenderweise. Wie wird sein Auftritt sein? Wie die Stimmung? Wolf wird seinen Freund wiedersehen, den sie ‚den Mittäter‘ nennen. Am wichtigsten aber: Wie lange wird er bekommen? Kann er das Urteil beeinflussen? Würde man ihn gar freilassen?

Die Zivilkleidung für den Prozess erhält er nach dem Frühstück bei den Effekten – jenem Ort, den er das letzte Mal beim Einzug in diese ungastliche Herberge sah. Über zwei Monaten ist das nun her. Wie viel ist seither passiert!

Endlich legt er den Anstaltstrainingsanzug ab, der einmal neu war und nun ganz verbeult ist. Man übergibt ihm Schuhe, eine Jeans und das beste Hemd, das er besitzt. Mutters Auswahl. Das Hemd ist glatt, himmelblau und hat eine kleine schwarze Rose rechts auf Hüfthöhe eingestickt. Es ist von einer seidigen Qualität, wie sie in der DDR gar nicht erhältlich ist. Der Großvater hatte es einmal aus dem Westen geschickt.

‚Ist viel zu festlich für den Anlass‘, denkt Wolf, doch es macht natürlich was her.

Die Halbschuhe hatte die Mutter nachgereicht. Es war ihr noch eingefallen. Diese Geschichte erfährt er später von ihr. Sie war einfach vor dem Untersuchungsgefängnis der Stasi erschienen und hatte kräftig an die Stahltür in der Mauer, die neben der Torschleuse liegt, gepocht. Eine Wache öffnete nach einer Ewigkeit die schmale Klappe und wollte die guten Stücke nicht annehmen. Sie bestand aber darauf und versuchte, sie ihm durch den Briefschlitz zu drücken. Der war jedoch zu klein gewesen. Schließlich gab der Uniformierte nach, öffnete die Tür einen Spalt und nahm sie an. Und tatsächlich erhielt Wolf sie rechtzeitig.

Auf seiner Haftetage im dritten Stock wird er in eine Einzelzelle geschlossen. Verwahrt zur Verwendung. Dass er dieses West-Hemd hier in der Stasizelle trägt, gibt ihm einen Augenblick lang eine gewisse Genugtuung.

Sollte er Urs klopfen? Ach was, er hat jetzt andere Sorgen. Aufgeregt, voller Adrenalin, schießen ihm tausenderlei Überlegungen durch den Kopf. Um sich abzulenken, macht er Liegestütze, ein paar Boxübungen. Dann bricht er ab, um nicht zu sehr zu schwitzen.

Lange ist er in der unbenutzten, engen Zelle. In Zivilkleidung, sonst nichts. Als sei er nur ein zufälliger Besucher. Der Raum erinnert ihn an seine Einzelhaft ganz am Anfang. Wie lange ist das schon her! Schließlich führt man ihn in den Hof.

Im geschlossenen Blechkastenwagen geht es zum Gerichtsgebäude, das am Hansaring liegt. Den Weg kennt er von früher. Mit jeder Kurve, die das Gefährt nimmt, weiß er, wo sie sind, auch wenn er nichts sieht. Jetzt geht es an der Optikerwerkstatt vorbei. Jetzt gibt er Gas und fährt den Hügel zur Oper hinauf. Urs hatte ihm einmal von einem kubanischen Sänger erzählt, der hier engagiert war. Der wollte Westberlin besuchen, was man ihm als Fluchtversuch auslegte. So bekam er in Havanna fünf Jahre. Auf den kubanischen Zuckerrohrfeldern starb er bald darauf.
‚Hier ist ja auch nicht Kuba', macht Wolf sich Mut.
In der Seitenstraße neben dem Gerichtsgebäude, die runter zum Marktplatz führt, steigt er aus. Der blaue Himmel verspricht einen herrlichen Junitag. Man weist ihn in ein Kellergewölbe, wo bereits zwei weitere Delinquenten warten. Der Freund wird gleich darauf auch zugeführt. Sie umarmen sich kurz und herzlich. Er trägt dieselbe Kleidung wie bei ihrer Verhaftung; selbst die Farbspritzer des Vorabends sind auf seiner alten DDR-Jeans zu sehen. Bleich sind sie alle beide.
Der feuchte Gewölbekeller ist kühl, frisch und richtig angenehm. Die beiden anderen sind junge Kerle ihres Alters aus der Kriminellen-U-Haft, die ein paar Gebäude entfernt liegt. Sie beginnen zu rauchen. Das interessiert die Stasi-Häftlinge nun freilich auch und die Kriminellen geben ihnen Feuer. Zwar sind Zigaretten auf Transport erlaubt, aber keine Streichhölzer. Eine seltsame Regelung, die zuerst einmal nach einem Recht klingt, was aber praktisch keines ist.
Einer zeigt Wolf, wie man ein Streichholz am Reißverschluss der Hose versteckt, ohne dass es bei der Leibesvisitation gefunden wird. Der kennt sich aus, ein findiger Typ.

An den eng vergitterten Kellerfenstern sieht man die Anzug-
beine einiger Passanten, die auf dem Weg zur Arbeit in die
Geschäfte und Büros sind. Einige Leute tragen bereits Som-
merkleidung. Eine Frau mit billiger Strumpfhose, mit Naht
auf den Waden, läuft vorbei.

Dann ist es soweit. Wolf wird die Acht angelegt. Die zwei Uniformierten haben auch Fußfesseln und die ‚Bärenkette‘ dabei, wirken aber unschlüssig.

‚Nicht auch das noch!‘, denkt Wolf.

Die ‚Bärenkette‘ dient dazu, die Fuß- und Handgelenke miteinander zu verbinden. Dazu hat sie ein loses Ende, das sich
die Wache ums Handgelenk wickeln kann.

Wohl aus praktischen Erwägungen verzichtet die Gerichts-
wache darauf, denn über eine schmale Seitentreppe geht es
nun, mit je einem Schließer vorn und hinten, im Gänse-
marsch ins Obergeschoss. Dort eröffnet sich ein breiter Be-
hördenflur, der am anderen Ende recht geschäftig wirkt. Direkt neben dem Aufgang liegt, sichtlich abgelegen vom Getriebe, ihr Verhandlungsraum. Politische Prozesse gibt es offiziell nicht; entsprechendes Aufsehen will man offenbar vermeiden. Die Sonne scheint hell und freundlich durch die großen Bogenfenster aus vorsozialistischer Zeit. An einem stehen die Mutter und der Bruder.

Die Mutter kommt sofort auf Wolf zu. Diesen irregulären
Kontakt will ein Uniformierter unterbinden, ist aber nicht
schnell genug, da er gerade mit dem Kollegen plaudert. Sie
umarmen sich, das heißt, Wolf hebt ihr die gefesselten
Hände über den Kopf, und sie wechseln ein paar Worte. Die
Mutter hat Tränen in den Augen. Sie ist eben nah am Wasser
gebaut. Wolf beschwichtigt sie.

Der Bruder drückt ihm die Hand. Für ihn ist das Ganze eine
interessante Sache und betrifft ihn zu seinem Glück nicht
persönlich. Sie alle haben ja die Schere im Kopf und wissen,
was gesagt werden darf und was nicht. Aber auch er ist nun
unter Verdacht und wird von den ‚gesellschaftlichen Kräften‘

näher betrachtet. Unter der ‚Zuckerbrot-und-Peitsche'-Strategie der Stasi hat man für ihn allerdings den Zucker vorgesehen, wie sich bald zeigt.

Der Vater selbst traute sich nicht her. Er hatte Angst, dass ein Fehlen im Betrieb, ganz besonders aus diesem Grund, ihm Schwierigkeiten einbringen würde. Sicher hätte er Wolf auch nichts zu sagen gewusst. Sein Fernbleiben muss wohl etwas Traumatisches für ihn gewesen sein, denn später wird er behaupten, er sei doch dagewesen.

Für den Freund ist niemand gekommen. Seine Eltern sind beide Pädagogen. Auf einem DIN A5-Blatt, dass nur halb beschrieben war und wenige Sätze enthielt, teilten sie ihm mit, dass sie seine gesellschaftliche Entwicklung ablehnen und keinen weiteren Kontakt wünschen. Ansonsten: alles Gute. So wird er es ihm später einmal erzählen.


Im nächsten Moment stellt die dicke Richterin einen Kinderwagen an der Wand im Flur ab. Kurz darauf geht es auch für Wolf in den Gerichtssaal. Die Mutter versucht, auch eingelassen zu werden, wird aber abgewiesen. Familienangehörige müssen draußen bleiben, geschlossene Verhandlung.

Bis auf eine Riege von fünf oder sechs Polizeischülern in der ersten Reihe, welche die Angeklagten betrachten, als seien sie lebensmüde Irre, ist der Besucherteil leer. Die Handschellen nimmt man ihnen ab. An zwei Einzeltischen, die im Abstand von zwei Metern getrennt stehen, nehmen Wolf und Utz vor der erhöhten Richterbank Platz.

An der Fensterfront links, das Tageslicht im Rücken, sitzt der Bezirksstaatsanwalt in einer Robe nebst zwei Assistenten.

Rechts, abseits an der Wand, ist der gemeinsame Anwalt A. platziert. Kurz nach halb Zehn beginnt der Prozess.


Die korpulente Richterin vorn hat zwei Schöffen an ihrer Seite. Hinter ihr prangt ehern das farbige Staatsemblem mit Hammer und Sichel im Ährenkranz in riesiger Dimension. Es hat bestimmt einen Meter Durchmesser.

Entsprechend der Aufforderung äußern sie sich zu den Tat-vorwürfen. Wolf erwähnt noch einmal einen Aspekt aus sei-ner schriftlichen Erklärung, nämlich den, dass es sicher auch andere Wege gegeben hätte, seine Meinung zu äußern. Wel-che Wege das seien, bleibt offen. Diese anderen Wege hät-ten ihn mit Sicherheit in die gleiche Situation gebracht und das weiß jeder im Raum. Es ist eben die falsche Meinung.

Staatsanwalt Jahr, eine faltengesichtige Bohnenstange, die in ihrem schwarzen Talar aussieht wie ein Aasgeier, hält ein scharfes Plädoyer. Weil es ein politischer Prozess ist, den die Staatssicherheit untersucht hat, klagt hier der Anwalt des Be-zirkes höchstselbst an. Kleiner gehts wohl nicht. Oder man traut der politischen Festigkeit niederer Chargen nicht. Wer weiß. Er ist sicher ein verlässlicher Genosse. In längerer Rede schwadroniert er, Worte wie Blitze schleudernd, von ‚diesen beiden jungen Menschen, die der Friedens- und Menschen-rechtsdemagogie des Westens erlegen sind'. Womit er aller-dings so Unrecht nicht hat. Ein Schöffe döst mit geschlosse-nen Augen.

„Aufgrund der Schwere der Tat ist keine andere Bestrafung möglich: Ich fordere deshalb für den Angeklagten G. ein Jahr und zehn Monate, für den Angeklagten Wolf, bei dem neue Einsichten erkennbar sind, ein Jahr und sechs Monate Frei-heitsentzug."

Rechtsanwalt A. hat währenddessen die Unterarme breit auf die Tischkante gelegt. Die Stirn ruht auf den gefalteten Hän-den. Er blickt an der Tischplatte vorbei nach unten und be-trachtet seine Schuhe, so als ginge ihn das Ganze nichts an. Als er sich schließlich äußert, ist es die blanke Kapitulation. Er erklärt sogar, dass die Strafe gerechtfertigt sei.

‚Was für ein Witz', denkt Wolf, ‚das ist nun unser Anwalt.'

Es folgt eine Sitzungspause. Wieder gibt es die Acht vom Wachpersonal.

Im Flur sind die Mutter und der Bruder noch immer da. Die Schließer erlauben nun das Gespräch.

Nur durch Zufall erfuhren sie von dem Termin, erzählen die beiden ihm. Der Vater hatte am Gerichtsportal den amtlichen Aushang zum ‚Verfahren gegen Wolf und andere' mit Ort und Zeitpunkt gelesen. Unter ‚Anklage', wo sonst die Paragraphen genannt sind, stand nichts. Auch war auf dem Vordruck ‚öffentliche' durchgestrichen, so dass es also eine geschlossene Verhandlung sein würde. Wenigstens war der Sitzungssaal genannt.

Die Mutter will Wolf eine ganze Tasche mit Lebensmitteln geben. Mut hat sie ja. Doch Wolf hebt bedauernd die gefesselten Hände. Der Uniformierte erlaubt es auch nicht. Verlegen deswegen, nicht wissend, was nun zu tun sei, wühlt sie in der Tasche und zeigt ihm, was sie alles mitgebracht hat. Wolf ist gerührt über ihre Fürsorge. So arm und klein ist doch seine liebe Mutter vor der Welt. Es macht ihn traurig, aber das wird er ihr jetzt sicher nicht zeigen. Schließlich kann er einen großen Apfel beidhändig greifen. Der Justizschließer, zunächst unsicher auf andere Gerichtsbesucher blickend, erlaubt es nach empörtem Einspruch der Mutter schließlich. Als sich die Saaltür wieder öffnet, gehen beide. Sie müssen los.

Nach der Besprechungspause startet die letzte Runde – das Urteil. Der Apfel liegt neben Wolf auf dem Angeklagtentisch. Alle erheben sich. Ihm scheint, er habe sich bestmöglich verkauft. Utz sieht das wahrscheinlich als Anbiederei. Er verharrt in einer distanzierten, ablehnenden Haltung ob der Ungerechtigkeit, die ihnen bis hierher widerfahren ist. Wolf versteht ihn, doch geht es hier ja um ihr näheres Schicksal. Empathisches Verstehen der Gegenseite, man mag es auch Stockholmsyndrom nennen, ist sowieso nicht sein Ding.

Die Richterin fragt links und rechts die Schöffen nach Einwänden und beschließt das vom Staatsanwalt vorgeschlagene Strafmaß. Immerhin folgt noch die Begründung, die aber praktisch der Anklage entspricht. Bemerkenswert ist, dass weder das gemalte Anarchismussymbol, auf das der Haftrichter anfangs so empört verwies, noch die Briefe an den

Onkel, an die IGfM oder an Amnesty International erwähnt werden. Gegen die selbsternannten Menschenrechtler des Westens können sie wohl nicht urteilen. Beweise existieren ohnehin nicht. Ein Jahr gibt es für die Losungen, ein halbes Jahr für das Nennen von Ausreisegründen in der Berliner BRD-Vertretung. Utz kriegt dafür sogar zehn Monate aufgebrummt.

Der Prozess dauerte etwa vierzig Minuten. Wolf scheint es, als sei die Richterin bereits unterwegs zu weiterem Tagwerk. Froh darüber, diesen unliebsamen Punkt hinter sich gebracht zu haben. Auch sie wird kontrolliert und muss liefern.

Als alle im Aufbruch sind, fragt Wolf den Anwalt, ob man Einspruch erheben solle. Der sieht ihn an, als plane er, ihm Probleme zu bereiten.

„Lassen Sie das lieber, umso schneller geht es. Sie wollen doch hier weg." Womit er das Land DDR meint. Der letzte Satz klingt geradezu angewidert.

„Ich habe meinen Ausreiseantrag zurückgezogen", erinnert Wolf ihn. Doch das beeindruckt den anderen nicht. Im Gegenteil, der Aspekt missfällt ihm sichtlich. Fürchtet er um seine Bezahlung durch die Abschiebekanzlei Vogel in Berlin? „Wir werden sehen", ist sein Kommentar, als sei das letzte Wort darüber noch nicht gesprochen.

Ausreise in den Westen oder Haftentlassung hier – das weiß auch er nicht. Ausgang ungewiss. Mit seiner Skepsis wird A. allerdings Recht behalten.

Der Anwalt fragt noch kurz zum Verbleib beschlagnahmter Dinge – dem Rucksack, seiner Spiegelreflexkamera, Büchern. Alles im Westen Publizierte wurde in Utz' Wohnung konfisziert. Diese Bücher, Antikriegsromane aus dem westlichen Ullstein-Verlag, werden in Ungarn frei verkauft. Stasi-Berger wollte genau wissen, wo es die in Budapest gäbe. Zu ihrem Ärger können die Genossen darauf wohl kaum Einfluss nehmen. Der Mutter werden später all die Dinge wieder ausgehändigt werden. Wegen eines farbigen, großformatigen Alpen-Bildbandes muss sie extra nachfragen. Ein Scherge wollte ihn wohl privat behalten.

Anwalt A., dem Wolf angesichts der vielen Monate Gefängnis etwas ratlos und betroffen gegenübersteht, drückt ihm plötzlich zum Abschied intensiv die Hand. Wie, um sein Mitgefühl auszudrücken. Allerdings kann sich Wolf des Gedankens nicht erwehren, dass der froh ist, nicht selbst betroffen zu sein. Weshalb ihm die Geste doch etwas schal vorkommt. „Alles Gute!", lässt A. vernehmen.

„Mmh, mmh", antwortet ihm der, auf den anderthalb Jahre Gefängnis warten.

Wie Wolf bald erfährt, beschäftigt W. Vogel drei weitere Anwälte in seiner Berliner Kanzlei, die durchaus eloquent und scharfzüngig einige Monate weniger für ihre Mandanten herausholen können. Aus von der Stasi geforderten 18 Monaten werden dann etwa nur noch 13 im Beschluss. Vogel ist zwar eine kleine, aber doch eine Macht. Für den direkten Einsatz seiner Kanzlei müssen Westverwandte allerdings selbst zahlen. Wolfs Mutter suchte die Kanzlei auf und man wurde hellhörig, als die Rede auf den Großvater im Westen kam. Das Interesse verebbte jedoch rasch bei dem Hinweis, dass der das sicher nicht bezahlen werde. So musste Wolf mit Provinzanwalt A. vorliebnehmen, denn an der Marge der Bundesregierung verdient Vogel persönlich wohl nicht genug, um seine Kanzleianwälte zu schicken.[s. Anh.]

## Drittes Leben

Als er, wieder gefesselt, aus dem Verhandlungssaal tritt, ist Wolf vom Urteil wie betäubt. Sofort wird er vom Freund getrennt. Erst in seiner alten Zelle, in der klassischen Stasi-Kleidung, kommt er zu sich. Anderthalb Jahre, verdammt! Ende März ist er verhaftet worden. Zwei ganze, weggesperrte Sommer sind das. Und das ist ihm das Schmerzlichste daran. Kurz darauf überkommt ihn ein neues, erleichtertes, ja geradezu heiteres Gefühl. Die Tage können nun abwärts gezählt werden! Ein Ende ist in Sicht, wenn auch ein fernes. Offizieller Entlassungstag ist der 27. September des nächsten Jahres. Golden, so sagt man, sei der Oktober. Und zwei Monate hat er ja schon hinter sich.

Dass es nun mit der Stasi für ihn vorbei sein könnte, ist allerdings nicht vorstellbar. Diese Typen gibt es immer.

Wolf klopft seine Neuigkeit im Zellenhaus. Die Etage über ihm ist, wie er weiß, bis auf einen Einzelhäftling leer. Während der zwei Monate, die er in diesem Trakt verlebte, hat der andere nur sehr selten geklopft. Diesmal mischt er sich ein.

„Und du?", fragt Wolf.

„Noch nicht", antwortet er.

„Wieviel denkst du?"

„Zehn Jahre."

„Wofür?"

Doch der andere antwortet nicht mehr. Zehn Jahre! Was kann der Grund sein? Spionage? Oder Schleuser vielleicht? Oder ein Ex-Stasimann. Dann ist er deshalb da oben allein und versteht sich aufs Klopfen, denkt Wolf.

Letztlich ist sich aber jeder hier selbst der Nächste, jeder sein eigener Fall. Niemand anderes trägt seine Bürde und umgekehrt. Mitleid, Anteilnahme – ja, mag sein. Ein Accessoire. Die Vereinzelung, die Zersetzung ist das Ziel der Stasi und sie erreicht es.

‚Wie wird das sein, im Strafvollzug?', hatte er sich bereits öfters gefragt, den Gedanken aber immer wieder weggeschoben. Die latent vorhandene, nun so konkret werdende Furcht bringt ihn ins Grübeln. Wird er sich Gewalttätigkeit und Sodomie erwehren müssen? Wenigstens die Muskelkraft trainiert er schon eine Weile.

Zwei Tage nach dem Urteil – Urs ist wie so oft beim Vernehmer – knallen die beiden Riegel auf und doppelt rotiert der Schlüssel. Zuvor gab es den obligatorischen Blick durch den Spion. Wolf tritt vorschriftsmäßig zurück, macht Meldung.
„54/2."
„Sachen packen. Verlegung."
Im ersten Moment ist er erschrocken. Veränderung schätzt kein Gefangener. Man hat sich halt eingerichtet. Den Zellengenossen wird er nun wohl nie wiedersehen. Diesen ersten Kameraden vieler banger und sentimentaler Stunden. C'est la vie, was solls. Es ist wie in einem Zug. Leute steigen zu und wieder aus und nichts ist von Dauer, alles verweht. Morgen wirst du verlegt und neue Leute kreuzen deinen Weg. In diesem windigen Wartesaal des Lebens.
Die Verlegung führt diesmal auf die andere Gebäudeseite; dorthin, wo alles mit Einzelhaft begann. Nun ist er 46/2. Mit vier Holzpritschen ist dieser ‚Verwahrraum' etwas größer als der Vorherige. Zwei Mitgefangene sind bereits dort, die an den Wänden liegen, so dass Wolf nur eine der mittleren Pritschen bleibt. Seis drum, tagsüber darf man da sowieso nicht drauf.
Auch hier reicht man sich die Hand. Es sind Jürgen aus Wolfen und Roland aus Zeitz.
Die beiden sind, anders als der Opernsänger, ziemliche Optimisten, eher laut und immer recht praktisch. Gestandene Familienväter, die den jungen Kerl nicht so richtig ernstnehmen. Ihre Frauen sind auch hier. Offenbar haben die beiden

100

schon eine Vielzahl an Leuten durch die Zelle geschleust bekommen. Jürgen meint, derjenige zu sein, mit dem Wolf am ersten Tag so erfolglos klopfte. Herablassend behauptet er, das Klopfalphabet von allein erlernt zu haben. Mag sein, doch intelligenter macht ihn das nicht. Wozu denn sich hier auch noch untereinander profilieren? Dieser Typ, ein eher misstrauisches dünnes Männchen, ist vollkommen unsentimental und forsch. Weder nennt er Wolf seinen Beruf, noch interessiert ihn der des anderen. Von seiner Tat redet er auch nicht. Vielleicht hält er Wolf für einen Spitzel. Das Zurückziehen des Ausreiseantrags macht ihn verdächtig. Dabei hätte er es ja gar nicht erwähnen müssen. Oder ist Jürgen selbst einer?

Später sollte sich ihr Verhältnis etwas bessern – nachdem er bemerkt, dass Wolf sich tatsächlich, im Gegensatz zu ihm allerdings, wenig aus materiellen Dingen macht und gern die Lebensmittel teilt, welche die Familie ihm beim Sprecher mitbringt.

Jürgen hat anscheinend gute Familienkontakte in den Westen und rechnet fest damit, abgeschoben zu werden. Zumindest sagt er das.

„Welche Partei würden Sie wählen, wenn Sie im Westen sind?", habe ihn sein Vernehmer gefragt.

„Na, CDU natürlich", antwortete der, und beschreibt genussvoll, wie wütend sein Gegenüber daraufhin gewesen sei.

„Ich werde die schon genügend ärgern, damit sie mich loswerden wollen", meint er prahlerisch.

Dabei ist er materialistischer orientiert als jeder Sozialist, dessen Ziel ja stets die ‚Steigerung des materiellen Lebensniveaus' ist. Mit dem Wohlleben käme dann Zeit für Kultur, Philosophie und Bildung, sagen sie. Konfuzius hingegen meinte, der Weg selbst ist das Ziel, was doch weniger utopisch klingt.

Insofern ist Jürgen also ein getreuer Marx-Schüler. Jedenfalls ist jede Art von Ideal für ihn Firlefanz. Von dieser Sorte sollte Wolf noch viele treffen, sogar in der Mehrheit.

Der andere Mitgefangene ist Christ und Wolf wesentlich sympathischer. Er mag sie gern, diese sanften, entschlossenen, etwas wundergläubigen Jungpaare in ihren gelben ‚Ostfriesennerzen' und mit ihren gummibestiefelten, kleinen Kindern. Wenn einmal eine Familie für sich selbst, dann wünscht er sich so eine.

Roland ist kaum dreißig und wirkt jünger. Er macht sich viele Sorgen um seine Frau, die auch hier ist, sowie um die zwei Kinder. Am meisten aber um die Frau, die er sichtlich sehr liebt und die ihre Kinder sehr vermisst, wie er durch das Klopfen oft zu hören bekommt. Kann sein, dass sie ihm stumme Vorwürfe wegen ihrer jetzigen Lage macht. Er wirkt ein wenig schuldbewusst. Dabei ist er aber auch ein kräftiger, etwas eitler Typ, der sich gern pflegt. Zwar hält er sich meist an den anderen Zellengenossen, erzählt aber doch auch von seinem Fall. Das heißt, nur wenn der andere nicht da ist und nachdem er kurz überlegt hat, was sein Vernehmer bereits weiß. Die Frau und er hatten den Wunsch, dieses Leben gegen eines im Westen zu tauschen. Für die Zukunft ihrer Kinder. Sie schrieben Briefe, die aber abgefangen wurden. Offenbar waren sie bereits denunziert, denn die Stasi leerte die Postsäule um die Ecke höchst selbst. Er grübelt viel darüber. Jemand aus der Kirchengemeinde, einer, dem man als Christ vertraute, muss es gewesen sein. Oder doch eher jemand aus der Familie? Man verhaftete beide zugleich. Es gelang ihm, die Kinder bei den Eltern unterzubringen, so dass sie nicht ins Heim kamen oder gar adoptiert würden. Der Vernehmer droht ihm öfters damit, um Aussagen zu erpressen und ihn zu Denunziationen zu nötigen. Wegen der Briefe hat Roland, wie auch Wolf, den 219er-Paragraphen, die ungesetzliche Verbindungsaufnahme, am Hals.

Etwas ist allerdings bemerkenswert: Er trägt Zivilkleidung. Ein Hemd und breite rote Hosenträger. Das sieht natürlich passabler aus und erhält ihm seine Identität. Auch Wolf hatte bereits daran gedacht, da er doch ein Untersuchungsgefangener war, seine Schuld also noch nicht gerichtlich feststand.

Warum also sollte er diesen Trainingsanzug tragen? Als er den Vernehmer einmal darauf ansprach, wurde der sofort boshaft.

„Gefällt Ihnen unsere Kleidung nicht? Das hätten Sie sich früher überlegen müssen."

Womit das Thema erledigt war. Wolfs neuer Zellengenosse aber hatte von Anfang an darauf bestanden und trug sein Zivil.

Dank der beiden alten Hasen lernt er einige neue Dinge kennen. So tragen beide Bärte, die im Übrigen nach der Hausordnung kurz zu halten sind. Was er zunächst für Stutzertum hält, hat durchaus einen praktischen Wert. Denn nur aus diesem Grund bekommen sie wöchentlich einen kleinen Handspiegel hereingereicht und lassen ihn gern an dem Vergnügen teilhaben. Zum ersten Mal sieht er sich wieder selbst, nach fast drei Monaten! Haftbleich ist er, geradezu grau.

Doch der Spiegel kann noch mehr. Dazu stellt sich einer vor den Spion, um der Wache die Sicht zu versperren. Der andere steigt auf eine Pritsche, lehnt sich rücklings an die Außenmauer und blickt von unten in den Lüftungsschacht zwischen den beiden Glasbausteinreihen. Nun kann er seinen Arm, mit dem Spiegel in der Hand, hineinschieben und darin den Außenbereich betrachten!

Der Blick ist weit wie nie. Zwischen den im Viereck angelegten Ziegelgebäuden liegt eine große Grünfläche, ein längliches Rondell mit Rasen in der Mitte. Richtig schön ist es da, trotz des hohen Gitterzauns rundum. Es ist der Freihof des Frauengefängnisses und es bereitet Vergnügen, den Damen bei ihrem Freigang in der Sonne zuzusehen. Auch, weil man hier sonst nie so viele Menschen auf einmal sieht. Fast jedes Mal sind dort einige unterwegs. Beinahe alle tragen Zivilkleidung. Etliche haben sich die Haare aufgesteckt und fast wirkt es, als flanierten sie in einem Park. Einige gehen paarweise, Hand in Hand oder auch umarmt. Männer würden das nicht machen. Meist ist es eine stämmige Matrone mit einer langhaarigen Partnerin von mädchenhafter Gestalt. Eine davon, eine große und schlanke Blonde, fällt Wolf mehrmals auf. Sie trägt enge, ausgewaschene Jeans sowie einen bunt geringelten Sweater. Warum sie wohl hier ist? Die Weite dort drüben hat zudem einen Hauch von Draußensein und er kann sich gar nicht sattsehen an diesem schönen, wenn auch voyeuristischen Bild.

Eine weitere Mitteilungsform, die ihm Jürgen zeigt, bergen die Bücher, von denen man jeweils nur eines erhält. Dass Worte und Buchstaben durch Eindrücken des Papiers zwischen den Zeilen markiert sind, war ihm bereits aufgefallen. Jetzt lernt er, dass ein so mitgeteilter Text jeweils mit drei gleichen Buchstaben als Intro beginnt, etwa mit ‚aaa' oder ‚xxx', und ebenso endet. Dazwischen liegt die Geschichte. Oft sind es Mitteilungen über Vernehmungen; die Paragraphen, die Dauer der Untersuchungshaft, Alter und Kinder. Nur selten länger als ein, zwei Buchseiten. Frauen machen das offenbar seltener, doch wenn, erkennt man es an der Art der Nachricht. Dann sind ein paar Adjektive, wie ‚schön', ‚selten', ‚böse' oder 'gut', eingestreut, was Männer eher für unwesentlich halten. Jedenfalls glaubt Wolf das.
Der Austausch in Büchern ist allerdings lose, denn man erhält hier fast nie das gewünschte Buch, sondern immer nur irgendeins. So sind es überwiegend Monologe und Selbstbetrachtungen. Es gibt aber auch Dialoge, mit Datum. Ein ganzes, nie ausgewertetes soziales Archiv existiert hier.

Eine perfide Wache im Nachtdienst, von Jürgen der ‚Lauscher' genannt, schleicht sich mit Filzlatschen an die Zellentüren, um nicht bemerkt zu werden. Der arme Kerl in Pantoffeln lebt wohl schon hier. Oft hat er Nachtdienst. Vielleicht langweilt er sich, denn er schreibt Klopfnachrichten mit, die eines Tages der Stasivernehmer dem passionierten Klopfer Jürgen brühwarm serviert.
„Sie haben doch zu ihrer Frau gesagt, dass Sie..."

Da sie genug Zeit haben, darüber nachzudenken, kann Jürgen diese Sprüche des Vernehmers dem Lauscher zuordnen. Die Frauen seiner Mitinsassen liegen auch auf dieser Traktseite; vielleicht, um deren Kommunikation mitzuhören.

Hat der Lauscher genug, erschreckt er sie, indem er plötzlich und unvermittelt hinter der Tür „Hörn' Se off mit Kloppen!" ruft.

Da sind ihnen doch jene, die laut mit ihren Uniformschuhen herbeieilen, um den gleichen Spruch aufzusagen oder nur an die Klappe schlagen, bedeutend lieber.

Ein stetiges Ärgernis ist die Beleuchtung, die meist eingeschaltet ist. Wochenlang hat Wolf das als gegeben hingenommen. Die beiden neuen Zellengenossen haben dafür eine Lösung gefunden. Auf die Scheibe, hinter der sich die Glühbirne befindet, wird mit Zahnpasta WC-Papier geklebt. Das dämpft das Licht etwas. Zwar reißt es die Wache stets ab, wenn sie während der Hofgänge die leere Zelle filzt, doch kleben sie es unermüdlich neu. Zur Nachtruhe macht die Wache ihre Blick-durch-den-Spion-Runde. Seine neuen Mitbewohner fordern dabei jedes Mal „Licht aus", was einige Schließer wirklich tun.

Die Vernehmer, von denen jeder einen anderen hat, wie sie schnell feststellen, holen sie nur noch selten. Geradezu wohnlich wird es. In den Fensternischen lagern sie Lebensmittel, was nun erstaunlicherweise toleriert wird. Normalerweise müssen diese mit dem Besteck nach draußen gegeben werden, wo alles in Fächern neben der Zellentür liegt. Sie besitzen jedoch so viel, dass die Essensrunde zwar mahnt, dann aber auf die Abgabe verzichtet, weil es zu lange dauern würde. Wieder ein kleiner Sieg. Die Auswahl der käuflichen Waren indes ist recht überschaubar. In Ermangelung von echtem, gibt es etwa, so wie draußen, nur Kunsthonig, der aus Zuckerrüben gemacht wird. Roland verzehrt dieses Zeug mit Genuss.

Da sie nun drei Leute sind, haben sie immer drei Bücher zur Verfügung und an Lesestoff keinen Mangel mehr. Die Qualität wird dadurch allerdings kaum besser. Das meiste ist ‚sozialistische Erbauungsliteratur'. Es gibt aber auch ein paar Klassiker. In einem Buch liest Wolf ein Zitat von Baudelaire, vom ‚cri de coeur', dem Herzensaufschrei. Das gefällt ihm so, dass er plant, es sich zu tätowieren, falls das einmal möglich sei. Gefängnisse sind bekannt dafür und draußen geht das nirgendwo. So etwas machen nur Kriminelle. Ist er jetzt nicht einer?

Jürgen, der kleine Dünne, sagt, es gäbe im Knast Mutproben für Neue.

„Jemand legt für dich als Neuzugang ein sauberes Handtuch auf die Türschwelle. Was machst du?", fragt er Wolf.

„Drübersteigen?"

„Falsch, dann bist du die nächsten Wochen mit Putzen dran."

„Aufheben?"

„Dasselbe."

„Also was?", fragt er neugierig.

„Drauftreten und dem Nächststehenden direkt kräftig eine einschenken."

Wolf ist überrascht. Sowas ist er nicht gewohnt, Prügeleien ist er immer aus dem Weg gegangen. Er hat einen siebenten Sinn für brenzlige Situationen und verschwindet dann lieber, Heldentum hin oder her.

Einmal, am Ende der sechsten Klasse, gab es eine Schulhofprügelei um die Führerschaft unter den Jungs. Die Sache hatte sich über Jahre zugespitzt. Zwar hatte Lenni versucht, sich rauszuhalten, doch war das suspekt und jeder Junge war zunehmend gezwungen, Partei zu ergreifen, wenn er zu einer der beiden Banden gehören wollte. Das war sinnvoll, um nicht der Prellbock für jeden zu sein. Man konnte so die Gruppe mobilisieren und, wenn nötig, Rache nehmen. Der rothaarige ‚TW', wie er sich nannte, war der Sportlichste und Schnellste von ihnen, jedoch ein etwas tumber, hierarchi-

106

scher Angeber. Sein Gegner Lehmi, der Sohn eines Chemie-professors, war ein flachsblonder Windhund aus vielköpfiger Familie, die sich alle sehr ähnlich sahen. Wenn Lenni sich schon entscheiden sollte, dann doch für den, dachte er. Der spielte sich zwar auch gern auf, doch machte er wenigstens Witze und hatte originelle Einfälle. Er saß in der Bank hinter ihm.

Einmal nahmen sie ein heroisches Gedicht durch:

‚Der an den Schlaf der Welt rührt, Lenin.

– Er rührte an den Schlaf der Welt mit Worten, die wurden Traktoren...', ließ die Lehrerin einen Schüler deklamieren. Alle waren stumm wegen des Pathos. Lehmi hörte sich das kurz an und bemerkte leise: „Er schlief am Rührer der Welt." Das war nun wirklich frech, angesichts der üblichen Andacht gegenüber dem unermüdlichen sozialistischen Helden, und Lenni musste herzlich lachen. Solcherart war eben sein Humor.

Jedenfalls prügelten sich beide, TW und Lehmi, an einem heißen Sommertag kurz vor den Ferien. Das war in der großen Pause auf dem Schulhof gewesen. Der Flachsblonde unterlag mit blutender Nase. Schon fürchtete Lenni, sich nach den Sommerferien zu TW bekennen zu müssen. Doch etwas anderes geschah. Die Pubertät kam und damit neue Interessen. Die Anhängerschaft der beiden Kontrahenten löste sich nun einfach auf. TW versuchte noch, Kapital aus seinem Sieg zu schlagen, doch bis auf ein paar schlichte Gemüter verschwand auch dessen Gefolgschaft. Unter den zwei, drei verblieben Bewunderern war auch Alex gewesen, der später im Stasi-Wachregiment dienen sollte. Niemand muss sich zu irgendetwas bekennen was andere verlangen, war Lennis frühe Lehre aus der Affäre.

Noch einmal holt ihn Stasi-Berger ins altbekannte Verhörzimmer. Der Schreibtisch ist nahezu leer, die braune Federmappe zugezippt, der Fall sichtlich abgehakt.

„Hier ist Ihr Urteil. Zur Kenntnisnahme."

Dabei weist er mit Handgeste auf ein paar gebundene Blätter. Wolf greift zu. Hintendrauf ist sogar ein Papiersiegel mit dünnem, schwarzrotgoldenem Faden. Geradezu feierlich sieht das Schicksalspapier aus. Gründlich liest er alles durch. „Kann ich das haben?", fragt er dann.

„Nein. Oder wollen Sie damit hausieren gehen?", entgegnet Stasi-Berger hämisch.

Wolf antwortet nicht. ‚Geschlossen sind die Gerichtsverhandlungen, nicht ausgehändigt werden die Urteile – alles verborgen. Damit kein Stäubchen auf das Bild vom frohen sozialistischen Fortschritt falle', denkt er.

‚Aber wieso hausieren?', überlegt er dann. ‚Rechnet der mit seiner Abschiebung? Denn, dass man in der DDR damit ‚hausieren' könnte, ist ja praktisch unmöglich. Vielleicht ist er für die Stasi ja bereits auf ‚Vogels Interzonenzug', bei dem es keine Rückkehr gibt. Oder wollen sie ihn gar als Spitzel beim Onkel in Bonn platzieren?' Diese Vorstellung graust ihn allerdings.

Da er sein Urteil nicht mitnehmen darf, verlangt Wolf, es noch einmal zu lesen. Widerwillig stimmt der Vernehmer zu. Wolf versucht, sich so viel wie möglich einzuprägen. Die Rede des Bezirksstaatsanwaltes, des Anklägers, dient hier praktisch als Urteilsbegründung. Kein einziger eigener Gedanke der Richterin ist zu erkennen. Das verschnarchte Gericht hat sich nicht einmal die Mühe einer eigenen Formulierung gemacht. Vielleicht traut sich das ja auch keiner bei den politischen Prozessen.

Der Stasi-Mann reicht ihm zum Abschied die Hand, erstmals überhaupt. Wolf nimmt sie mechanisch. Man kennt sich. Viele Wochen hat er bei dem gesessen; die Maschine gefüttert und dabei seine Zigaretten geraucht. Diese erbarmungslose Maschine aus Uritzkis[27] Bolschewikenhirn, die jedes Detail sammelt.

Einmal fragte Berger nach dadaistischen Gedichten im beschlagnahmten Material und wollte wissen, was das sei. ‚Kunstrichtung der zwanziger Jahre' notierte er dann, nach

Wolfs feuriger, langer Aussage, kurz ins Verhörprotokoll. Wolf unterschrieb resigniert. Warum hierbei um den Inhalt feilschen? Das war sichtlich nicht dessen Welt. Von Prosa weiß der nur, dass es sie gibt. Vielleicht erlebt er ja aufgeräumte Abende mit Frau und Kollegen, in Schlips und Anzug nach einem Opernbesuch. Gut möglich, dass das seine Art Kunstgenuss ist. Ob dieser Vernehmer sich eigentlich mit ihm eine Beförderung verdient hat? Immerhin hat Wolf sich ja ‚kooperativ verhalten‘ und immer ausgiebig erzählt, Wahres oder Erfundenes. Manch Relevantes verschwieg er. Doch man sollte sich nichts vormachen. Diese Maschine presst raus, was geht. Und dem, der sich ihr entziehen kann, ist Wolf nicht begegnet. Auch nicht der kleine dünne Zellengenosse, der sich immer so großspurig gibt. Denunziert hat Wolf aber keinen, was er abends, wenn er den Verhörtag im Kopf rekapitulierte, stets mit überlegte. Ein wichtiges Element für ihn. Die letzte Form des Widerstands.

Wochenlang wird er nach dem Urteil noch in der Untersuchungshaftanstalt des Ministeriums für Staatssicherheit festgehalten. Warum? Was plant die Stasi mit ihm? Oder sammelt die Bürokratie erst eine Anzahl Verurteilter, bis sie in die Gefängnisse, den ‚Strafvollzug der DDR‘, verfrachtet werden? Wohin es gehen wird, ist ihm natürlich nicht bekannt. Mit sportlichen Übungen versucht er, sich fit zu halten. Es war das Einzige, was er am Bohème-Leben zuvor, an dieser angestrebten, durchgeistigten Welt, immer vermisst hatte. Doch kann nicht nur eine Einheit von Körper und Geist Fruchtbares hervorbringen? Öfters war er deshalb zum Olympiastützpunkt des SC Chemie gegangen. Dort gab es abends nur ein paar einzelne Schwimmer, welche die Leistungsnorm nicht mehr erreichten und deshalb die Sportschule bald verlassen würden. Sie trainierten ab, um nicht zu verfetten. Wolf stand am Startblock und blickte auf die stillen, hellblauen Beckenkacheln unter der glatten Wasseroberfläche. Vor dem schwarzen Fliesenband am Boden der

Schwimmbahn, das unter ihm T-förmig endet, hatte er sich als Kind oft gefürchtet. Bei gekräuselter Oberfläche sah es aus wie ein Hammerhai, der sich auf einen zubewegt. Doch das war lange her. Mit tiefen, langen Atemzügen senkte er die Herzfrequenz, um für die Übung Sauerstoff zu sparen. Er sprang hinein und tauchte langsam, ganz gleichmäßig, die fünfzig Meter durch. Für ein paar Züge nach der Wende reichte es auch noch, obwohl er seit einiger Zeit nicht mehr trainierte. Na bitte, geht doch! Er war hochzufrieden. Auch das Schwimmen fühlte sich noch immer an, als gleite man einfach über das Wasser.

Wichtig an diesem Ort waren auch die Plastikkisten mit den restlichen Kuchenstücken der Leistungsschwimmer. Die waren immer frisch und von guter Qualität. Wolf sparte sich so die Kosten für das Abendbrot. Die blauen Pillen, die dabei lagen, probierte er nur ein einziges Mal, empfand aber keine Wirkung. Es hieß ja, sie enthielten Testosteron, was nicht gerade gesundheitsfördernd war. Aber das waren seine billigen, filterlosen KARO-Zigaretten auch nicht.

## Auf Transport

Am 4. Juli, um neun Uhr morgens, also drei Monate nach der Verhaftung, verlässt Wolf in dem kleinen, grau-blechernen Zellen-Barkas die Stasi-Untersuchungshaftanstalt. Er trägt seine Zivilkleidung vom Prozesstag. Mit ihm gehen fünf andere ab, wie er durch Klopfen erfährt.

Nach kurzer Fahrt sind sie überraschenderweise bereits da. Es ist die U-Haft des Innenministeriums. Sie liegt am Hansaring, in derselben Straße wie das Gerichtsgebäude.

Diese Einrichtung kommt ihm augenblicklich wie ein Hort persönlicher Freiheit vor. Die Zellen sind offen, Gefangene unterhalten sich auf dem Flur, der im Strafer-Jargon ‚Piste‘ genannt wird. Es ist laut und geschäftig, denn viele Untersuchungshäftlinge palavern hier. Der ganze Bau summt wie ein Bienenstock und nach Monaten der Stille ist das ungemein erleichternd.

Im Zellenflur bewegt man sich frei bis zum Gitter am Treppenaufgang. Sein Raum 319 ist eine geräumige Sechs-Mann-Zelle mit vier Doppelstockbetten, zwei Tischen und drei Kriminellen.

Nur einmal ertönt tagsüber das schnarrende Brummen einer Warnsirene. Die roten Lampen über den Zellen blinken, woraufhin jeder in der nächstgelegenen zu verschwinden hat, die dann von außen verriegelt wird. Augenblicklich ist es still im Haus. Im Overall, mit Handschellen und Bärenkette versehen, wird ein Mörder durch den Treppenaufgang geführt. Wolf sieht ihn aus der Ferne, denn seine Zelle hat, wie jede andere hier, eine Art Essensdurchreiche zum Flur, ein vergittertes, mittelgroßes Fenster. Es ist ein junger Handwerker aus Quedlinburg, der seine Freundin mit einem Hammer erschlug. Er trägt einen blauen Overall. Die Mitinsassen vermuten, dass er fünfzehn Jahre ‚abfasst‘ und nach Brandenburg in das Schwerverbrechergefängnis der DDR kommt. Wolf findet das Urteil ungerecht. Die Frau ist tot, das kleine Kind ohne Mutter, der aber wird leben. Kurz darauf ist Entwarnung.

Erst zum Einschluss ertönt die Sirene wieder. Das Wachpersonal verschwindet aus dem Gebäude. Hier allerdings ist es nicht still. Aus den vielen vergitterten Zellenfenstern heraus, bei denen nur eine kurze Reihe von sechs Arrestzellen Sichtblenden aus Stahlblech hat, wird lautstark über den Innenhof hinweg weitergeredet. Das Gebäude ist U-förmig angelegt, was die Sache erleichtert. An Schnüren pendelt man Tabak und andere Dinge von Zelle zu Zelle. Wolf ist in der Mitte des Bauwerks untergebracht und kann beide Gebäudeflügel sehen. Ein besetzter Wachturm gegenüber kümmert sich nur wenig um den Lärm. Mahnende Lautsprecheransagen werden sogar mit Gejohle quittiert. Erst bei einbrechender Dunkelheit ist der Turm im Vorteil, denn Scheinwerferkegel erfassen nun die Aktivitäten genauer, was für Ruhe sorgt.

Zu besprechen hat Wolf hier nicht viel. Der Freund ist in einem anderen Trakt untergebracht und er kennt niemanden. Die meiste Zeit verbringt er mit dem unerwarteten Luxus, tagsüber auf dem Etagenbett zu liegen, was bei der Stasi verboten war. Hier ist das nur verpönt oder wird zumindest nicht durchgesetzt. Ein paar Betten weiter tut es ihm ein junger Krimineller seines Alters gleich. Wie Wolf hat auch er gerade sein Hafturteil erhalten und sinniert über die aktuell trüben Aussichten, dabei permanent an die Decke starrend. Sie unterhalten sich nur wenig. Die Schweigsamkeit des anderen ist Wolf sympathisch. Die Last der Tage, der ‚Tagebuckel‘, wie der Strafer sagt, drückt sie beide.

Auf eigenartige Weise lernt er hier die Welt der Kriminellen kennen, die ihm bis dahin völlig unbekannt war. Der lange Arm, der Nimbus der Stasi, reicht natürlich auch hier hinein. Er spricht mit einem Mann mittleren Alters. Plötzlich wird der Typ gesprächig und eine aufgeräumte Stimmung erfasst ihn, als er von Wolfs Fall hört. Sichtlich erleichtert darüber, kein ‚Politischer‘ zu sein, erzählt er von seinem eigenen. Mit dem

Auto hat er betrunken ein neunjähriges Mädchen totgefahren. Bereits ein halbes Jahr hier, rechnet er damit, dass er, wie es sein Anwalt sagt, in einem Dreivierteljahr wieder draußen sein werde. Skrupel hat er keine. Es sei halt Pech gewesen. Dann jammert er über den beschädigten Wagen.

Wolf ist entsetzt. Was ist denn nun ein Kinderleben wert? Und was ein paar Losungen an der Wand? Natürlich, der da hat nicht die Systemfrage gestellt, ist in den Augen der Staatsmacht also sozusagen harmlos.

Eine Trennung von kriminellen und politischen Taten gibt es im Sozialismus nicht. Die politischen Paragraphen des Strafgesetzbuches sind munter unter jene für Kriminelle gemischt, wie Wolf selbst sah. Dem ‚Politischen‘ spricht man kein höheres Bewusstsein zu, keinerlei Ideal, wie er glaubte. Im Gegenteil. Er ist der Systemgegner, den es zu demontieren gilt. Anders bei Kriminellen. Damit toppen die sogenannten Sozialisten die Weimarer Republik, in der politische Gefangene zu Festungshaft und nicht Zuchthaus verurteilt wurden. Ihre intellektuellen Ambitionen goutierte man nicht, respektierte sie aber. Sie erhielten Bücher, konnten schreiben und nach draußen kommunizieren. Sie waren mehr wert als Kriminelle, die ja das soziale Gefüge beschädigten. In späteren Lagern trugen politische Gefangene rote Ärmelaufnäher. Die Kriminellen trugen grüne.

Dass die Tscheka mit ihrem Vorsitzenden Dzierzynski, dem großen Vorbild der Stasi, zu bolschewistischen Zeiten Verdächtige nach Gutdünken umlegte, vielfach dabei Gräueltaten beging, davon weiß niemand hier. Alle glauben, sie lebten in der besseren Gesellschaftsform. Dabei ist die Ruhe und der Frieden im ‚entwickelten, realen Sozialismus‘, wie man ihn nennt, eine Friedhofsruhe, errichtet auf den bleichen Knochen zahlloser Vorfahren. Auch Wolf ist das unbekannt. Nur von Katyn[28] hat er raunen gehört. Was der Bürger nicht weiß, macht ihn nicht heiß, denkt eben der Rote ganz praktisch.

Kriminelle können zwar freundlich und hilfsbereit sein, doch Freundschaften gibt es keine, lernt Wolf. Es sind Vorteilsgemeinschaften und an erster Stelle steht immer der eigene. Die beiden anderen Zellengenossen in dieser U-Haft betätigen sich als Essenausgeber. Sie verteilen gummiartige Nudelklumpen. Vereinzelt finden sich knorpelige Kochfleischbrocken darin. Das Wachpersonal ist ihnen für den freiwilligen Einsatz dankbar, denn es sind ja immerhin noch Untersuchungsgefangene, die nicht arbeiten müssten. Auf welche Art sie sich selbst belohnen, sieht Wolf nun.

Zur Mittagsmahlzeit setzen sie sich wegen ihrer Arbeit erst am späten Nachmittag. Man möge es besser Tafeln nennen. Jeder hat einen Teller mit Reis und Fleisch, hübsch garniert mit Apfel- und Mandarinenstückchen. Sie essen mit Genuss und Kultur, völlig unbekümmert um das Schicksal ihrer zwei Zellengenossen, dem schweigsamen Burschen und Wolf. Deren hungrige Blicke finden sie nachgerade empörend. Der Inhaftierte ‚auf Transport', der Durchreisende, der bald wieder weg ist, gilt wenig in der Hierarchie gegenseitiger Vorteilnahme, lernt Wolf. Man ist ihm nichts schuldig, er kann einem nicht nützen, denn er kennt niemanden.

Das Wachpersonal wiederum ist vor allem an reibungslosem Ablauf interessiert und nicht etwa an gerechtem Ausgleich. Derartiges einzufordern, gilt als lächerlich und würdelos – auf beiden Seiten. Mehr noch; erhielte man die Fürsprache des Personals, würde man sich als potentieller Informant verdächtig machen, was nun ein echtes Problem wäre. Also muss der Vorteil durch Tausch und Beziehungen erlangt werden.

*

Am nächsten Tag geht es auf Weitertransport. Um drei Uhr morgens führt man Wolf in eine Sammelzelle im Keller, die bereits voller Leute ist und immer noch voller wird. Vor den ‚Effekten', der Kleiderkammer, die aussieht wie eine der vergitterten Gepäckaufbewahrungen an Bahnhöfen, füllt sich ein langer Gang mit sicher dreißig Verurteilten. Alle sind in aufgeräumter, beinahe ausgelassener Stimmung ob der zu erwartenden Verlegung. Zunächst allerdings stehen alle in Fliegerstellung an der Wand und werden vom Personal gefilzt.

„Wohin geht der Transport?", brennt es Wolf auf den Nägeln und er fragt den ihm Nächststehenden, einen baumlangen Kerl, der ihm erfahren scheint.

Der andere blickt ihn abschätzig an ob dieser Unwissenheit.

„Steht auf dem Karton."

Und tatsächlich, auf dem verschnürten Pappkarton mit seinen Habseligkeiten, der ihm ausgehändigt wird, steht ‚Naumburg'.

Naumburg? Das kennt er von einem Familienausflug als Kind. Da ist die steinerne Skulptur einer mittelalterlichen, schönen Frau im Dom, deren natürliche Gesichtszüge berühmt sind. Eine Eisdiele hatten sie auch besucht, damals. Diese Stadt wird also seine nächste Zukunft sein. Viel würde er davon wohl nicht sehen.

Mit Lkws fahren sie zum Hallenser Hauptbahnhof. Dieser Bahnhof, den Wolf so gut kennt! Viele Male ist er hier umgestiegen. Zur Berufsschule nach Leipzig früh am Morgen. Und ganz früher in großer Vorfreude auf die Sommerferien. Da ging es allein im alten Ikarus-Bus zur Großmutter in den Harz. Zwei Stunden dauerte die schaukelige Fahrt und jedes Mal fürchtete er, sich übergeben zu müssen.

Auch fährt hier die S-Bahn nach Neustadt über die sicher blühenden Wiesen der Saaleaue. Wie schnell wäre er wieder zuhause! Er könnte, wie so oft, die Waggontür während der Fahrt voll öffnen. Sich die milde Sommerbrise um die Nase wehen lassen. Wie schnell ändert sich doch das Schicksal!

Wolf fallen zwei alte Männer vom vorletzten Sommer ein. Aus Leipzig kommend, setzte er sich am S-Bahnsteig neben sie. Es war brütend heiß gewesen und noch viel Zeit bis zur

Abfahrt. Niemand sonst war da. Sicher waren die beiden so früh gekommen, weil sie nicht gerade mobil waren.

Ihr Gespräch drehte sich um die kranken Beine und dann deren Ursache, die wohl der letzte Krieg war. Sie stellten fest, dass sie beide im Weltkrieg vor Stalingrad lagen, sich darüber wundernd, einander nicht zu kennen. Mit dem Austausch von Einzelheiten überzeugten sie sich davon, dass die Geschichte des jeweils anderen stimmte. Plötzlich schwiegen sie und waren wieder im Jetzt, in dem man über so etwas nur in den Zeitungen sprach und wo diktiert wurde, was darüber zu denken sei. Wolf hatte das Gefühl, Zeuge von etwas Besonderem geworden zu sein.

Sein Großvater hatte nur ein einziges Mal den Krieg erwähnt. Das war, als der Onkel einst ein dickes, zylinderförmiges Stück Kupfer von einer Baustelle mitbrachte.

„Das sieht ja aus wie eine Sprengbombe"[29], platzte der Großvater unversehens heraus. Es war ein Familientreffen und alle lachten.

‚Eine Bombe ist doch zum Sprengen da. Wozu sonst?', hatte auch Lenni verwundert gedacht.

Beschämt schwieg der Großvater. Er hatte sich geschworen, niemals über den Krieg zu reden. Die Frau hatte zwar manchmal gefragt.

„Ach, lass nur, Helga, damit musst du dich nicht belasten", hatte er dann geantwortet.

‚Und wie die Alten damals verschickt wurden, so wird jetzt er selbst verschickt, in seiner Zeit', sinniert Wolf am Bahnhof.

‚Naja, so lebensgefährlich wird es schon nicht werden', beruhigt er sich dann.

Mit der Acht an einen unbekannten Nebenmann gekettet, geht es für ihn am schönen, himmelblauen Sommermorgen des 5. Juli zu den Gleisen. In der freien linken Hand hält er den verschnürten Karton. Durch unterirdische Gänge leitet man sie in Zweierreihe auf einen Versorgungsbahnsteig.

Neugierig blickt Wolf zu den wartenden Passagieren am Bahnsteig gegenüber, froh darüber, etwas Normalität zu sehen. Die Passanten betrachten sie mit Desinteresse, viele auch mit angewiderten Minen. Dabei tragen die Verurteilten doch Zivil und ein paar von ihnen sind, wie Wolf selbst, ‚Politische‘ und zum ersten Mal inhaftiert – mit dem kleinen, allerdings wesentlichen Unterschied, dass sie Handschellen tragen und Uniformierte sie bewachen. Offensichtlich ein unbequemer Anblick. Die neue Lage trifft Wolf schmerzlich.

Anders, als bei den Bürgern drüben, warten auf sie Waggons des ‚Grotewohl-Expresses‘. Diese Gefährte kannte Wolf, hatte sie aber, wegen der kleineren Milchglasscheiben, die mit zwei, drei Querstreben aus Metall vergittert sind, immer für Postwagen gehalten. Öfters waren sie an Züge angehängt gewesen. Der DDR-Politiker Otto Grotewohl hat sie erfunden, sagen die Kriminellen.

Diesmal lernt Wolf das Innenleben der Waggons kennen. Es besteht aus einem langen, schmalen Gang und hölzernen Abteilen, die ebenfalls denkbar eng sind. Jede Box ist mit fünf hölzernen, lackierten Klappsitzen versehen. Einer davon ist innen an der fensterlosen Tür angebracht. Bei voller Besetzung stoßen die Knie aller Insassen aneinander. Wenigstens werden die Handschellen abgenommen. Sie sind zu viert in der Kabine.

Sicher zwei Stunden stehen die Waggons, ehe gekoppelt wird und der Zug losfährt. Nach kurzem Transport kommen sie, den Geräuschen nach zu urteilen, auf einem großen Bahnhof an. Dass sie in Leipzig sind, erkennt Wolf sofort am Geruch nach feucht-öligem Straßenschmutz und metallenen Schmierfetten.

Leipzig und sein Hauptbahnhof sind seit langem mit seiner Familie verbunden. Zwei Jahre lang fuhr Wolf wöchentlich zur Berufsschule hierher. Das war mit Andy, dem die ‚Trapo‘, die Transportpolizei, hier seinen ‚Frieden-schaffen-ohne-Waffen‘-Aufnäher vom Ärmel gerissen hatte. Dabei auch zwei Mädels, die eine Ausbildungsklasse über ihnen waren.

Sie spielten Karten im Zug, der im Winter manchmal so verspätet war, dass sie direkt wieder zurückfuhren.

Wolfs Großmutter Erna hatte nach dem Krieg in der Mitropa gearbeitet. Als Kaltmamsell bestückte sie eine Theke mit Snacks. Ihr Vater Karl war dort Kesselreiniger, was er schon in Czernowitz bei der österreichischen Eisenbahn getan hatte. Diese Arbeit war gut bezahlt, denn es war gesundheitsschädlich, die Kohleschlacke aus den meist noch heißen Kesseln zu klopfen. Er starb später an Blasenkrebs.

Ernas Brüder und der Vater handelten hier auf dem Schwarzmarkt. Alfred bot die selbstgefertigten Schuhe des Bruders an, der von Beruf Schuster war. Karl sicherte vor der Polizei und der kräftige Siegfried sorgte für Ruhe, wenn es zu Handgreiflichkeiten kam. Einmal schlug er in der Straßenbahn sogar einen Zivilpolizisten k. o., der sie verfolgt hatte. Sie entkamen. Zeiten waren das! Der illegale Handel verschaffte ihnen Leder für neue Schuhe. Vor allem aber alltägliche Dinge, die zwar auf den Lebensmittelmarken standen, die es aber nicht gab.

Abb. 8 V. l. die Brüder Siegfried und Alfred, Leipziger Hauptbahnhof 1947.

Überhaupt waren alle diese Buchenland-Schwaben nur wegen der Karlna, einer etwas versnobten Tante, hierher geflohen. Sie hatte in der Zwischenkriegszeit einen rumänischen Sekretär des Reichsgerichts geheiratet, einen richtigen Beamten. Die Ankunft der armen Verwandtschaft erfreute sie nicht gerade.

Später wurden die Zeiten besser. Ernas Tochter lernte als 17-Jährige Wolfs künftigen Vater kennen, der hier studierte. Ein Foto von ihm mit reichlich kurzen Hosen hat sie am Hauptbahnhof gemacht. Da war er 21 Jahre alt.

Abb. 9 Der Vater als Student.
Hbf. Leipzig 1961.

Wolf schreibt nun ein neues Kapitel dazu. Er ist 20 Jahre alt.

# Die Kästner-Piepe

Paarweise sind sie mit Handschellen verbunden an diesem späten Julinachmittag. Zusammen mit drei anderen wird er in einen hochbockigen Lkw W50 verladen. Die Fahrt durch die Stadt ist holprig. Hinten sind zwei lange Bänke eingebaut und zwei gut gelaunte, athletische, große Kerle sitzen Wolf gegenüber, die allerdings einen recht zweifelhaften Eindruck machen. Beiden fehlen die Schneidezähne und sie freuen sich, als ginge es auf Ferienfahrt. ‚Das kann ja heiter werden‘, denkt Wolf und ist erleichtert darüber, dass sie aneinandergekettet sind, wodurch ihre Bewegungsfreiheit etwas eingeschränkt ist.

Der Eindruck am Ankunftsort ist kaum besser. Nach und nach werden an die fünfzig Leute direkt hinter der Gefängnis-Schleuse in einer muffigen Kellerzelle gesammelt. Als niemand mehr hineinpasst und bereits Unmutsäußerungen fallen, beginnt schließlich die Verteilung in dem großen Gebäude. Kurz darauf steht er in einer riesigen Vorhalle mit vielen übereinanderliegenden Zellengalerien. Alle Laufgänge der Etagen sind mit gusseisernen Geländern versehen. Die unterste Ebene überspannt ein mächtiges Maschendrahtnetz. Das Ganze stammt sichtlich aus alter Zeit.

Mit drei anderen bezieht Wolf Zelle 384. Lautstarkes Hämmern an die Tür ist nötig, um das Personal bei der Essenverteilung an sie zu erinnern, denn der Geschirrwagen ist soeben einfach vorbeigezogen. Den Leuten ist schlicht unbekannt, dass hier welche einquartiert sind. Ein Türschild hatte man sich gespart. Der Essenverteiler hat dann ein Einsehen. Er reißt einen Streifen Pappe vom Lebensmittelkarton, den sie mit ihren Namen selbst beschriften. Der Uniformierte ist glatt dagegen gewesen.

‚Die sind eh bald wieder weg‘, sagt er.

Nach einigem Palaver erhält jeder einen Klumpen gekochte, gummiartige Nudeln mit etwas knorpeligem und geschmacklosem Gulasch. Der Kriminelle unter ihnen verzehrt die Nudeln ungerührt und Wolfs, der ihm seine spendet, gleich mit. „Man weiß nicht, wann es wieder was gibt", bemerkt er weitsichtig.

Auch die anderen Zellengenossen, zwei Cousins, sind nicht von Vorbehalten angekränkelt. Sie denken an den Energiegehalt des Dargereichten. Es sind Sportler.

Vom geschäftigen Treiben draußen hören sie fortan nur noch, sehen aber wenig, denn bis zum nächsten Morgen kommen sie nicht mehr aus der Zelle. Eine herbe Einschränkung gegenüber der Kriminellen-U-Haft am Hansaring in Halle. An Freigang ist bei solchen Verhältnissen erst gar nicht zu denken. Sie können nur hoffen, hier nicht vergessen zu werden.

Wie Wolf von dem erfahrenen Kriminellen vernimmt, der auf Transport nach Brandenburg ist und in der Vergangenheit schon elf Jahre Knast ‚abgerissen' hat, ist dies die ‚Kästner-Piepe', benannt nach der Straße, in der sie liegt. Es ist ein uraltes Gefängnis. Sicher hat es schon Generationen von Bürgern aller Art gesehen. Nun wird es vom inzwischen vierten politischen System genutzt.

Glücklicherweise konnte sich Wolf die obere Etage eines Doppelstockbettes sichern, das am Fenster steht. Es bietet einen Ausblick in den Innenhof, über den sich oben ein Milchglasdach wölbt. An der Zellenwand ist ein Herz tief in den Kalk eingekratzt. Es umrahmt den Schriftzug ‚Gorilla + Biene', die hier wohl eine unterhaltsame Zeit verbrachten. Was für ein Laden.

Trotz des Rund-um-die-Uhr-Einschlusses gibt es Abwechslung. Nach dem Essen findet zufällig gerade das monatliche Angebot des Haareschneidens statt. Ihr neues Türschild mit den Namen macht die Teilnahme wohl möglich. Wolf entscheidet sich beim Anblick dieses Häftlingsfriseurs allerdings dagegen und liegt damit richtig. Denn sein Können zeigt sich prompt an der Totalschur der Cousins, die weniger zimperlich gewesen waren.

Die Beiden sind ‚Politische‘, die 22 Monate ‚abgefasst‘ haben, doch sind sie eigentlich reichlich unpolitisch. Sie bilden sich viel darauf ein, Biathleten zu sein, eine Sportart, die hier noch nahezu unbekannt und topmodern ist. Mit sportlichem Ehrgeiz hatten sie versucht, in Bulgarien die Grenze zur Türkei zu überqueren, waren aber gestellt worden. Nach einigem Hin und Her, wobei es vor allem an den unterschiedlichen Sprachen haperte, forderte sie der Chef der Grenzbrigade auf, loszulaufen. Dabei wies er mit der Kalaschnikow in Richtung Türkei. Das taten die beiden aber nicht, fürchteten sie doch, umgelegt zu werden. Sogleich gab der Grenzer seinen Kollegen einige Anweisungen. Diese zogen Holzknüppel und verprügelten die beiden nach Strich und Faden, so dass sie eine Woche lang nicht richtig liegen konnten.

‚Mein Rücken war vollkommen schwarz!‘, sagt der eine, mehr erstaunt als betroffen.

Andere Länder, andere Sitten eben.

Die Cousins laden Wolf zum Trainieren ein, doch hat er daran kein Interesse. Die funzelig beleuchtete, mit graublauer Ölfarbe gestrichene Zelle, und überhaupt das ganze Ambiente, stimmt ihn trübe.

Der kriminelle Mitgefangene ist ein Mittdreißiger aus Sömmerda. Bei einer Familienfeier – es ging offenbar feuchtfröhlich zu und die Stimmung wurde immer ausgelassener – hatte er den merkwürdigen Einfall, ein Haus im Ort zu bestehlen. Gesagt, getan. Mit Leiterwagen zog die Sippe des nachts los und stapelte allerhand fremden Hausrats darauf. Sie wurden jedoch auf der Straße vom Ortspolizisten ‚erwischt‘. Pech gehabt, nun war er eben wieder mal eingefahren. So, wie er berichtet, ist das Ganze hier für ihn glatt ein Abenteuer und eine interessante Abwechslung. Eine ganze Reihe Krimineller wird Wolf noch treffen, die ähnlich denken. So wenig hat ihnen der Sozialismus offenbar zu bieten. Oder

sind es die Leute, die man in früheren Zeiten ‚Berufskrimi-
nelle' nannte?

Mit ihm unterhält er sich jedenfalls einige Zeit, denn noch ist
er auf der Suche nach seiner Rolle in dieser ihn wohl nun erwartenden Gesellschaft. Im Ganzen wirkt der Kriminelle aber
beruhigend harmlos, und Wolf erfährt einiges über den gängigen Slang. Vor dem ‚Zuchthaus Brandenburg', dem
Langstrafer-Gefängnis, scheint er etwas Furcht zu haben. Er
kennt es bereits. Im dortigen Einkaufskiosk für Gefangene,
der offenbar separat auf dem Gelände steht, sei einmal ein-
gebrochen worden, erzählt er. Das erstaunt Wolf nun wirklich. Andererseits aber ist ja dort das geballte Wissen vorhanden. Er lässt sich aus der Praxis erklären, wie so etwas überhaupt möglich war, und erhält detailliert Auskunft. Ein Fach-
mann eben.


Mit solcherart Zelleninsassen ‚gesegnet', verbringt Wolf den
Abend zuletzt aber doch lieber auf der Beletage am Fenster
und gibt sich melancholischen Betrachtungen hin. Bücher
gibt es hier natürlich nicht.

Auf der anderen Seite des Innenhofes sieht man im Haus gelegentlich Insassen in Arbeitskleidung vorbeilaufen. Am
Abend ereignet sich etwas Außergewöhnliches. Oder zumindest scheint es das zu werden, denn nach und nach sammeln
sich ein paar Inhaftierte an den Fenstern. Bald zeigt sich auch
der Grund dieses Interesses: Unten im kleinen Hof wird ein
Freigang der Frauen abgehalten. Das ist nun freilich eine Sensation, denn naturgemäß richten sich viele Vorstellungen im
Gefängnis auf das andere Geschlecht. Dass es hier überhaupt
Frauen gibt, hat Wolf nicht erwartet. Die Männer sehen
ihnen wie selbstverständlich zu. Rufe und Pfiffe begleiten ihren Rundgang; eine Aktivität, wofür er seine Geschlechtsge-
nossen schon immer verwünscht hat. Möglicherweise ist
diese Ansicht aber übertrieben, denn einige Frauen wirken
zunehmend angetan von der Aufmerksamkeit. Eigentlich

klar, auch sie leben ja abstinent. Eine zieht ihr blaues Kopftuch ab und schüttelt ihr blondes, halblanges Haar, was mit anerkennenden Rufen quittiert wird. Eine andere steckt die Hände in den blauen Kittel und zieht den Stoff fester, so dass die Figur betont wird. Wieder Pfiffe. Wolf lächelt unweigerlich und freut sich nun auch über die eindeutige Szenerie.

‚Wie seltsam ist doch das Spiel der Geschlechter‘, denkt er. ‚Es ist unabhängig von allen Widrigkeiten des Lebens durch die Jahrtausende und durch alle Systeme hindurch gleich. Vielleicht ist es ja eigentlich das Beste, was es auf der Welt für den Menschen gibt.‘

Nach einer halben Stunde löst die Wache den Freigang auf. Unter Applaus und Pfiffen verlassen die etwa zehn Frauen den Hof. Die Ränge leeren sich und jeder geht alsbald wieder seiner Beschäftigung nach; viele aber sicher mit der Erinnerung an eine nette halbe Stunde.

# Wolfszeit

Die Lieblingsgroßmutter war auch in Leipzig gewesen. Auf dem Tritt eines übervollen Zugwaggons hatte sie gestanden, sich rücklinks mit den Armen festhaltend. Unter den Füßen flog die Bahndammböschung nur so vorbei.

„Ich hatte solche Angst! Was wäre mit den Kindern, wenn ich runterfiele?", erinnerte sie sich mit Schrecken.

Im Quarantänelager für entlassene Kriegsgefangene, gleich am Hauptbahnhof, besuchte sie den Vater ihrer drei Kinder. Durch den Stacheldraht konnte man miteinander reden, 1947.

So viel war seit Kriegsende passiert! Zuerst reiste die Hamburger Verwandtschaft ab. In dem ruhigen, kleinen Kurort waren sie der Großstadtbombardierung entkommen. Nur von Meisdorf aus hatte in den letzten Tagen einmal eine Granate eingeschlagen. Sie zerfetzte die Tanne im Garten vor dem Haus. Der brave Baum hatte sie beschützt und mit seinem Leben dafür bezahlt. Ein einzelner, daumengroßer Granatsplitter flog dabei durchs offene Fenster, durchschlug den Eichenschrank im Obergeschoß und bedauerlicherweise auch den Pelzmantel darin. In der Wand blieb er stecken.

Anfangs kamen die Amis. Sie waren freundlich und American Relief schenkte der Mutter Daunenanoraks für die Kinder. Für ihr Kleeblatt, wie sie die drei Kleinen gern nannte. Der Älteste war gerade zehn, der jüngste erst fünf Jahre alt. Jetzt brauchten sie die nach Regengüssen immer so schweren Kinderfilzmäntel nicht mehr. Doch die Amis zogen ab und überließen die Gegend den Sowjetrussen. Wie im Mittelalter zogen deren Soldaten mit Panje-Wagen hinter kleinen Pferden in die Stadt ein. Entsetzen legte sich über das Land. Man kannte ja die Geschichte von Nemmersdorf. Es hatte in den Zeitungen gestanden. Die öffentliche Ordnung brach zusammen – Stunde Null.

„Kinder, jetzt bringen sie uns alle um", sagte die Mutter.

Vereinzelt vergrub sie das Gold und Silber im Garten. Doch die Sowjets waren geübte Plünderer, während sie von Haus zu Haus auf der Suche nach Feinden zogen. Die Kinder mussten sich im Garten aufreihen. Vor ihnen kniete die Mutter, Pistole entsichert am Kopf. Natürlich verriet sie, wo die Schmuckverstecke waren. Jedenfalls einige.

Die Russen fanden im Keller des Hauses die schwarze Ausgehuniform des Mannes, die sie wegen des guten Stoffes nicht weggeworfen hatte. Da wurden sie wütend, schrien herum, drohten. Mit Rasierklingen zerschnitten sie hasserfüllt die neuen Anoraks. Das alte Bajonett mit der Sägekante fanden sie nicht. Was dann wohl gewesen wäre?

Lennis Vater war acht und das mittlere Kind. Ein entlassener Fremdarbeiter hatte ihn einst vom Garten weggeführt. Schnell war es bemerkt worden. Er stand mit runtergelassener Hose da, als die Kleinstädter sie fanden. Sogleich verprügelten sie den Kerl einträchtig.

„Dann aber lasen wir Stalins Rede: ,Die Hitlers kommen und gehen. Das deutsche Volk aber, das bleibt.' Wie froh waren wir!" Sie würden leben. Als sie das sagte, hielt sie die Hand vor der Brust und blickte zum Himmel.

Im Obergeschoß wohnten Vertriebene und in der guten Stube wurde GPU-Hauptmann Schnipor mit seinem Burschen einquartiert. Die Familie lebte nun in der Küche und die Großmutter schmorte Braten für dessen Gäste. Sie machte das gern, erlegte er doch im Wald ab und an einen Hasen für sie mit. Ihre Jugendfreundin in der Grünen Straße hatte sich aus Hunger erschossen.

„Sie konnte sich nicht anpassen", sagte die Großmutter mit leiser Stimme.

Offiziersbursche Wassi warf die silbernen Teeuntersetzer im Garten in die Luft und schoss darauf. Dachte sich, das seien prima Frisbees. Über die Ballerei beschwerte sie sich beim Offizier, der es dann verbot. Wassja trank und pinkelte sich auch auf dem Biedermeiersofa im Wohnzimmer ein, wo er schlief. Als die Großmutter bekümmert mahnte, urinierte er trotzig gegen die Wand darüber. Von Deutschen ließ man sich doch nichts sagen! An den Flügel traute er sich allerdings nicht. Der war dem Hauptmann heilig, der klassische Musik schätzte. Die Großmutter spielte vor.

Einmal wusch Wassi Kartoffeln im weißen, blanken Porzellan-WC. Als er die Spülung zog, waren sie weg.

„Sabotasch!", schrie er, fuchtelte mit seiner Kalaschnikow herum und drohte lautstark mit Erschießen. Mit Mühe konnte ihm erklärt werden, was ein Wasserklosett ist. Das sei eben eine Maschine und ‚Zapp-zarapp, ist es weg'.

So wiederum nannten die Russen ihre Diebstähle, das kannte er. Und lachte, zur allgemeinen Erleichterung. Das unheimliche WC war für ihn fortan die ‚Zapp-zarapp-Maschin' und er mied es.

„Kinder, betet, dass ich lebend zurückkomme", sagte Mutter Helga einmal und fuhr mit dem Rad weg, um Lebensmittel im Nachbarort einzuhandeln. Die Straßen waren wieder voll Gesindel. Da nützte auch der Hauptmann nichts. Nahm sie den Gehstock ihres Vaters mit? Einst nützlich für den inzwischen verstorbenen Gerichtsvollzieher, hatte der eine verborgene Klinge. Die Kinder bangten um das Leben der Mutter. Sie hatten ja sonst niemanden. Doch sie kam wohlbehalten zurück.

Drei Monate später wurde der Russe versetzt. Nacheinander kamen zwei weitere Offiziere ins Haus, doch brachten die ihre Frauen mit und das Leben wurde geordnet. Ehefrauen zivilisieren die Welt. Jetzt wurde das halbwüchsige Waisenmädchen, das hier gestrandet war, nicht mehr in der Waschküche auf dem nackten Hintern versohlt, weil sie dem Russen Geld aus der Brieftasche genommen hatte. Aus allerlei Gründen meinte sie wohl, es stünde ihr zu.

Über ein bitteres Erlebnis allerdings sprach die Großmutter nie selbst. Das hörte Lenni von seinem Vater. Ein Sowjetsoldat war ihr auf der Straße gefolgt. Im Eingang des Elternhauses missbrauchte er sie. Der Hauptmann ließ den Mann ausforschen und ein Kriegsgericht schickte ihn in den Gulag. Das war eine Ausnahme. Nahezu immer blieben solche Verbrechen folgenlos.

Längst waren die Russen kaserniert, da kam der entlassene Ehemann eines sonnigen Tages braungebrannt und gesund, einen Handwagen hinter sich, die Oberstadt hinaufgezogen. Er hatte nicht auf die Frau gehört. Die Lebensmittel der Engländer, Milchpulver und Wurstkonserven, einen ganzen kleinen Berg, hatte er behalten. Die Kameraden waren schlauer gewesen. Sie tauschten das Zeug bei den hungernden Leipzigern gegen Goldschmuck.

„Das war so eine richtige Hans-im-Glück-Geschichte!", seufzte die Großmutter und meinte, dass eben zuletzt nichts bei ihm übrigblieb.

Dabei hatte er es doch gut gemeint. Divisionsbuchhalter war er im Krieg gewesen und selten bei Kampfeinsätzen. In Sankt Veith hatte sich sein Stab den Engländern 1945 ergeben. Nun wohnte er im POW-Lager mit seinem englischen Hauptmann zusammen, im Depot, und war sein Übersetzer. Auf dem Schwarzmarkt von Rimini verkaufte er für ihn Armeebestände und machte auch selbst Gewinn. Beide hatten Familie zuhause, jeder drei kleine Kinder, und der Krieg war sowieso bald aus.

Ein paarmal schrieb ihm der Hauptmann später noch in die sowjetische Besatzungszone. Darauf zu antworten, war aber gefährlich. Der NKWD hatte seine Nase überall.

Natürlich hörte der Heimkehrer in der Kleinstadt, dass seine Frau ein ‚Russenliebchen' gewesen sei. Die 25-Jährige hatte sich dem Geheimdienstler Schnipor nicht entziehen können. Manchmal machte der Mann ihr Vorwürfe deswegen. Doch eigentlich war keine Zeit dafür. Der hungrige Alltag bestimmte das Leben, sie hielten zusammen. Drei Ziegen wurden angeschafft, die Milch an die Molkerei gegen Butter abgeliefert.

„Kohlsprossen und Ziegenmilch mit Haferflocken. Das war die Hauptnahrung", sagte Lennis Vater.

Eingeschlagen in einen Bogen Papier, fand Lenni im Haus ein dünnes, verblasstes Heftchen im Taschenformat. Es war in jener nun so fernen Zeit gedruckt worden und gab Tipps bei Geschlechtskrankheiten. Es gehörte der Großmutter.

Alaine Polcz hatte später davon geschrieben. Zwei Drittel der ungarischen Frauen waren von Sowjetrussen vergewaltigt worden. Wer nicht an Verletzungen starb, war meist mit Tripper infiziert. Dagegen gab es in der Nachkriegszeit keine Medizin. Viele Frauen starben an der Krankheit oder wurden unfruchtbar. Immer schon war es den Menschen im Krieg so ergangen, unter wessen Fahne auch immer. ‚Was sprach denn dagegen, Pazifist zu sein?', dachte Wolf.

# Naumburger Land

Man kann die klare, sich eben erwärmende Luft eines herrlichen Sommertages riechen. Drei Uhr morgens ist wohl die übliche Verladezeit für Transporthäftlinge, doch alle sind froh darüber, die Leipziger Kästnerpiepe hinter sich zu lassen.

Zu viert hocken sie erneut in der hölzernen Zelle des Gefängniszugwaggons und es ist so eng, dass sie ihre Knie sortieren müssen. Der Nächste ist kaum einen halben Meter entfernt und so reduzieren alle den Blickkontakt.

Zwei der 'Mitreisenden' in Wolfs Kabine, schlanke Männer mittleren Alters, tragen gute Anzüge und passende Schuhe. Sicher auch von ihrem Prozesstag. Es ist ihnen wichtig, deutlich zu machen, dass sie Besseres gewohnt sind. Unablässig beklagen sie sich über die drangvolle Enge, zuletzt auch bei der Wachmannschaft. Immerhin sorgen sie durch ihre Beschwerden öfters für Teeausgabe.

Die Hitze wird enorm und glücklicherweise verstummen bald auch diese Art Dialoge. Wolf stören sie, neigte er doch schon als Kind dazu, dem Unvermeidlichen eher mit stoischer Einkehr zu begegnen.

Zur Erleichterung aller steht er die meiste Zeit. Der Grund dafür ist der obere Teil des Milchglasfensters, der sich handbreit kippen lässt. Wegen der Vergitterung strömt zwar nur wenig frische Luft ein, doch kann er etwas von den sich wiegenden Gräsern und Sommerblumen am Bahndamm erhaschen und sich hinwegträumen. Die abschätzigen Blicke der Mitgefangenen zeigen, dass sie derartige Melancholie für unangebracht halten, doch sagen sie nichts. Ihm ist es egal.

Nach schier endloser Fahrt, Rangieren, Umkoppeln, wieder Fahren sowie einem Zwischenhalt bleibt der Zug am Nachmittag auf einem Bahnhof stehen. Der Durchsage nach sind sie in Weimar und diesen Tag wird er nie vergessen.

Das Schuffeln zahlloser Füße und Stimmengewirr ist draußen zu hören. Der Bahnsteig scheint überfüllt mit Reisenden. Fröhliche Menschen in Urlaubsstimmung drängen sich nah am Gleis, so dass selbst durch die engmaschigen Gitterrauten des kleinen Kippfensters ein paar nackte Füße und Sandalen zu sehen sind. Die Sommerferien der Kinder beginnen wohl gerade. Der Kontrast zu ihrer Zellenkabine könnte größer kaum sein. Wie ein Ertrinkender nimmt Wolf das Lebensgefühl der Welt draußen auf, deren selbstverständlicher Teil er im letzten Sommer noch war.

Zwei vielleicht Zehnjährige, wie er annimmt, plaudern unter ihm am Gleis über allerlei Dinge ihres sorglosen Alltags. Sie reden von der Schule, der Lehrerin, vom Baden gehen und darüber, was sie alles dabeihaben. Bestimmt sind es Freundinnen, die sich gut kennen. Wolf erfasst plötzlich ein solch unbändiger Drang nach Freiheit, dass ihm die Brust schmerzt. ‚Ihr geht baden, ich für 15 Monate ins Gefängnis‘, denkt er betroffen. Und: ‚Bin ich ein Verbrecher?‘

‚Hey, ihr zwei, ihr müsst doch sehen, was da für ein Elendszug vor euch steht! Kommt schon, seht ihn euch an‘, denkt er angestrengt und konzentriert sich. Rufen kann er nicht. Die Wache würde hereinkommen und das Fenster schließen. Bloß das nicht!

Nach einer Weile, als hätte sie es gespürt, fragt eine der beiden:

„Was ist das eigentlich für ein komischer Zug?"

Sie schweigen einen Moment und kramen im Wissen ihrer Kinderwelt. Sie versuchen, den Waggon zu deuten.

„Weiß ich auch nicht", sagt die andere schließlich unwirsch ob des erfolglosen Grübelns, das Thema beendend.

Dann wenden sie sich anderen Dingen zu, wobei es um ein Kuscheltier geht, dass die Fragerin bei sich hat. Sie beschreibt, so wie Mädchen das eben gern tun, die Fellfarbe ihres Hasen, der wohl teils lila ist, sowie die Länge seiner Ohren. Das macht sie mit derart liebevoller Hingabe, dass die andere eifersüchtig wird und ihn dann lieber doch nicht sehen will.

Wolf sinkt zurück auf den Klappsitz, beschämt über seinen Wunsch, diese Kinder auf die Gitterwelt aufmerksam zu machen. ‚Schuld! Was ist denn Schuld?', grübelt er.

Ist es die Hitze, die Situation, die vielen Ereignisse der letzten Tage, das Kindergespräch, er weiß es nicht, doch etwas in ihm ist gerade fühlbar zerbrochen. Er spürt einen dumpfen Druck in der Herzgegend. Jetzt erst, ein Vierteljahr nach der Verhaftung, kann er akzeptieren, dass er nicht mehr zu der Welt da draußen gehört. Vielleicht nie wieder unbeschwert dazugehören wird. Er muss diese Welt verdrängen, jetzt, hier. Um zu leben. Freilich ist das leichter gesagt als getan. Aber es ist wenigstens ein Vorsatz.

Lange noch stehen die beiden Waggons dort, wegrangiert, abgekoppelt und wie vergessen. Auf einem einsamen Abstellgleis in Weimar. Die Ferienreisenden sind längst weg.

Als der Zug Unterwellenborn erreicht, steht die Sonne ganz tief. Sie wirft ein sanftes, goldgelbes Licht auf die Milchglasscheibe der Kabine. Hier liegt die ‚Maxhütte', eine mächtige Dreckschleuder mit qualmenden Schloten. Der Hüttenbetrieb ist unter den Gefangenen berüchtigt für seine schwere körperliche Arbeit. Meist werden junge, kräftige Strafer hierhin verfrachtet, oder solche, denen man mal zeigen will, wo der Hammer hängt. Kaum jemand ist ein zweites Mal hier, erfährt Wolf. Die beiden wichtigtuerischen Anzugträger werden zu ihrem Missfallen ausgeladen. Sie sind überrascht. Einer von ihnen prahlt noch im Abgehen, dass hier nur die Stärksten hinkommen.

‚Na, dann legt mal los, Freunde – alles für die sozialistische Sache!', denkt Wolf. ‚Slava Truda – Ruhm der Arbeit!', heißt es doch in der Sowjetunion.

Nachts um halb elf können sie endlich aussteigen. In einiger Entfernung sind in der Dunkelheit eben noch die Ziffern einer beleuchteten Bahnhofsuhr zu erkennen. Und das Schild von Naumburg, dem Bestimmungsort!

Je zu zweit gefesselt, führt man sie durch die stille Stadt. Wolf dreht sich um. Sie sind ein langer Zug von sicher vierzig Verurteilten. Wieder sehen Passanten angewidert weg oder betrachten sie mit Zoobesucherblick. Der Treck aber ist erleichtert darüber, dem engen Blechzug entkommen zu sein. Aufgeräumter Stimmung laufen sie durch die laue, sternenklare Nacht. Kaum einer ist älter als Mitte zwanzig.

Es geht auf Bürgersteigen bergan. Sie sind aus jenem buckeligen, alten Kopfsteinpflaster gemacht, in der Mitte belegt mit großformatigem, rostgelben Granit, den er aus der Kleinstadt der Großmutter kennt. Immer schon hat ihm das besser gefallen als die grauen Betonplattenwege in der Neustadt. Vielleicht ja nur, weil es an die Ferien erinnert.

Das Hauptgebäude im Gefängnishof, hinter der unvermeidlichen Stahltorschleuse, ist beinahe schön. Es ist aus hellem Sandstein und ragt hoch auf. Es scheint milde und neutral. ‚Wie ein Kloster. Nur eben mit Gitterstäben‘, denkt Wolf. Das ist sichtlich etwas anderes als die düstere Leipziger Kästnerpiepe. Jedenfalls von außen.

Wieso sind Effektenkammern eigentlich immer im Keller? Sie werden mit ausgemusterten Uniformteilen eingekleidet. Schließlich landet er, nach Durchquerung vieler Gänge und Treppen, in einer 15-Mann-Zelle, wie unschwer an der Bettenzahl erkennbar ist. Das Ziegelgewölbe indes hat weiche Rundbögen. Zu essen gibt es nichts mehr. Nach dem Einschluss schläft er bald tief und fest.

In der Strafvollzugseinrichtung Naumburg heißen die Zellen ‚Verwahrräume‘ und die erste Nacht verbringt jeder ‚auf Z/A‘, der Zugangs-/Abgangsstation. Die grau lackierten Metallbetten sind aus Winkel- und Flachstahl vernietet. Hier allerdings sind sie drei- und nicht zweistöckig und jedes Gerüst ist nur einen Meter breit.

*

Ein brummender Ton, dem Nebelhorn eines Schiffes ähnelnd und beinahe angenehm, weckt hier die Besatzung. Nach dem Frühstück, beim Schreiben des anstaltseigenen Lebenslaufes für die Personalakte, der wegen ihrer Jugend bei allen recht kurz ausfällt, lernt Wolf die Leute des Transports kennen. Darunter ist ein Grüppchen von Kirchennahen, die von Puppenspiel für Kinder leben. Sie wollen die DDR nicht verlassen, sondern eher verbessern, und warfen entsprechende, selbstgemachte Flyer in Briefkästen. Diese kriminelle Aktion brachte ihnen, so wie Wolf, ‚Öffentliche Herabwürdigung‘ und ein Jahr Gefängnis ein.

„Beim Kaiser hieß das Majestätsbeleidigung", sagt einer dieser Unbelehrbaren, ein schmales blondes Kerlchen, ganz optimistisch.

Dass man mit Wolf Besonderes vorhat, zeigt sich bald. In den nächsten zwei Tagen verlegt man alle, bis auf ihn, auf sogenannte Arbeitskommandos. Der Umstand beunruhigt ihn natürlich. Auf Z/A wird ihm nun eine geräumige Zelle mit einem einzigen Doppelstockbett alten Stils, also breiter als üblich, zugewiesen. Es steht quer unter dem großen Fenster, das keine Sichtblende hat. Die Nachmittagssonne scheint friedlich herein. Es ist komfortabel. Sein neuer Zellengenosse, der beim Einschluss erscheint, ist allerdings von merkwürdigem Äußeren. Der sehr jung wirkende, alerte Kerl ist, wie sich herausstellt, 19 Jahre alt und üppig mit blauen Tätowierungen versehen. Links und rechts hat er je zwei Winkel auf den Wangen. Dazu eine längliche Raute auf der Nase sowie ein tätowiertes Stirnband.

„Ich bin Gipsy. Wie heißt du?", fragt er, freundlicher, als Wolf es bei seinem Äußeren erwartet hat.

‚Den Spitznamen hat er sicher wegen seines braunen Teints‘, überlegt Wolf und stellt sich ebenfalls vor.

Ohne weitere Umstände schraubt Gipsy im nächsten Moment den WC-Sitz vom Boden ab und holt ein paar Utensilien darunter hervor. Er zieht sein Hemd aus und beginnt sorgfältig, die langen dunklen Locken eines schönen Mädchenportraits auf seiner Brust zu tätowieren. Der Kerl imponiert ihm.

Wolf schwingt sich in die Mauernische des Fensters und fühlt sofort die Abendsonne auf der Haut. Die Aussicht ist gut und der Blick geradezu weit. Unten liegt ein Freihof, auf dem oval eine kleine Grünfläche angelegt ist. Etwa zwanzig Meter entfernt steht die hohe Außenmauer mit leerem Wachturm. Jenseits davon kann man in der Ferne die Balkone einiger Villen und die Wipfel von Alleebäumen sehen. Jetzt im Sommer sind sie üppig grün. Zwar befinden sich links und rechts weitere Zellentrakte des U-förmig angelegten Gebäudes, aber das macht nichts. Wolf hält die brennende Zigarette etwa vier Zentimeter vor die Lippen. So hat sie die Wärme eines Kusses, fand er einmal in der U-Haft heraus. Er denkt an Isa. Sie könnten die Sonne als Relaisstation verwenden, überlegt er. Sieht er hinein, so spürt er ihre Wärme auf der Haut und weiß, dass sie in dem Moment das Gleiche empfindet.

Diesen sentimentalen Blick nach draußen, das versteht Gipsy. Melancholie ist fast allen Kriminellen eigen, wie Wolf bald lernt. Entsprechend sympathisch findet er ihn, und das gleiche Alter tut ein Übriges. Sein Weg hierher war jedoch deutlich anders als Wolfs.

„Mir macht das nichts aus. Ich bin seit meinem neunten Lebensjahr eingesperrt", sagt er beiläufig, so als wäre es das Normalste auf der Welt. Er erzählt vom Kinderheim, vom Schwererziehbaren-Heim und von fünf Jahren Jugendknast in Torgau, wo man nur entlassen wird, wenn der Erzieher beschließt, dass es angebracht sei. Oder weil man 18 Jahre und damit volljährig geworden ist, so wie er.

„Nieren sind kaputt", sagt Gipsy, „zu viel Arrest, ungeheizte Zellen."

Kaum wieder frei, hat er mit ‚Ehemaligen' gefeiert, ein gestohlenes Auto an einen Baum gefahren und 22 Monate kassiert. Das hier ist seine erste Strafe im normalen Strafvollzug.

Eine recht schwere Strafe, wie Wolf findet. Doch Gipsy ist guter Dinge.

„Ach was, in Torgau haben wir den Flur zur Strafe mit der Zahnbürste gereinigt", sagt er lapidar. Und meint damit, dass es hier hingegen leicht sei. Kann er von ihm etwas lernen, für den Alltag hier? Wohl kaum, wie sich bald zeigt.

Gipsy passt sich stets der Stimmung der Umgebung an, den eigenen Vorteil im Blick behaltend. Auch wegen des Z/A-Chefs ist er wohl hier untergekommen. Er gehört zur Kategorie der vielleicht 15 Prozent Kriminellen in Naumburg, die allerlei Vorzüge genießen und den Laden am Laufen halten. Man verwendet sie als ‚Funktionshäftlinge' in der Küche, der Bibliothek, bei Außenarbeiten oder auf Z/A. Bei ihnen greift noch das Bild des Menschen, den man zur ‚entwickelten sozialistischen Persönlichkeit' zu erziehen gedenkt. Einige haben auch Wochenendausgang. Manche üben nebenher in der hauseigenen Rockband, die vor auswärtigen Würdenträgern auftritt. Sogar E-Gitarren haben die dort. Die Konzerte finden in einem Besuchersaal statt, den Wolf nie zu sehen bekommt. Auch Politunterricht erhalten sie, der beliebt ist, weil man arbeitsfrei hat. Für die ‚Politischen', die große Mehrheit der Gefangenen, gibt es solche Privilegien nicht. Sie arbeiten in der Metallwarenfabrik MEWA in drei Schichten. Die Arbeit zu verweigern, ist für alle, außer auf der Zugangsstation und im Arrest, bei Strafe unmöglich.

Der ‚Chef' von Z/A bewohnt allein eine Zelle, die beinahe wie das Zimmer einer Herberge wirkt – mit Tischdecke, Blumenvase und sogar einem Bild der Heimatstadt an der Wand. Hier stehen zwei Einzelbetten mit bunten Tagesdecken. Zunächst hegt Wolf Sympathie für ihn, da auch er aus Halle kommt. Das endet jedoch schnell. Den ältlichen, etwas schwammigen Kerl hat Missbrauch für fünf Jahre hierhergebracht. Er hatte ein Mädchen vom Spielplatz gelockt. Offenbar ist der Kerl allgemein nicht wählerisch, wie Wolf bereits am ersten Abend auffiel, denn das Wachpersonal legte ihm einen ähnlich geneigten Neuzugang mit aufs Zimmer.

„Zur Gesellschaft", wie der Schließer Wolf erklärt, als der ihn einmal darauf anspricht. Bei jedem neuen Transport ist Gerd auf der Suche und wird fast immer fündig. Falls nicht, übernachtet auch mal Gipsy bei ihm und findet nichts dabei. Es ist bemerkenswert, dass der alte Zausel hier praktisch unbehelligt seine Passion ausleben kann. Und es ist wenig angenehm für Wolf, der sich seiner Avancen erwehren muss.

Zweimal wöchentlich ist Fernsehabend. Zur Teilnahme werden von Gerd ausgewählte Mitgefangene in ein Buch eingetragen. Zu denen, zu seinem Bedauern, jedes Mal auch er selbst gehört, ohne sich wirklich dagegen wehren zu können. Wer diese ‚großartige Vergünstigung' ablehnt, will wohl Widerstand leisten oder ist verhaltensauffällig. Steht man im Buch, muss man zum Fernsehen. Für diese Abendunterhaltung wird man auf einen Zellenflur geschlossen, in dem provisorisches Gestühl mit Tischen und ein TV aufgestellt werden. Die Schließer gehen ab. Hier führt Gerd das große Wort und sonnt sich in seiner Autorität über ein paar junge Burschen, denen er seine Gunst schenkt oder entzieht. Ist er ihrer überdrüssig, so findet sich ein Vorwand, sie aufs Arbeitskommando zur Akkordarbeit zu verlegen. Um das zu vermeiden, sind die Kerle entsprechend handzahm. Körperlich wird es für Wolf, bis auf ein paar harmlose Neckereien, zum Glück kaum. Falls das Wachpersonal von dem Treiben weiß, so drückt es jedenfalls beide Augen zu. Die Station läuft ja und sie müssen sich wenig kümmern.

*Du musst dich ändern, du bist veränderlich.*
*Du musst dich ändern, die Welt verändert sich!*,
ist auf dem TV-Flur mit roter Farbe groß an die Wand gemalt. Es ist wohl der bedeutungsschwangere Spruch irgendeines verblichenen kommunistischen Helden. Wolf hat den ketzerischen Gedanken, dass sich deren Welt irgendwann ändern wird. So wie jede in der Menschheitsgeschichte. Eine trotzige Utopie.

Bereits zwei Wochen untätig, wird Wolf nun den Z/A-Hausarbeitern zugeteilt. Er tut die Arbeit gern, denn sie lenkt ab. Dabei hat er zwei Isolierstationen zu betreuen. Sie befinden sich im linken Seitentrakt des U-förmigen Zellenhauses und erstrecken sich über zwei Etagen. Der Zutritt ist allgemein streng verboten und durch doppelte Gittertüren versperrt.

‚Iso I + II' sind lange Gänge, auf denen sich rechts ein Reihe Einzelzellen befindet. Hier werden keine Kranken isoliert, sondern renitente Häftlinge. Zum Staubfegen auf den Fluren schließt man gelegentlich zwei Leute dort ein und holt sie später wieder ab. Sie haben Muße, sich umzusehen.

„Komm mal", winkt ihn eines Tages Günther heran. Für den älteren, fast kahlköpfigen Mann ist das ungewöhnlich, denn meist ist sein Gemütszustand von melancholischer Distanziertheit, dem ‚Knastblues'. Er ist ein stiller Mensch, bestürzt über seine Lage. Auch er ist ein Neuling. Draußen war er Lagerverwalter gewesen und ein Dieb und erhielt dafür vier Jahre.

Reglos steht er, auf seinen breiten Besen gestützt, am Ende der ‚Piste' von Iso I, wo sich ein Fenster mit Sichtblende befindet. Mit der Hand weist er wortlos hinaus. Was Wolf durch den unteren Spalt der Blende sieht, der kaum zehn Zentimeter misst, berührt auch ihn tief. Jenseits der Außenmauer sitzt, im Obergeschoß einer alten Villa und bei geöffneter Balkontür, eine ältere Frau an einem Küchentisch. Sie sehen nur ihre Hände, die Schürze, ein Stück vom Wohnzimmer, etwas Grün. Sie schält Kartoffeln. Bedächtig und gründlich tut sie das. Zeit hat für sie eine ganz andere Bedeutung. Sie kann aufstehen und jederzeit etwas anderes tun, wenn sie das will. Es ist ein Bild von vollendeter, friedlicher Stille und so überwältigend, dass es ihnen den Hals zuschnürt.

‚Wie wenig braucht er doch, der Mensch, zuletzt', denkt Wolf. Die Frau erinnert sie an alles, was sie verloren haben. Sie ist frei. Beide sehen sich sprachlos an. Günther wischt sich verlegen eine Träne aus dem Auge. Seine wulstigen Lippen beben kaum merklich. Vor Wolf hatte er sich – wie vor jedem – gefürchtet, nun allerdings sind sie verbunden. Verbunden über jene schmerzliche Sehnsucht nach Freiheit, die hier zu zeigen sonst nur Schwäche bedeutet.

Darüber, was auf Iso geschieht spricht man nicht. Es ist tabu. Nur einige Hausarbeiter-‚SGs‘, Strafgefangene, bekommen Einblick, weil man sie zur Essenausgabe und Reinigung benötigt. Mehrfach werden sie zuvor zu Stillschweigen verpflichtet. Wer über das Gesehene redet, wird sofort nicht mehr hier eingesetzt. Iso gehört zur hausinternen Bestrafungswelt. Einmal blickt Wolf übermütig durch den Spion in eine Zelle. Ein lang aufgeschossener, hagerer Bursche mit feinen Gesichtszügen hat das leise Scharren der Klappe wohl gehört und sieht verstört zur Tür. Offenbar fürchtet er Ungemach. Er steht am Fenster, trägt einen blauen Overall und liest in der Bibel. Es ist das Einzige, was man auf Iso haben darf. Jedoch nur, wenn man bei Einlieferung eine Konfession nannte. Das Ganze wirkt wie die Stasi-Haft und Wolf steht plötzlich ungewollt auf der anderen Seite. Auf jener der Bewacher. Betroffen weicht er zurück. Nie wieder blickt er hier fortan durch einen Spion.

Iso ist nur wenig, dafür aber ständig belegt. Einmal werden fünf SGs zugleich wegen Arbeitsverweigerung eingeliefert. Gemeinsames Handeln wird extra bestraft. Bis zur Entscheidung der Verwaltung darüber, was mit ihnen geschieht, sind sie in den schmalen Zellen ‚zwischengelagert‘ und durch Einzelhaft ruhiggestellt. Den täglichen Umgang mit vielen anderen gewohnt, sind die Leute am ersten Tag von der Stille angetan. Immerhin gibt es keine Sichtblenden und man arbeitet nicht. Draußen kann man einiges von der Umgebung sehen, die ja aus einem adretten Stadtviertel mit Gründerzeitvillen besteht. Doch diese gewonnene Freiheit ist auch eine verlorene. Wie Wolf selbst, erinnert es viele wohl an die Zeit der Stasi-Untersuchungshaft, so dass sie froh sind, nach einigen Tagen wieder von der Iso wegzukommen. Es geht dann in den Arrest oder zurück auf ‚AK‘, das Arbeitskommando. Oder auch in ein anderes Gefängnis, wenn man sie für Aufwiegler hält. Der Bibelleser ist beinahe drei Wochen auf Iso. Warum, weiß Wolf nicht.

Die Örtlichkeit ist recht perfide angelegt. Unmittelbar hinter der dicken Zellentür befinden sich WC und Waschbecken. Es folgt ein Gitter, das den Vorraum von der eigentlichen Zelle abtrennt. Dreimal am Tag, bei der Essenausgabe, kann ihn der Isolierte für zehn, fünfzehn Minuten betreten. Der Schließer bleibt dabei und sieht zu, auch beim Stuhlgang. Zwischen sechs Uhr abends und bis acht Uhr am nächsten Morgen kann der Insasse demnach nicht aufs WC. Dessen gewahr, versuchen manche, wenig zu essen und zu trinken. Das ist aber verboten und endet mit Zwangsernährung auf der Krankenstation. Wenn möglich, trödelt Wolf öfters und schickt den Schließer noch einmal weg, andere Arbeiten vorschützend, um die Abendausgabe des Essens zu verzögern. Doch um sieben ist auch für ihn Einschluss. Freilich hilft auch das wenig, denn einige Isolierte machen trotzdem in die Hose und werden morgens dann von rabiaten Schließern dafür verhöhnt. Merkwürdigerweise sind das meist jene SGs, die zusätzlich festgekettet werden. Es ist vielleicht ein psychologischer Aspekt.

Das Anketten aufs Matratzengestell ist eine Strafverschärfung, wenn der Delinquent sich zuvor körperliche Auseinandersetzungen geliefert hat oder auch lauthals fluchte, was als Aufwiegelei gilt. Eigentlich wird das Metallbett tagsüber vom Personal an der Wand hochgeklappt und angeschlossen. Somit kann es nicht zum Hinlegen genutzt werden. Nur Stuhl und Tisch stehen zur Verfügung. Beim Anketten nun bleibt das Bett unten und die Matratze wird entfernt. Der Mann wird in seinem blauen Overall für ein bis drei Tage rücklings auf den weitmaschigen, gefederten Gitterrost gelegt, die Arme neben dem Körper. Hände und Füße werden jeweils mit Handschelle an den Bettrahmen gefesselt. Manch einer wehrt sich dagegen und mehrere Schließer packen dann mit an. Zum Essen fassen und zur Notdurft sowie zum Overall wechseln, falls nötig, nimmt man dem Strafgefangenen die Fesseln ab.

Es ist bedauerlich, die Not der Leute zu sehen, die solcherart ‚beruhigt' werden, sind es doch auch oft lebhafte oder aufbrausende Charaktere, denen diese ‚Behandlung' doppelt zusetzt.

Ein einziger, humaner Schließer, ein massiger Kerl von sicher zwei Metern, der halbwegs freundlich-korrekt ist, kommt bei seinem Dienst immer sehr spät zur abendlichen Essenverteilung. Will er den Leuten die lange Nacht ohne WC verkürzen? Merkt er, dass Wolf das als Essenausgeber anstrebt? Der Obermeister toleriert die Bummelei jedenfalls, die er auch als Arbeitsverweigerung werten könnte. Beinahe haben sie eine Art stille Abmachung, glaubt Wolf. Jedenfalls bis zu dem Morgen, als der Schließer sich über einen Gefesselten belustigt, der nachts in die Hose gemacht hat. Wolf verzieht keine Miene, als der Schließer ihn angrinst. Zu sehr ist er selbst Strafgefangener. Der andere merkt das und die Umstände stehen nun wieder zwischen ihnen.

Die Z/A-Station ist eigentlich für Zugang und Abgang, also zur Aufnahme und Entlassung gedacht. Praktisch findet aber nur Ersteres statt. Entlassen wird hier kaum, denn die meisten gehen nach zwei Dritteln ihrer Strafe nachts auf Transport in den Westen. Offiziell wird darüber nicht gesprochen, doch jeder weiß es. Alle drei, vier Wochen, manchmal auch vierzehntägig, verschickt man etwa zehn Leute. Sie verschwinden einfach, als hätten sie nie existiert. Die Belegungsliste des ‚Verwahrraums' mit dem Entlassungsdatum darauf, die an jeder Zelle hängt, wird dann neu geschrieben. Bloßes Durchstreichen des Namens genügt nicht, da ist man gründlich. Die Erinnerung wird getilgt.

Dass jemand einfach so aus dem Strafvollzug verschwindet, widerspricht überhaupt dem Erziehungskonzept. Der Gedanke, jemand könne den Sozialismus verlassen wollen, der nach Meinung der Staatspartei doch der Idealstaat ist, ist für die Genossen derart abwegig, dass es kein Konzept für diesen Umstand gibt. Wer aus dem Arbeiterparadies weg will, kann nur ein Feind des Sozialismus oder ein Irrer sein. Oder ein ‚der Demagogie des Westens Erlegener', wie es der Staatsanwalt Wolf bescheinigt hat. Am System selbst liegt es nach deren Überzeugung nicht. Wieder und wieder hatte der Vernehmer ihn gedrängt, doch zuzugeben, dass seine Anschauungen aus den westlichen Medien stammten. Utz hatte dem nachgegeben. Im Urteil stand, er hätte immer NDR 2, also Westradio, gehört. Naiv, wenn er es nur zum Zeitvertreib tat. Die Demagogie des Klassenfeindes schwingt schließlich immer mit. Wolf hatte darauf bestanden, dass seine Überzeugungen hausgemacht seien. Das jedoch war unerwünscht, bedeutet es doch eine fehlerhafte Überwachung des Informationsflusses an die Bürger. Deshalb wollten sie genau wissen, wo denn in der Bibliothek das Gesetzblatt zur Helsinki-Konferenz lag, auf das er sich berufen hatte. Sicherlich, um es zu entfernen oder den Zugriff zu erschweren.

Die stetige Einlieferung neuer Insassen auf Z/A verschafft Wolf bemerkenswerte Begegnungen. Natürlich interessieren jeden Neuling die Gepflogenheiten hier und sie erzählen im Gegenzug gern von sich. Etliche Geschichten hört er sich an. Bald kann er den vielen Leuten ihre Paragraphen bereits im Gesicht ansehen.

Eines Tages kommt ein Einzelfall. Es ist ein ‚Selbststeller', was nur ein Krimineller sein kann. Das Gericht hat ihn angewiesen, sich zum Strafantritt am Gefängnistor einzufinden. Dass sich jemand selbst stellt, gilt unter den kriminellen Gefangenen als einfältig und lächerlich. Der schlaksige Windhund weiß das auch, doch es perlt glatt an ihm ab. Zu Wolfs Verwunderung stellt er sehr präzise Fragen. Der kennt sich sichtlich aus. Wie sich zeigt, war er bereits woanders inhaftiert gewesen. Für dieses Mal hat er sich einen Plan zurechtgelegt. Der braungebrannte Bursche, der noch zwei Tage zuvor mit der Freundin an einem See baden gewesen war, was Wolf neidlos bewundert, hat sich von ihr getrennt. Obwohl sie ihm Treue schwor.

„Wenn es so ist, dass du auf mich warten willst, schön. Aber ich verlange das nicht von dir. Kann ich nicht. Wer weiß, wen du kennenlernst, und dann habe ich umsonst gehofft. Wenn ich zurück bin, fangen wir von vorn an, wenn du möchtest", sagte er zu ihr.

„Man kann damit nicht rechnen", meint er zu Wolf, und dann, jenseits der Hoffnung: „Sie wird niemals treu sein."

Wolf widerspricht vehement. Das Ideal ist doch das Ziel, was denn sonst?

Was der andere sagt, scheint ihm aber dennoch eine gute Lösung. Zwar schmerzlich, aber gut. Er ist ja in der gleichen Lage, doch so weit hatte er nicht gedacht.

Wie sich zeigt, wäre dieser Plan auch für Wolf nützlich gewesen, denn die Freundin konnte natürlich nicht treu sein. Warum auch? Er war es selbst nicht gewesen, da draußen. Dass sie es aber nie eingestand und er es erst durch andere erfuhr, zeigt allerdings, wie schwierig es für sie war. Vor sich selbst und vor ihm. Frauen wollen den Eingesperrten nicht belasten, haben aber natürlich ihre Bedürfnisse. Und sei es auch nur, um nicht mehr über alles nachdenken zu müssen.

Zum Waschen des Plastikgeschirrs wird Wolf öfters ein Helfer gestellt. Ein paar Mal ist das ein kleiner, vierzigjähriger Kerl mit vernarbtem, beinahe boshaftem Gesicht, der lange bei der Armee gedient hat. Mit Kriminellen kann man sich eigentlich nicht über Politik unterhalten. Der aber spricht, auf ein Stichwort im Radio, das hier immer über Lautsprecher läuft, von selbst über den Prager Volksaufstand von 1968.[30]

„Da war ich dabei!", platzt er plötzlich während der Arbeit heraus.

Das interessiert Wolf, denn es ist auch so ein Tabuthema. Wie er hört, wurde der andere seinerzeit als Rekrut mit einem DDR-Truppenteil dorthin geschickt. Sie wussten anfangs gar nicht, wo es hingeht. Eine Zulage zum Sold gab es aber.

„Wenn die Tschechen uns erwischten, rissen sie uns die Schulterstücke ab. Die malten mit weißer Farbe ‚Fritz' auf den Rücken oder ein Hakenkreuz."

Er redet empört und hellwach; versetzt sich zurück. Man merkt ihm an, dass er mit niemandem darüber sprechen kann. Er hatte sein Leben riskiert, doch es wird nicht honoriert, kaum offiziell erwähnt.

„Wie geht so ein Straßenkampf?", fragt Wolf wie nebensächlich.

„Die haben sich auf den Dächern eingenistet und unsere Patrouillen aus dem Hinterhalt beschossen. Da haben wir mit der MPi draufgerotzt, bis sich nichts mehr rührte", war seine lapidare Antwort.

Wolf denkt sich seinen Teil über Freiheit und Zwang, macht aber keinen Kommentar. Es könnte ein Spitzel sein, der ihn mit dem Thema provozieren will. Andererseits kam das Stichwort unvermutet. Vielleicht spricht er deshalb so frei, weil sie hier eh schon im Knast sind – was soll also noch passieren. Wer weiß. Jedenfalls reden die Leute hier drin manchmal offener als draußen, das ist sicher.

Auf Iso I hat sich ein Ingenieur freiwillig einquartieren lassen, einzeln. Der Umgang mit den meist einfach gestrickten Mitgefangenen ist ihm höchst zuwider. Mal ist er umgänglich, dann wieder aufbrausend, bis hin zu Handgreiflichkeiten. Jetzt spricht er nicht mehr mit Wolf, aber wie jeder erstmals Eingefahrene war er anfangs neugierig und unsicher und erzählte ihm seinen ‚Fall'. Wolf ist das sofort vertraut, sein Vater ist selbst Ingenieur. Als Investitionsbauleiter war es dem Mann gelungen, innerhalb eines Dreivierteljahres das schicke Verwaltungsgebäude einer Fabrik hinzustellen – bis hin zu kupferfarbenen Glasscheiben auf Aluminiumfassade.

Stolz erzählte er davon. So etwas sah man sonst nur an wichtigen Regierungsbauten. Er bekam eine Auszeichnung und ehrende Presseartikel. Bald zeigte sich allerdings, dass dies, typisch DDR-Mangelwirtschaft, nicht ohne illegale Geschäfte abgegangen war. Mit dem Dienstwagen fuhr er in den Spreewald, um die seltenen, beliebten Gewürzgurken en gros einzuhandeln. Woanders tauschte er sie dann gegen ebenso seltene Baumaterialien.

„Es war doch alles für das Projekt", jammert er. „Ich habe mich nicht bereichert."

Das stimmte vielleicht, doch solcherart Tauschhandel wird nicht goutiert. Er erhielt drei Jahre Gefängnis. Immerhin war der Richter milde gestimmt und sandte ihn hierher, in den ‚erleichterten Vollzug', der nur für Strafen bis zu zwei Jahren vorgesehen ist. Doch auch das behagt ihm nicht. Ebenso wenig wie die politisch Verurteilten hier. Halten die da oben ihn etwa für einen ‚Politischen'? Für einen Subversanten und Wirtschaftsschädling? Und die Karriere ist völlig pfutsch? Er kann den tiefen Fall noch immer nicht glauben, setzt unbedingt auf Revision und Freispruch. Dafür hat er auch einen munteren Anwalt zur Hand. Wolf zweifelt am Erfolg.

Bei der Essenverteilung entdeckt der Schließer eine Vase mit kleiner Blume auf dem Tisch des Ingenieurs. Das ist allgemein nicht erlaubt und auf Iso erst recht nicht. Der Gefangene lehnt aufbrausend die Herausgabe ab. Er sei unschuldig und bewiese seine Pflanze nicht Kultur? Kultur, die dieser Kerl in Uniform doch gar nicht hat! Es kommt zum Handgemenge, wobei ihn der Schließer kräftig an der Brust packt. Einige Knöpfe der Bluse fliegen umher. Der Verurteilte gibt nicht auf und zetert weiter. Schließlich zieht der Uniformierte den Gummiknüppel, den sie hier immer dabeihaben, und geht auf den Mann los. Dabei schickt er die Essenausgeber weg. Wolf verliert den Ingenieur aus den Augen, als er bald darauf selbst verlegt wird.

In seinen letzten Tagen auf Z/A taucht ein besonderer Vogel als Selbststeller auf. Dieser Mann sollte im Vollzug eine steile Karriere hinlegen und das ganz im wörtlichen Sinn. Es ist ein älterer, großgewachsener, dicklicher Kohlenhändler mit eigener Firma, den Betrügereien für drei Jahre hierhergebracht haben. Ein einziges Gespräch mit Oberstleutnant Müller, dem Z/A-Leiter, und die Verwaltung erkennt das geübte Organisationstalent und die Fähigkeit, andere nach Bedarf ‚in die Spur zu schicken'. Noch von der Station aus, wo man ihn zunächst, wie jeden Häftling, mit der unförmigen, ehemaligen Armeewäsche eingekleidet hatte, ernennt man ihn zum ‚Hausscheich', da der vorherige gerade entlassen wurde. Dieser oberste Gefangene beaufsichtigt alle Arbeitskommandos. Fortan sieht man ihn, in maßgeschneiderte Polizeibluse gewandet, nur noch mit der goldbetressten obersten Gefängnisverwaltung durch die Flure rauschen. Auf diesen Wegen wird er immer wieder von Gefangenen angesprochen, die verschiedene Anliegen haben und die er dann gönnerhaft entscheidet oder auch ignoriert. Er führt Sprechstunden ein, die im Vorraum seiner Zweizimmerzelle stattfinden. Die Freizeit verbringt er mit den wichtigsten Funktionshäftlingen, etwa dem Küchenchef und dem Kioskleiter. Dabei wird er ungern gestört. Wolf, mit dem er einst die Zelle teilte, kennt er fortan nicht mehr.

Es ist erstaunlich zu sehen, wie doch alle, die hier ankommen, zunächst gleich sind, um sich dann, je nach Charakter, weiterzuentwickeln. Manche bleiben sich treu und vergessen ihre Lage nie, die zuletzt ja nicht anders ist als die aller Gefangenen. So hat etwa ein Lokführer, der einschlief und ein Signal übersah, durch Auffahren auf einen stehenden Zug 17 Millionen Mark Schaden verursacht. Das Gericht schickte ihn für fünf Jahre nach Naumburg, wo man ihn wegen der langen Zeit nun als ‚Bücherwurm', also Bibliothekar, einsetzt. Obwohl er zum Wochenende öfters Freigang hat, dann seine Frau in der Stadt trifft und auch noch andere Privilegien genießt, ist er ein weicher, freundlicher Mensch, der gern anderen hilft, unabhängig vom Stand. Wohl aus Sympathie mit den politisch verurteilten, die nach geistiger Nahrung fiebern, erhält auch Wolf manch gutes Buch von ihm. Jedenfalls eine Zeit lang.

# Wieder die Stasi

Der Tag, der über Wolfs eigenes Schicksal in dem Naumburger Etablissement entscheidet, kommt ganz unerwartet. Am Nachmittag ertönt das Nebelhorn und ruft zum Einschluss. Das kam noch nie vor. Jeder wird binnen Kürze in seiner Zelle eingeriegelt.

„Was ist los?", fragt Wolf den Zellengenossen verwundert.

Gipsy, der sonst gern plaudert, ist plötzlich wortkarg. Er druckst herum und meint nur, dass das öfters passiere.

„So einmal im Monat", ergänzt er auf Wolfs zweifelnden Blick.

Mehr ist aus ihm nicht herauszubekommen. Ganz glaubwürdig ist Gipsy allerdings nie. Es muss aber doch etwas Wichtiges sein. Etwas, das ihn sichtlich einschüchtert.

Es ist völlig still. Nach beinahe einer Stunde werden leise die beiden Türriegel der Zelle geöffnet. Mumpen-Müller, das heißt Stationsleiter Oberstleutnant Müller, öffnet persönlich und allein[31]. Um ihn von einem weiteren Offizier gleichen Namens zu unterscheiden, nennt man ihn, wegen früher oft verhängter Arreststrafen, hinter vorgehaltener Hand so.

Wolf ist überrascht. Normalerweise ist für solcherlei Handarbeit die untere Ebene zuständig, die Meister und Obermeister, die man deshalb Schließer nennt, da sie kaum anderes tun. Müller ist kurz vor der Rente und hat hier wohl seinen Ruheposten gefunden. Er mischt sich so gut wie nie in den Tagesbetrieb ein. Man sieht ihn kaum, es sei denn, eine Inspektion oder andere Besonderheiten stehen an. Das hier ist wohl so eine.

Eben will Wolf zur Frage darüber ansetzen, was denn los sei, als Müller bereits den Zeigefinger an die Lippen legt und ihn herauswinkt. Er schließt die Zellentür und geht Wolf voran. Das ist sehr ungewöhnlich, denn das Personal läuft aus Sicherheitsgründen nie vor einem Gefangenen her. Womit verdient Wolf plötzlich dieses Vertrauen?

Der Weg ist nicht weit. Den Gang runter befindet sich eine stets verschlossene Zelle. Die Riegel sind diesmal offen. Der Oberstleutnant klopft sacht, um sich anzukündigen. Hier ist er wohl der Dienstbote. Wortlos weist er Wolf hinein, als geöffnet wird.

Die Zelle ist ein schmales Büro voller Akten. Ein kleiner Mann mittleren Alters reicht Wolf die Hand. Er pflanzt sich hinter den Schreibtisch und blättert in einer Akte. Wolf nutzt die Gelegenheit und betrachtet ihn genauer. Der Mann trägt eine schwarze Kunstlederjacke und wirkt wie ‚eilig auf dem Sprung‘, beides Markenzeichen der Stasi. Er hat drahtige, fettige Kurzhaarlocken, die er nach hinten gekämmt hat, und harte Gesichtszüge. Wolf wartet, bis ihm ein Stuhl per Handgeste angeboten wird, so, wie das bei denen üblich ist. Natürlich stellt der andere sich nicht vor, da sind die Herren eigen. Ein Bein übergeschlagen, fragt er ein paar Daten aus Wolfs Akte ab: Name, Geburtstag, Paragraphen, Dauer der Strafe. Alles, was sowieso dort steht.

„Sie haben ihren Ausreiseantrag zurückgezogen", sagt er unvermittelt.

„Ja", antwortet Wolf.

Der Stasimann sieht ihn an. Wortlos, lange. Wolf blickt so ausdruckslos wie möglich zurück.

‚Was will der?‘, überlegt er angestrengt. Der Kerl ist ihm ausgesprochen unsympathisch. Er schätzt, dass das Fußvolk ist. Ein anderes Kaliber als die Vernehmer, billiger. Hier aber immerhin in einer Art Scharnierfunktion. Vielleicht täuscht Wolf sich also. Sichtlich wartet der Stasimann auf eine Reaktion von ihm.

Plötzlich dämmert es ihm. ‚Der wird doch nicht erwarten, dass ich... mich als Spitzel anbiete? Klar, ich will in der DDR bleiben, doch zu *dem* Preis?‘, denkt Wolf beunruhigt. ‚Nein, dazu kann der mich nicht zwingen! Oder doch? Nein, ich bin bereits im Karzer, tiefer geht's nicht.‘

Wolf weicht dem Blick aus und sieht auf die Wand. Augenblicklich wird der Stasimann zornig. Offenbar mangelnde

Mitarbeit des Häftlings. Er steht rasch auf und klopft an die Tür. Diesmal reicht er ihm die Hand nicht, würdigt ihn keines weiteren Blickes und blättert bereits wieder in Akten. Mumpen-Müller holt Wolf ab und bringt ihn zurück. Das Ganze hat gerade zehn Minuten gedauert.

Der allgemeine Zelleneinschluss dauert noch bis zum Abend. Gelegentlich hört man Schritte auf dem Gang. Offenbar werden auch andere vorgeführt.

,Ob die ,singen'?', denkt Wolf betreten. Denunzianten gibt es überall. Der Mensch ist schwach, oft für ein paar Vorteile nur. Manchen reicht gar ein Hoffnungsstrahl.

,Es ist nicht vorbei. Jederzeit kann der mich holen; andere Seiten aufziehen. Mit der Stasi ist es nie vorbei. Was für ein Albtraum. Und ich dachte, ich sei die Typen los', grübelt er still am Zellenfenster.

Gipsy sagt nichts und fragt nichts. Ihn holt man zu Wolfs Erleichterung nicht.

Etwas hat sich geändert. Plötzlich hat Gipsy so etwas wie Respekt. Oder Angst. Sicher weiß er, was hier läuft. Selbst Gerd, der Flurchef, der die Arbeit einteilt; der Sodomit, der auch hinter ihm her war und unsicher feixend zunächst die alte Masche versuchte, geht nun doch lieber auf Distanz. Seine Macht auf der Station, sein fein gesponnenes Netz aus Abhängigkeiten und Vertraulichkeiten, könnte durch eine Denunziation bei der Stasi augenblicklich zunichte gemacht werden. Sie wären im Stande, ihn nicht nur abzusägen, sondern neu zu verurteilen und in härtere Gefilde zu verschicken. Und wer weiß, was noch alles. Zu Wolfs Freude haben sich die Fernsehabende auch erledigt. Auf kuriose Weise ist er ein Teil der Macht der Stasi geworden.

Anderthalb Wochen nach dem denkwürdigen wird Wolf auf Mewa III verlegt. Es ist eines der harten Arbeitskommandos für Politische.

,Das ging ja flott', denkt er. Es ist der 23. Juli.

Lange noch beschäftigt ihn das Ereignis. Ihm wird klar, dass er drei Wochen auf Z/A blieb, weil die Stasi ihn zur weiteren Verwendung treffen wollte. Um den Grad seines Willens zur Zusammenarbeit zu prüfen?

‚Nein, der reuige Delinquent muss kein Spitzel werden. Das kriegen sie nicht von mir', denkt er.

Der Stasimann merkte das, gut so. Konsequenzen für Wolf? Nun ja, dann ist es eben so. Ein Teil von ihm ist auch Diderots Fatalist und glaubt, dass eben alles, was passiert, unausweichlich vorherbestimmt ist. In einem Jahr wird sein Entlassungstag sein. Und dann geht er wieder über Wiesen und durch Wälder und hat das Leben zurück. So oder so.

Foto: Holger Behrens, Bad Kösen 2019

Abb. 10 Gefängnis Naumburg.
*Links*: Haus 2. Arbeitskommandos Mewa III und Plaste II
*Rechts*: Hauptgebäude. Kellerarrestzellen und Küche im Erdgeschoss, Empfangssaal für Gäste ganz oben
*Obere, paarweise Fenster hinten*: Stirnseite der Isoliertrakte I + II
*Im Hof*: Einkaufskiosk für Inhaftierte, Werkhalle von Plaste I (rot)
Pflanzenwildwuchs seit der Schließung des Gefängnisses

# Mewa III

Viele Monate wird Wolf im Haus 2 verbringen, das eine sozialistische Erweiterung der alten Anstalt ist. Einen Sommer lang, einen Winter lang.

Eine Mauer im Innenhof, mit Stahltür versehen, trennt den Bau vom Haupthaus. Er ist dreistöckig mit Flachdach. Die Fassade ähnelt dem Plattenwohnblock der Kinderzeit. Hier liegt das dritte Arbeitskommando der Metallwarenfabrik.

Das Haus hat Stahltüren nach draußen und dahinter Eingangsgitter. Auf jeder der drei Etagen trennen Gittertüren zudem die Treppenaufgänge ab. Nur gelegentlich kann man die Stockwerke wechseln, denn meist sind sie verschlossen. Am Südende ist ein großer Schornstein. Dort im Keller befindet sich die Heizung und ein großer Kohlebunker. Wolf kennt das Gebäude bereits. Am anderen Ende – auf der Verwaltungsseite – ist im Keller die Effektenkammer untergebracht. Jeder wird bei seiner Ankunft hier eingekleidet. Er erhält eine der braun umgefärbten Uniformjacken grob passender Größe, einen schweren Wintermantel von gleicher Farbe, klobige, ausgebeulte Arbeitsschuhe, graue Unterwäsche und Filzpantoffeln. Manchen übergibt man auch erdbraune, gesteppte Wattejacken, die wie jene aussehen, welche die Russen im Zweiten Weltkrieg trugen. Auf Hose, Jacke und Mantel sind gelbe Streifen aufgenäht. Die Häftlinge von den ‚Effekten' lagern dann die Zivilsachen ein. Sie legen für jeden eine Karteikarte mit Namen und Geburtsdatum an. Wolf wird den Kammerchef eines Tages dazu überreden, eine Statistik davon zu machen.

Im Erdgeschoss des langen Blocks befindet sich ‚Plaste II'. Es ist eine Werkhalle, in der tagsüber Kunststoffteile verarbeitet werden. Die Arbeiten sind leicht. Es ist jedoch laut und oft dröhnt es durchs ganze Haus. Man setzt dort Kriminelle und Versehrte, was oft dasselbe ist, zur Arbeit ein. Sie bewohnen im Haus die oberste Etage. Außer zum Freigang oder Arztbesuch kommen sie kaum je vor die Tür.

Im mittleren Geschoß verläuft der lange Flur von Mewa III. Wie in der Etage darüber sind hier einhundert Männer einquartiert. Sie arbeiten außerhalb.

Wolf wird in Zelle 220 eingewiesen, die fünf Betten mit je drei Etagen hat. Fast alle sind belegt. Zu seiner Erleichterung ist niemand da. Er dachte bereits an den Handtuchtest; fest entschlossen, seine Haut so teuer wie möglich zu verkaufen. Also wählt er einfach ein leeres Bett der zweiten Etage und bezieht es mit dem typischen, blauweiß-gewürfelten Stoff, den man auch bei der ‚Nationalen Volksarmee' hat. Gut möglich, dass dieses Muster bereits im KZ und bei der Wehrmacht üblich war. Vielleicht auch beim Kaiser? Man ist eben Teil einer langen Tradition.

Als die Frühschicht am Nachmittag von der Arbeit kommt, sind die SGs naturgemäß von einem weiteren ‚Neuen' wenig begeistert und glotzen ihn an. Es ist einfach zu eng. Viele nehmen aber kaum Notiz davon, zu müde sind sie. Der ‚Verwahrraumälteste' erklärt, sehr zu Wolfs Beruhigung, dass es einen Putzplan gibt. Jeder sei einmal dran und er achte darauf, dass es gerecht zugeht, sagt er. Es scheint zu klappen.

Die Zellen haben hier einen angeschlossenen Nebenraum – dass ‚Nassteil'. Wolf findet dort zwei WCs und drei Waschbecken. Alles ist unglaublich verdreckt. WC-Trennwände gibt es auch nicht. Das Nassteil hat, so wie der Schlafraum, eine Art Fenster zur ‚Piste', dem Flur. Eigentlich sind das aber nur kleine Wanddurchbrüche mit Gitter. So kann niemand hindurchklettern und die Wache hat nach dem Einschluss Einblick. Wegen des Drecks kostet es Wolf einige Überwindung, im Nassteil Wasser zu trinken, aber er sagt sich, dass es aus dem Hahn ja sauber komme, wenn er ihn nur nicht mit den Lippen berühre. Darin ist er mit der Zeit so geübt, dass ihm auch die übelsten Toiletten keine Probleme mehr bereiten. Es macht ihn zudem unabhängig von den Alu-Trinkkannen.

Denn die meisten kochen das Wasser lieber ab und es gibt oft Gerangel darum, wer die zwei, drei verfügbaren Kannen pro Zelle nutzen darf. Natürlich kann man das heiße Wasser nicht direkt in seine Plastiktasse einfüllen.

Zur Frühschicht wird Wolf am nächsten Morgen gegen fünf Uhr geweckt. Bald darauf sammelt man das ganze Arbeitskommando im Hof. Mit drei rappelvollen, alten Ikarus-Bussen geht es zur Arbeit in die Mewa. Es sind die gleichen Busse, mit denen er als Kind in den Sommerferien zur Großmutter fuhr. Wegen der Vorfreude mochte er sie ganz gern. Man sitzt weich und hoch über der Straße und sieht dabei aus noblen, kleinen Fenstern. Nun ist alles anders. Die Scheiben sind engmaschig vergittert, die roten Polster aufgerissen. Hinten haben einige ihre Stammplätze.
Die Fahrt ist kurz.
Schon bei der Toreinfahrt sieht man, dass das Werk ziemlich runtergekommen ist. Diese Art Fabriken kennt Wolf. In der Schule gab es eine Zeitlang Unterricht in ‚PA', Produktionsarbeit, was in den Buna-Werken stattfand.

Jener uralte chemische Industrieanlagenkomplex mit seinen vielen Zuggleisen, herumstehenden, manchmal auch frei rollenden Waggons, den undichten Rohrleitungen über den Werkstraßen, aus denen es tropft und dampft, ist ebenso marode. Wegen der ungefilterten Abgase ist das Buna-Werk völlig verdreckt. Tausende strömen täglich frühmorgens dorthin und schon beim Aussteigen riecht man, wo man ist. Viele Väter von Klassenkameraden arbeiten dort. Der staubigste Teil von Buna ist die Karbidproduktion. Für die hohen Schornsteine waren zuletzt Elektrofilter aus dem Westen angeschafft worden. Der Staub, den sie abscheiden, wird händisch unten aus dem Schornstein geschaufelt. Die Leute dort sind binnen kurzem von Kopf bis Fuß weißgrau bemehlt. Da die Filter teuer sind, hat man sie nur tagsüber in Betrieb, nachts bläst man die Abgase wie gewohnt ab. Der Produktionsausstoß ist so auch höher.

Jene Stadt mit den Plattenbauten, in der Lenni aufwuchs, wurde extra für die Arbeiter dieser Chemiewerke gebaut. Mit ihrer Fernwärme, dem Gasanschluss, fließend warmem Wasser und hellen, trockenen Wohnräumen gilt sie als das Beste, was es für die ‚Werktätigen' gibt. Bis Lenni vor zwei Jahren auszog, wohnte er mit den Eltern und dem Bruder in ‚Block 442'. Die Adresse klingt seltsam, aber auch ungemein modern.

Halle-Neustadt ist funktional in Wohnkomplexen, den WKs, organisiert und jeweils mit Schulen, Einkaufszentren, einem Schwimmbad, Kindergärten, Autoparkplätzen und anderem versehen. Das soll die Mängel beheben, die sich in historisch gewachsenen ‚kapitalistischen' Siedlungen ohne jede Planung ergeben haben.

Lenni mochte das II. WK, diesen Wohnkomplex, der besonders ist. Hier hat man zwei Straßenzüge des früheren Ortes Passendorf, eine Kirche und das Schlösschen eines Gutshofes erhalten. Es liegt am Sportplatz hinter der Schule. Eine alte Kastanienallee säumt den Weg dorthin. Das Schlösschen gilt als nettes und zugleich mahnendes Bauwerk aus alter Zeit. Nett, weil es für Kulturveranstaltungen geeignet ist. Lenni hatte dort Gitarrenunterricht, wenn auch mit mäßigem Erfolg.

„Du hast kein Talent, aber große Hände. Damit kannst du das ausgleichen", bescheinigte ihm trocken sein Lehrer.

Dabei spielte der, wie immer enttäuscht darüber, dass der Adept nicht genug geübt hatte, ein paar lange Riffs runter und Wolf durfte ihm lauschen. Er war beeindruckt von diesem Unikat. Der Typ sah mit seiner langen Lockenmähne und der runden Brille aus wie John Lennon von den Beatles. Sein anderer Schüler war da viel fleißiger. Der wollte die Lizenz zum Berufsmusiker erwerben.

Mahnend ist das Schlösschen wegen des verbauten ‚Firlefanzes' an Erkern und Türmchen. Gemäß dem sozialistischen

Denken sollte man die Ressourcen an Zeit und Material besser zum Wohle aller einsetzen. Für funktionale Plattenbauwohnungen etwa.

Für die Kinder war das Schlösschen ein geradezu verwunschener Ort. Im kleinen, nun verwüsteten Park lag ein Baumstamm aus versteinertem Holz, der im Sonnenlicht wunderschön golden glitzerte. Wohnten nicht doch Feen und Elfen hinter den Bäumen? Keiner der Jungs traute sich allein hierher.

Nicht weit entfernt lag ein Feld, dass sie den ‚Porzellanacker‘ nannten. Immer nach dem Pflügen fanden sich hier schöne, weiße Tassen mit feiner, blauer Ziselierung sowie fingerkleine Glasflaschen, die bestimmt einst eine Puppenstube zierten. Das meiste war leider kaputt. Revolutionäre Eiferer hatte das wohl nach dem Krieg hier abgekippt.

Erinnern soll das Schlösschen wohl daran, dass im Sozialismus alle frei von Ausbeutern und somit gleich sind. Und dass niemand allein ein Schloss besitzen sollte.

In den Plattenbauten der Neustadt rundum ist die Bevölkerung bunt sozial gemischt. Wer jung ist und gebraucht wird, wie Lennis Eltern, oder auch wer ‚Beziehungen‘ hat, bekommt eine der begehrten Wohnungszuweisungen. In Lennis Treppenhaus wohnen so die Familien eines Armeeoffiziers, eines Opernsängers, eines Goldschmiedes, eines Buna-Ingenieurs sowie auch die des Polizisten Konrad.

Konrad, der getreue Knappe, ist auch ‚Abschnittsbevollmächtigter‘ und wacht über die richtige Gesinnung. Das der Vater am 1. Mai und am 7. Oktober, dem Gründungstag der Republik, keine Fahne raushängt, ist ihm ein Dorn im Auge. Es macht keinen guten Eindruck bei seinen Genossen und der Partei. Konrad fragte den Vater nach dem Grund. Der Vater besorgte dann die kleinste Fahne, die es zu kaufen gab. Sie hatte etwa Handtuchgröße. In den Fensterrahmen geklemmt, sah man von unten nur noch einen schmalen Streifen. Also nur das schwarz-rot-gold, ohne das Emblem. So hätte das auch die BRD-Fahne sein können. Der Mann fühlte sich, als Vertreter der ‚Organe', provoziert. Was das denn solle?

„Wenn du mir das Geld gibst, besorge ich eine Fahnenstange", antwortete der Vater schnoddrig. Da gab Konrad Ruhe.

Alle oberen Parteigenossen haben an den Feiertagen Fahnen aufgehängt, sogar richtig große. Sie sind in den Vorgärten der historischen Villen aufgezogen, die sie bewohnen. Eine davon liegt in der Gartensiedlung an der Döhlauer Heide. Hier am Waldrand wohnt der Bezirksvorsitzende der Partei. Im früheren Dienerhaus auf dem Grundstück lebt sein Koch, sagt man. Ein Chauffeur fährt ihn täglich ins Büro. Für diesen Vertreter der Arbeiterklasse sieht der Sozialismus schon ganz prima aus. Bald schon, im Kommunismus, werden das alle haben. So ist das Versprechen der Partei.

Die schönste Gartensiedlung der Stadt allerdings, jene in Heide-Süd, haben die ‚sowjetischen Freunde', die Besatzer des letzten Weltkrieges, für sich beschlagnahmt. Sie grenzt an die Heide. Freilich fehlt es ihnen an Ausstattung, die längst geplündert ist. Geht man abends an der mit hohem Blechzaun versehenen, bewachten Siedlung vorbei, sieht man in den Fenstern der Offiziersvillen meist die ‚sibirischen Kronleuchter', die nackten Glühbirnen, und auch sonst den ärmlichen Stil der Sowjetunion. Gardinen gibt es kaum. Aber Fahnen. Der KGB-Mann Wladimir Putin arbeitet hier, was man aber erst viel später erfährt.

Eben, weil er Buna kennt, schreckt Wolf der marode Zustand der Naumburger Metallwarenfabrik nicht, als der Gefängnisbus am frühen Julimorgen durch das Werktor rollt. Einen Unterschied gibt es natürlich. Die Fensterscheiben sind, falls vorhanden, mit grüner Farbe überpinselt und die Stahlblechtore sind schwer und verriegelt. Hinter der Eingangsschleuse seiner Werkhalle befindet sich zudem eine Stehzelle, die zunächst gar nicht auffällt. Ihre Funktionsweise wird aber sogleich eindrücklich demonstriert.

Die allgemeine Stimmung ist recht mies. Nachdem sich die hier ausgeladenen, etwa fünfzig Strafgefangenen hinter der Schleuse befinden, will ein SG unbedingt zurück. Natürlich ist die ‚Heimfahrt' jetzt nicht möglich. Er liefert sich eine lautstarke Auseinandersetzung mit den Uniformierten, die dann handgreiflich werden. Unter den Blicken aller wird der kräftige, große Kerl von Zweien gepackt und, bei einiger Gegenwehr, in die Ein-Mann-Stehzelle geschoben. Schon regt sich Unmut unter den Gefangenen und zur Sicherung stellen sich drei Uniformierte vor den Strafgefangenen auf. Alle werden zur Umkleide befohlen, um den blauen Arbeitsanzug mit den gelben Streifen anzulegen. Der Abgang der Leute dauert einige Zeit und Wolf zögert bis zum Schluss, um das weitere Prozedere dieser Posse zu sehen. Mit einem Paar Handschellen bindet man dem renitenten Strafer beide Hände über dem Kopf an ein Rohr, was erklärt, warum diese sinnige Einrichtung auch ‚der Bus' genannt wird. Das ist nun freilich eine missliche Lage, zumal die Arbeit erst begonnen hat und man ihm sagt, dass er erst gegen Schichtende wieder in die Vollzugseinrichtung zurückkäme. Das Ganze ist sicher auch als Warnung an potentielle Nachahmer zu verstehen.

Zur Mittagspause wird der Bursche kurz losgeschlossen, hat sich etwas beruhigt und wird nun, mit der Fessel an den Händen, auch verköstigt. Man kommt sich vor wie ein Sklave aus alter Zeit.

In der Pause wird über das Ereignis diskutiert. Konsens ist, dass man die Arbeit besser erst gegen Ende verweigert, um derartige Widrigkeiten zu vermeiden. Einige meinen, man solle erst gar nicht mit rausfahren. Das wäre ohne Krankmeldung allerdings Arbeitsverweigerung. Dann gehen alle wieder an die Arbeit.


In dem Stanzraum, der Wolf zugewiesen ist, wird morgens von Zivilmeistern die Arbeit verteilt. Schnell wird dabei klar, dass die Zivilisten ‚nach Nase' gehen und ihre Lieblinge haben. Streit gibt es dennoch. Etwa um die Holzverarbeitung, denn hier wird, wie Wolf bald bemerkt, die zu erreichende Stückzahl von der Geschwindigkeit des Arbeitsgeräts bestimmt und kann nicht erhöht werden. Bald steht dann aber doch jeder an einer der großen, grün gestrichenen altertümlichen Maschinen. Wolf überlegt, ob die wohl schon der Kriegsproduktion dienten.

In der einen Woche, die er diesen Affenzirkus mitmacht, gelingt es ihm leider nie, zur Holzverarbeitung zu kommen. Stattdessen weist man ihn an einer Stanzmaschine ein. Zwei kurze Metallschienen werden zugleich in eine Stanze geschoben und festgehalten. Per Fußpedal schlägt die Maschine eine Nut in die U-Profile. Die Teile werden umgedreht und das gleiche geschieht erneut. Das Produkt sind Führungsschienen für hölzerne Schubladen, wie sie jeder kennt. Die Norm pro Schicht besteht aus 6000 gestanzten Teilen. Wolfs Ehrgeiz ist geweckt, denn sollte man die Norm übertreffen, gibt es die Möglichkeit eines zusätzlichen Paketscheins. Die Familie könnte ihm eines mit Lebensmitteln schicken. Erreicht man die Norm nicht, kann das als Bummelei gewertet werden. Pakete wie auch ‚Sprecher', also Verwandtenbesuch, sind dann verboten.

Zunächst eifrig bemüht, die Norm zu überbieten, wird ihm bald klar, dass er sie auch bei schnellster Handhabung nur knapp erreichen würde. Eine Uhr mit Sekundenzeiger an der Wand lässt ihn das hochrechnen.

In der Vollzugseinrichtung sind Uhren verboten. Das seltene Ding eröffnet Wolf immerhin die Möglichkeit zu allerlei kurzweiligen, sentimentalen Betrachtungen. Bei der monotonen Arbeit stellt er sich vor, was wer von seiner Familie gerade tut, was die Freundin tut oder wo er selbst an diesem oder jenem Tag in Freiheit um die Zeit einmal war.

Am ersten Arbeitstag gelingt ihm die Einhaltung der Norm mit einiger, freilich kräftezehrender Mühe. In der Folge wird es ihm aber zu dumm und er testet, wie weit er mit der Stückzahl runtergehen kann, ohne dass es auffällt. Der Meister findet 4500 bearbeitete Teile offenbar ausreichend. Bei unter

2500 wird sein Blick misstrauisch. Er wird zunehmend unzufrieden mit Wolf, doch da es sich bereits um den miesesten Arbeitsplatz handelt, kann er ihn eigentlich nicht umsetzen. Hier steigt man durch Arbeitseifer zu den begehrten Maschinen auf, an denen man dann dadurch belohnt wird, dass man weniger Arbeit hat. Eine bestechende Logik.

Jedenfalls ist es so gedacht. Einige, die von Verwandten stets gute westliche Markenkonsumartikel erhalten, mit denen im Gefängnis sowieso allgemein ein reger Handel getrieben wird, schmieren die Meister unauffällig mit kleinen Päckchen. So kommen sie ebenfalls an die begehrten Arbeitsplätze und das ganze Konzept vom ‚sozialistischen Wettbewerb' und der ‚Belohnung durch Arbeit' wird ad absurdum geführt. Meist trauen sich das aber nur die Kriminellen des Arbeitskommandos. Die Politischen wollen ihre Abschiebung nicht gefährden und sind eher lammfromm. Da Wolf nichts von Wert besitzt, fällt diese Möglichkeit für ihn auch aus. Zuletzt ist er runter auf 2200 Stanzteile pro Schicht und überlegt schon, wie es wohl weitergehen wird, als das Schicksal sich erneut wendet.

In dieser Woche hat sich Wolf in Verwahrraum 220 eingelebt und kommt mit seinen Mitinhaftierten nach der Arbeit ganz gut zurecht. Das heißt, man respektiert sich. Alle sind ‚Politische', wie er selbst. Allerdings mit dem deutlichen Unterschied, das Wolf inzwischen im Land bleiben will. Das macht ihn etwas verdächtig und die Rolle des ‚unsicheren Kantonisten', bei dem man nicht genau weiß, woran man ist, und der vielleicht als Denunziant agiert, wird ihm praktisch auf den Leib geschrieben. Dass auf dieser Basis Freundschaften rar gesät sind, kann man sich denken. Mögliche Drangsale allerdings ebenso.

‚Für beides bin ich ja auch nicht hier', denkt sich Wolf grimmig. Diese Distanz ist ja zumindest eine brauchbare Grundlage. Ändern kann er es sowieso nicht. Hinzu kommt, dass

bereits alle Zellengenossen in ‚Spannerschaften' untergekommen sind. Das heißt, man bildet zusammen mit einem
oder mehreren ein ‚Gespann' und legt das Hausgeld und die
von draußen erhaltenen Pakete zusammen, so dass jeder
mehr zur Verfügung hat. Geht ein Spanner ab, ist es sinnvoll,
sich bald einen neuen zu suchen, um so ein paar Vorteile zu
erlangen. Tauschhandel ist dabei, wie schon erwähnt und obwohl verboten, ein wichtiger Aspekt.

Als zweite Währung hat sich, noch über dem hauseigenen
Papiergeld, grusinischer Tee etabliert. Der wird gelegentlich
von der Verwaltung in pfundweisen Verpackungen ausgege-
ben, vor allem aber von Verwandten mitgebracht. Draußen
ist das leicht bittere Gesöff ein russischer Ladenhüter, den es
im Rahmen der ‚gegenseitigen sozialistischen Wirtschafts-
hilfe' überall zu kaufen gibt. Hier aber machen fast alle ein
außerordentliches Gewese darum, denn der Thein-Gehalt
des Schwarztees hat ja eine euphorisierende Wirkung. Üblicherweise gibt es sonst nur faden Malzkaffee bzw. mittwochs und am Wochenende dünnen Kräutertee.

Um sich dem Genuss hinzugeben, wird nach Einschluss eine
Aluminiumblechkanne mit Leitungswasser und gehackten
Teeblättern befüllt. Zwei Rasierklingen, an Isolierdrähten
verdrillt, hängt man hinein und steckt die anderen Enden in
die Steckdose. Binnen kurzem kocht der Sud. Er muss dann
rasch wieder vom Netz getrennt werden, denn sonst fliegt
durch den Kurzschluss die Sicherung raus und die Wachmannschaft macht sich auf die Suche nach den Verursa-
chern. Es gehört also etwas Übung und Schnelligkeit dazu. An
manchen Abenden schaltet die Sicherung dennoch fünf,
sechs Mal den Strom ab, der dann auch nicht mehr angestellt
wird, so dass man im Dunkeln sitzt. Die Spanner der Tee-
runde ernten dann herbe Kritik von jenen, die Lesen oder anderes tun wollen.

Tee wird so fast jeden Abend bereitet, und die Spannerschaften laden sich gegenseitig zum gemeinsamen Trinken ein.

Handelt es sich um eine vermögende Runde, steht auch Zucker ohne Beschränkung auf dem Tisch. Wird der Tee im Haus knapp, was ein paar Mal vorkommt, sinkt die Stimmung auf der Piste erheblich. Fluch und Zank bestimmen dann den Diskurs.

Eingeladen zu den Teerunden, trinkt Wolf einige Male mit, kann dem bitteren Trank aber nichts abgewinnen. Ähnlich war es ihm einst mit Kaffee gegangen, den er während der Lehre genötigt war, für Werkstatt und Chef freitags zu kochen. Obwohl er ihn selbst gar nicht trank, weil er ihm zu bitter war. Diesen sozialistischen Rondo-Kaffee, der zudem von eher minderer Qualität ist, gibt es hier auch, jedoch selten. Er ist der absolute Hochgenuss für viele.

Da Wolf eigenen Tee auf Dauer nicht beizutragen hat und ihm auch große Palaver schon immer wenig Vergnügen bereiteten, wird er bald nicht mehr zu den Teerunden geladen. Das ist ihm auch lieber, da sein eigentliches Steckenpferd das Lesen ist.

Der Warenhandel der Spanner ist eine beliebte Abwechslung. Sicher die Hälfte der Insassen hat Westverwandte, erhält über Besuchstermine und Pakete deren Waren und teilt sie miteinander. So gibt es hier mehr von diesen Gütern, als Wolf je zuvor gesehen hat. Darunter sind auch welche, die er bisher nicht kannte, wie etwa Ajona-Zahnpasta und Irish-Moos-Rasierseife.

Zwar hat seine Familie auch Westverwandtschaft, sogar vier: den Darmstädter Opa mütterlicherseits, väterlicherseits eine Flensburger Tante, Onkel Pitt in Westberlin sowie den notorischen Onkel Alfred in Frankfurt am Main. Doch nur die Tante sandte ihnen jedes Jahr um Weihnachten drei, vier Pakete mit Alltagsdingen, wie Mandarinen, Mandeln und Orangeat. Der Großvater schickte wenig und öfters auch seltsame Dinge, wie getragene Schuhe. Einmal ist es auch Kaffee der Marke ‚Karawane', der von derart schlechter Qualität ist, dass Lennis Eltern darüber staunten, dass es so etwas im ‚goldenen Westen' überhaupt gibt. Allerdings, und das ist einmalig, kauft der Opa manchmal auch Dinge im Genex-Katalog für die Familie. Bei diesem DDR-Geschenkhandel kann der Westler den Verwandten im Osten DDR-Produkte kaufen. Selbst ganze Fertighäuser gibt es da. Lenni erhielt vom Opa mit 17 Jahren ein prima Motorrad, das der Bruder nun, da er inhaftiert ist, frohgemut nutzt. Bald wird er es zu Schrott fahren, doch davon erfährt Wolf lange nichts. Die stets ängstliche Mutter war froh darüber, als ,das gefährliche Ding' endlich weg war.

„SG Wolf? Packen Se de Sachen, Verlegung", blafft Oberleutnant Geiger, der plötzlich nachmittags in der Zelle neben ihm steht. Es ist Ende Juli und er ist seit einer Woche auf Mewa. Wolf mag den Kerl nicht. Es ist ein großer, spitzbauchiger Wichtigtuer, der gern viel Lärm um sich macht. Es muss schon etwas Besonderes los sein und Wolf ist beunruhigt.
,Gehe nicht zu deinem Fürscht, wenn du nich gerufen würscht', heißt es ja nicht umsonst seit alters her.
Bereits ungewöhnlich, dass der Erzieher des hundertköpfigen Arbeitskommandos ihn überhaupt kennt, taucht er nun auch noch persönlich neben seinem Bett auf. Verwundert blicken auch die Zellengenossen wegen dieser Vertraulichkeit. Geiger hat sich mitten unter sie begeben, was eigentlich nie vorkommt. Natürlich hat er zuvor die Schlosszunge der Tür abgeschlossen. Es könnte ja sonst jemand von außen die Riegel zuschieben. Woraufhin er vielleicht Prügel erhielte. Bei den allgemein blanken Nerven ist das durchaus denkbar. Kann sein, dass er den merkwürdigen Vogel, für den die Verlegung ansteht, einfach mal in Augenschein nehmen will.
„Wohin denn?", fragt Wolf möglichst beiläufig, um mehr zu erfahren.
„Sie gehen auf 214", sagt Geiger und blickt abschätzig an ihm herunter.

„Und besorgen Sie sich anständige Kleidung", bemerkt er, gerade so, als sei Wolf unbewamst. Wie er das anstellen soll, ist ihm allerdings ein Rätsel.

„Melden Sie sich bei Effekten", ergänzt er auf den fragenden Blick.

Nun gut, wenn Geiger es sagt, wird das wohl gehen. Der Kram passt ihm sowieso nicht. Die Hose ist zu weit, dafür zu kurz und das Hemd vier Nummern zu groß, wobei es nicht erlaubt ist, die Ärmel hochzukrempeln. Wolf sieht wahrhaft lächerlich aus. Seine ebenso gekleideten Mitgefangenen allerdings auch.

Als der Erzieher abgeht, blickt Wolf ratlos auf das geschäftige Treiben in der Zelle. Das war's dann wohl mit Mewa III – wieder einmal woanders hin. Melancholie erfasst ihn.

Plötzlich hat er ein Déjà-vu. Zwei Wochen vor der Verhaftung, eine Ewigkeit ist das her, träumte ihm, er sei unter lauter Kerlen, die alle dieselbe Montur trugen. Eine reine Männergesellschaft, uniformartig gekleidet. Es war eng und voll und es war eine Zwangssituation. Er konnte dort nicht weg. Also versuchte er im Traum, die Art der Uniform und der olivfarbenen Blusen zu enträtseln. Doch es gelang ihm nicht. Schweißgebadet erwachte er, augenblicklich froh, der stressigen Lage entronnen zu sein. Dieser seltsame Traum in Utz' Dachmansarde hatte Wolf verwundert. Nichts davon war irgendwie mit seinem Leben verbunden, auch in der Vergangenheit nicht. Jetzt allerdings, auf dieser Zelle, wurde ihm klar, dass es dieser Ort war, den er im Winter gesehen hatte. ‚Seltsam. Vielleicht träume ich ja eines Tages noch von meinem Entlassungstag, das wär's doch', denkt er und ist augenblicklich besser gelaunt.

# Kalfaktor

Im neuen ‚Verwahrraum 214' liegen ‚Hausarbeiter'. Sie sind als Heizer eingesetzt. Immer zu zweit, rund um die Uhr, im Schichtbetrieb. Es sind Kriminelle, doch wie sich zeigt, durchweg von freundlichem Wesen. Die Tätigkeit gilt als so relevant, dass man hier nur ‚Besserungswillige' beschäftigt. Immerhin könnten sie ja den Kessel in die Luft jagen. Auch befindet sich der Eingang zur Heizanlage an der Stirnseite des Hauses. Er liegt direkt gegenüber der Außenmauer. Diese Ecke ist vom Wachturm aus nicht einzusehen. Dahinter sind zwar Hunde an Laufleinen, gefolgt von einem niedrigen Stacheldrahtzaun, doch gleich darauf folgen die Gärten der Stadtvillen. Diese Umstände werden für Wolf allerdings auch bald von schönem Vorteil sein.

Die neue Zelle mit den breiten Doppelstockbetten alten Stils gefällt Wolf ausnehmend gut. Besonders, weil sie zur genannten Seite hin ein riesiges Gitterfenster ohne Sichtblende hat. Die Sonne scheint voll von Süden hinein und die Mitinsassen halten es, um sich vom Kohlenstaub und der Hitze unten zu erholen, fast immer offen.

Das Sagen haben hier zwei junge Heizer, die am längsten da sind. Beide haben 22 Monate gefasst und sind ein paar Monate vor der Entlassung. Über ihre Tat, Diebstähle, so sagt man, sprechen sie nie. Das ist für sie bereits Vergangenheit. Überhaupt sind sie recht schweigsam. Beide wirken entschlossen und zielorientiert. Über die lange, gemeinsame Zeit sind sie sich wohl immer ähnlicher geworden. Sie sehen direkt athletisch aus. Im Kohlenbunker treiben sie zusammen Sport. Die zwei sind überwiegend gerecht und ruhig, allerdings auf eine unterschwellig-explosive Art. Einer von ihnen ist Wolf dennoch sympathisch, ähnelt er doch äußerlich einem Cousin, der ein gutmütiger Kerl ist. Sein harmloser Tick ist lediglich, dass er immer in eine Wolke Westparfüm gehüllt ist. Westartikel bekommt keiner der Heizer geschickt. Sie kaufen es für viel Geld den Politischen ab. Sein Parfüm etwa kostete ihn 60 Mark.

Dass die Leute hier kaum Westware haben, kommt Wolf entgegen, denn weder erhält er welche von draußen, noch legt er überhaupt Wert darauf. Aktuell ist er ja Sozialist und verachtet derlei dekadenten Luxus. Jedenfalls, bis ihm sein Besuch einmal ein sehr nützliches Ding aus dem Westen mitbringt, was er dann nicht mehr missen möchte.

Dass er nun die Heizer-Belegschaft kennt, wird ihm bald von Nutzen sein. Umgekehrt ebenso.

Das Arbeitskommando der Hausarbeiter hat seinen eigenen Erzieher. Leutnant Kunze ist noch richtig besorgt um seine wenigen ‚Knackis'. Hier gelten noch die alten sozialistischen Erziehungsziele. Dass er mit Wolf nun einen ‚Politischen' bekommen hat, gefällt ihm sichtlich nicht.

Wolf kommt es allerdings vor, als ob der Erzieher gelegentlich weltanschaulich hadert. Öfters hat er eine Schnapsfahne und einen hochroten Kopf. Ob er diese Gesichtsfarbe aus Wut hat, als Trinker oder bloß aus Verlegenheit, kann Wolf nie recht deuten. Vielleicht steht er ja deshalb, anders als seine Kollegen, nicht an vorderster Front des Klassenkampfes und hat nur die Kriminellen zur Betreuung.

Er hat den Eindruck, dass Kunze ihn ausgesprochen rücksichtsvoll behandelt. Warum? Weil es die Stasi war, die ihn hier eingewiesen hat?

Bald wird ihm klar, dass, neben dem Fenster ohne Sichtblende bei den Heizern, Hausarbeiter noch mehr Privilegien genießen. Hier gibt es alle vier, statt zuvor alle sechs Wochen einen Paketschein für die Verwandten draußen. Da es keine Akkordarbeit ist, kann man zudem nicht so einfach sanktioniert werden. Daran liegt Kunze, der lieber belohnt als straft, wohl auch nichts.

Auch gibt es ‚Privatsprecher'. Falls es der Erzieher genehmigt, kann man bei Besuch dann an einem separaten kleinen

Tisch sitzen, anstatt in langer Reihe mit vielen anderen zusammen, die lautstark neben einem palavern. Die sind zudem durch eine dreißig Zentimeter hohe Balustrade von den Besuchern getrennt. So verlief auch Wolfs erster ‚Sprecher'. Lange zuvor hatte er ihn beantragt, doch fand das Treffen erst statt, als er bereits auf Mewa III lag. Isa besuchte ihn. Die Eltern, die sie mit dem Trabant hergefahren hatten, mussten draußen bleiben. Doch war ihm das auch lieber so.

Wolf wird die Aufgabe als Essenausgeber des Arbeitskommandos Mewa III zugewiesen. Seltsam erscheint ihm das, so unter der Regierung des Staatsratsvorsitzenden Honecker, der im Zuchthaus Brandenburg einst selbst Kalfaktor gewesen war. Also ist er nun mit dem verbunden. Klein ist diese Welt!

Nun ist er der einzige ‚Kalf' auf dem Flur und hat keine Ahnung. Es ähnelt den Russen, die im Krieg irgendeinen Ort eroberten und sich einen Mann auf der Straße griffen. „Du jetzt Bürgermeister!", war die mittels MPi nachdrücklich befohlene und wegen des Akzents schwer verständliche Anweisung. Na prima.

Der vorherige Essenverteiler ist jedenfalls bereits weg und so lernt Wolf durch eintägiges Zusehen beim kriminellen ‚Kollegen' von Plaste II im Obergeschoß, wie der Hase läuft. Sie sind sich augenblicklich zuwider. Hier wird alles, was geht, verschoben oder für Geld verscherbelt. Der Typ ist völlig korrupt und merkt natürlich, dass der Neue dem Treiben mit großen Augen folgt. Dem nun ist es ganz lieb, nicht näher in diese Angelegenheiten eingeweiht zu werden. ‚Das kann ja heiter werden', denkt Wolf.

In der Effektenkammer wird er neu eingekleidet. Ein ruhiger alter Oberwachtmeister, den viele Herbert nennen, weil er irgendwann Einigen erlaubt haben soll, ihn mit Vornamen anzureden, schließt ihn dorthin. Er hört das allerdings nicht gern. Seine Angewohnheit ist es, gelegentlich die Zelle zu betreten, ohne vorher die Tür zu sichern. Für diese Geste des

Vertrauens wird er von vielen, auch von Wolf, geschätzt. Allerdings ist er auch ein raubeiniger Typ.

„Macht euch aus die Sch…körbe, ihr Ratten!", ruft er einmal gutmütig grinsend, als er in die Zelle kommt und die Leute auf den Betten rumlümmeln. Keiner nimmt ihm das Wort übel und alle erheben sich lachend. Herbert ist eben ein alter Fuchs.

Wolfs neue Kleidung besteht nun aus einer ausgemusterten, hellblauen Polizeibluse; einem seltenen Stück, das perfekt passt, sowie neuen, echten Lederturnschuhen. Hier wird Maß genommen und er erhält dazu das einzige, je für ihn gefertigte Kleidungsstück, das nicht von der Mutter ist: eine dunkelblaue Polizeihose ‚mit Schnitt', die unten, wegen nötiger Verlängerung, sogar schick quergemustert ist. Die ganze Ausstattung gibt es doppelt. Sie wird wöchentlich gereinigt und für Wolf sogar gebügelt. Beinahe sieht er nun aus wie ein Schließer, nur ohne Achselstücke. Und praktisch genauso wie der Kohlenhändler von der Zugangsstation, der nun der neue Hausscheich ist. Hier im Nebenhaus sieht er den Kerl, der ihn nicht mehr wahrzunehmen geruht, allerdings nur einmal aus der Ferne.

Wenn die neue Kluft auch angenehm zu tragen ist – besonders behagt es Wolf anfangs nicht. Er bevorzugt es, weniger auffällig zu sein. So ist er froh darüber, die meiste Zeit eine weiße Küchenjacke mit gelbem Rückenstreifen tragen zu können.

Andererseits machen Kleider tatsächlich Leute. Wolf merkt bald, dass man damit ernster genommen wird und mehr erreichen kann. Was für die Zusatzversorgung der Leute gut ist. ‚Der Kerl muss gewisse Beziehungen haben, wenn er so was trägt, vielleicht kann er einem noch nützen', denkt man sich wohl. Das wusste auch Oberleutnant Geiger, der ihm die Kluft verordnete.

Das Essen wird dreimal täglich aus der Küche des Hauptgebäudes ins Haus 2 getragen. Dazu ist es in fünf bis zehn runde Metallkübel der Armee abgefüllt, die Deckel und

Tragegriffe haben. So ein Kübel fasst viele Liter. Die meisten sind recht groß und ziemlich schwer. Das Abholen ist deshalb nicht gerade die leichteste Übung bei dieser Arbeit. Da Wolf das unmöglich allein schafft, es sei denn, der Uniformierte schließt ihn mehrmals durch die Schleusen hin und her – wozu er natürlich keine Lust hat –, ist für das ‚Kübeln‘ jede Woche eine andere Zelle auf der Piste mit zuständig.

‚Wie bringe ich die Leute dazu, das Zeug zu holen?‘, ist eine Frage, die sich der 20-Jährige anfangs oft stellt. Die SGs sind meist müde von der Arbeit und gerade von der Schicht gekommen, wenn er dann plötzlich in der Zelle steht und „Essen holen!" ruft. Dann sehen sie ihn an wie das personifizierte Übel, denn es riecht nach Schlepperei.

„Hau bloß ab, Kalf", „Zieh Leine", „Mensch ey, verschwinde!", sind die gängigen Kommentare für diesen Neuen, zudem auch noch besser Gekleideten.

„Los Leute, sonst gibt's heute nix!", ist dann Wolfs Motivationstext. Da er aber praktisch keine durchsetzbare Autorität besitzt, will auch jetzt wieder niemand den Anfang machen und es dauert ewig, bis sich ein paar bereiterklären. Unterdessen klopft der Schließer bereits mahnend und gelangweilt mit dem Schlüsselbund an die Gittertür und droht, zu verschwinden. Ist aber nichts zu essen da, werden alle übellaunig und echte Meuterei droht. Bald kennt Wolf die Zellen, in denen es geht, und er ruft direkt etwa: „Acht Mann zum Kübeln!" Da nicht alle gemeint sind, wird das gnädiger aufgenommen. Dennoch entsteht meist eine Diskussion darüber, wer nun geht.

In den anderen Zellen, und das sind die meisten, wendet er sich einfach an den ‚Verwahrraumältesten‘. Der blickt ihn dann mit trüben Augen resigniert an.

„Wie viele Leute brauchst du?"

Dann bestimmt er ein paar. Die, die jetzt noch meckern, sind nicht mehr Wolfs Problem.

Solcherart gesammelt und gerüstet mit den gereinigten, leeren Kübeln der letzten Mahlzeit, bricht der Tross auf.

Immer wieder hängen sich ein paar Leute an, die unbedingt drüben im anderen Haus jemanden treffen wollen. Das ist natürlich absolut verboten, doch die Schließer kennen die Zellenbelegung fast nie und es klappt meistens. Wolf hat nichts dagegen, wenn es nicht zu viele sind.

Der Weg führt zufällig an jenem Teil des Hauptgebäudes vorbei, wo sich im Keller die ‚Mumpe' befindet. Es sind die Arrestzellen. Die Delinquenten sind dort für zwei bis drei Wochen eingesperrt, meist wegen Arbeitsverweigerung. Bis zu dieser Maßnahme waren sie zuvor auf Iso ‚zwischengelagert'. Wer dreimal zu Arrest verurteilt ist, reist ans Gericht zurück, bekommt ein halbes Jahr ‚Nachschlag' und geht dann in ein anderes Gefängnis ab, heißt es.

Eine solche Arrestzelle ist, mit abgetrenntem WC und Waschbecken, fast wie auf Iso gebaut. Der Boden ist hier allerdings aus Beton und das ‚Bett' ein ebenfalls betonierter Sockel. Wegen der Kellerlage ist es kalt und dunkel. Die Fensterscheiben sind stets kaputt, was im Winter sicher sehr unangenehm ist. Man erhält nur zwei dünne Schwarzdecken und trägt einen blauen Overall. Die Mahlzeiten sind morgens drei schmale Brotscheiben mit Marmelade und abends drei weitere mit Wurst, dazu ein Viertelliter Malzkaffee. Mittagessen fällt aus. Die Brote werden vorher belegt. Der Arrestant bekommt kein Besteck in die Hand, was bereits zeigt, wie es um die innere Verfassung in dem düsteren Keller bestellt ist. Er könnte sich selbst oder andere verletzen oder eine Geisel nehmen. Die gereichte Nahrung wird vom Uniformierten begutachtet, doch sieht der selten genau hin. So legt der Essenausgeber gelegentlich einzelne Zigaretten zwischen die schön drapierten Brotscheiben. Das Risiko, entdeckt zu werden, schlägt sich im Preis für den Auftrag nieder. So eine Präparation kostet etwa 15–30 Mark. Als es einmal auffliegt, werden die Kontrollen verstärkt. Nun steht der Preis kurz bei 60, dann wochenlang bei 45 Mark.

Zwar sind die Kellerfenster der Mumpe engmaschig vergittert, doch ist es für die Essenholer von Haus 2 möglich, rasch zwei, drei Zigaretten und Streichhölzer durchzustecken. Aus diesem Grund sind auch die Glasscheiben der drei Arrestzellen kaputt. Die Häftlinge zerschlagen sie selbst.

Ein paarmal bittet man Wolf darum, das Zeug zu übergeben. „Dein Vorgänger hat das auch gemacht", ist das Argument. Also macht er es. Für seine ‚Dienste' will man ihm Sachen zustecken, Zigaretten oder Geld, doch Wolf lehnt das ab. Am Unglück der Arrestanten noch zu verdienen, wäre ihm ein Graus. Bald wird ihm das Ganze aber zu heikel.

„Mach's selbst", sagt Wolf nun jedes Mal, wenn er gefragt wird, und nimmt den Mann beim Essenholen einfach mit. Damit die Übergabe nicht gesehen wird, sollte der Schließer bereits mit der inneren Gitterschleuse des Haupthauses beschäftigt sein. Jedes Mal muss Wolf jedoch die Leute dazu antreiben, den Vorgang zu beschleunigen, weil sie natürlich noch plaudern wollen. Aber es funktioniert! Immer. Da etliche der selbstlosen Spender jedoch persönlich lieber nicht erwischt werden wollen, flaut dieses ‚Geschäft' mit der Zeit ab. Es dem Kalfaktor zu überlassen, wäre eben doch ungefährlicher.

Für die Rückkehr der Essenholer aus dem Haupthaus wird meist eine Zeitspanne vereinbart. Der Schließer verschwindet, weil ihm das Warten zu lange dauert. Oft will auch er einmal Abwechslung und mit seinen Kollegen dort plaudern, weshalb die Verweildauer mit einer halben oder einer Stunde ganz gut bemessen ist.

Dieser Küchentrakt ist genauso dunkel wie die Arrestzellen, die im selben Flur liegen. Bei funzeliger Beleuchtung eilen hier etliche Köche umher. Es sind verurteilte Kriminelle mit nicht gerade vertrauenerweckenden Gesichtern. Was das fachliche Können angeht, hegt Wolf so seine Zweifel.

Der Oberküchenchef ist ein windiger, schlanker Krimineller – mit fünf Jahren fast am Ende seiner Zeit –, gutwillig und viel beschäftigt. Schließlich lässt er auch dem Hausscheich auftischen oder macht es gleich selbst; und der bevorzugt nur das

Beste. Zu dessen Aufgaben gehört nämlich die Prüfung der Häftlingskost, was auf diese Weise natürlich stets ohne Beanstandungen durchgeht.

Im Gang zur Hauptküche stehen öfters Kisten mit Lebensmitteln herum, die man nie bekommt und bei denen Wolf sich fragt, wer sie eigentlich verzehrt. Da sind Gewürzgurken oder Ketchup, was auch draußen Mangelware ist, oder abgepackte, große Steaks. So gut wie nie erhalten sie etwas davon. Wenigstens gibt es öfters mal einen extra Kübel Kartoffeln oder ein paar Stück gekochtes Fleisch mehr.

Einmal allerdings ist auch der sonst so gewiefte Küchenchef genervt. Vier, fünf Leute mit Magenproblemen, die vom Arzt auf Diät gesetzt sind, erhalten besonderes Essen und beschweren sich bei Wolf, wenn es das nicht gibt. Einmal probt einer, der einen schlechten Tag hat, richtig den Aufstand, und Wolf fragt den Küchenchef nach einer Diätportion für die Weißkohlsuppe, die es gerade für alle gibt. Die Suppe allein sollte eigentlich Diät genug sein, findet Wolf. Auch der Chefkoch sieht ihn ungläubig an.

„Komm, jetzt zeige ich dir mal, wie man Diät macht", sagt er. Er füllt einen kleinen Kübel halb mit Kohlsuppe, gießt einen Eimer heißes Wasser dazu und rührt um. Wolf ist beeindruckt. Der Chefkoch grinst augenzwinkernd.

Als der Diätler auf Mewa III diese Suppe erhält, ist er zufrieden. Er hat seinen Willen bekommen und wurde mit einem Kübel bedient, den man extra für ihn mitbrachte. ‚Geht es im Restaurantgewerbe überall so zu?', fragt sich Wolf ernsthaft.

Wichtiger noch als der Küchenchef, den Wolf mit seinen Leuten praktisch immer schweißgebadet zwischen dampfenden Kesseln sieht, ist der separate Wurstausgeber. Dieser wiederum friert ständig in seiner einsamen Kaltküche und hat stets eine rote Nase. Den Burschen findet Wolf nett, auch weil er kein Handgeld erwartet und von selbst oft mehr als nötig herausgibt. Vielleicht tut er es auch, weil sie sich wirklich ähnlich sind – gleiches Alter, dieselbe Polizeikluft, gleicher Humor, selbst die gleiche Statur. Und beide sind sie neu hier. Er portioniert die armdicken Würste nach der Personenzahl, die auf einem Zettel der Verwaltung steht. Oft stimmt die nicht wegen Verlegungen, doch bevor sie beide die Bürokratie bemühen, einigen sie sich direkt. Er vertraut Wolf, denn mal braucht er mehr, mal auch weniger.

Die langen Wurstlaibe werden fingerbreit eingeschnitten und die so erzeugten Portionen gezählt. Oft ist es Blutwurst, Cervelatwurst oder Sülze; seltener und heiß begehrt auch mal Leberwurst. Beim Essen scheitert eben immer die kluge Kalorienberechnung, weil Minderwertiges ungern verspeist wird. Auch der Wurstausgeber weiß das und gibt ihm von den besseren Sachen gern mal mehr bzw. portioniert es großzügiger.

„Willst du Butter?", fragt er eines Tages unvermittelt und etwas verschwörerisch.

Wolf ist überrascht, denn die gibt es normalerweise nur am Sonntag. Sie ist recht beliebt. Der Standard ist hier Margarine.

„Hast du denn genug?", fragt er ungläubig.

Wie ein Sternekoch weist der Wurstausgeber mit ausladender, großartiger Geste auf sein gerade volles Regal.

„Ja klar!"

Wolfs Begeisterung freut ihn. Formal wird ein Stück Butter zu 25 g-Stückchen mit dem Messer vorgeritzt, was 10 Portionen ergibt. Ab nun erhält Wolf manchmal ein oder zwei Pfund extra, oft auch einfach mit Acht-Stück-Ritzung. Wie der Wurstausgeber das möglich macht, weiß Wolf nicht; jedenfalls darf er es natürlich nicht.

Etliche Monate werden sie gut zusammenarbeiten. Ab und zu gibt Wolf ihm doch mal ein paar Scheine des Hausgeldes, dass er dafür bei den Empfängern der Güter einsammelt.

‚Bin ich nun korrupt?', fragt er sich manchmal. Dann beruhigt er sich damit, nur wenig selbst zu behalten. Margarine isst er allerdings nicht mehr, solange er ‚Kalf' ist.

Fast gleichzeitig löst man sie beide später ab. Ihn, weil er Sachen in den Arrest schmuggelte, und Wolf wegen seines politischen Sinneswandels.

Auf der sonnigen Hausarbeiterzelle der Heizer nudelt jeden Tag leise ein Radiolautsprecher. Tagsüber, wenn das Arbeitskommando Mewa III und ein paar Heizer der Nachtschicht schlafen, hat Wolf frei. Oft liest er die Briefe der Freundin. Sie hat eine rundliche, schöne Schrift und es gibt viel darüber zu sinnieren, warum sie dies oder jenes schrieb. Jede Woche kann man einen beidseitig beschriebenen Briefbogen empfangen. Üblicherweise darf man drei davon besitzen und muss jeweils einen Brief abgeben, wenn es neue Post gibt. Leutnant Kunze lässt die wenige Post der paar Hausarbeiter meist von den anderen Erziehern mitverteilen. Die fühlen sich nicht wirklich zuständig, so dass Wolf seine Briefe behalten kann. Bald besitzt er einen ganzen Packen davon, einen wahren Schatz.

Auch ein Foto ist erlaubt. Der Bruder schickt ihm weitere, wobei er geschickt dickes Fotopapier im Postkartenformat mit zwei oder vier Familienmotiven belichtet. Eigentlich darf er Wolf nicht schreiben. Als vermeintlich normale, offen lesbare Ansichtskarte geht das aber durch. Für so etwas gibt es wohl keine Vorschrift.

An diesen heißen Augusttagen jedenfalls hat Wolf das sichere Gefühl, dass die Freundin nun mit Endor aus ihrer Clique zusammen ist, den sie sowieso bewundert. Künftiger Zahnmedizinstudent und als ‚Popper' immer schick gekleidet.

Oder liegt es nur an dem Song „1001 Nacht" von Klaus Lage, der ständig im Radio läuft? Darin machen zwei alte Freunde miteinander rum. Verdenken könnte er es ihr nicht, hatte er doch selbst manche Blume am Wegesrand gepflückt. Einmal hatte sie eine Szene deswegen gemacht. Er kennt Isa ganz gut. Die Ärzte haben ihr wegen einer Erbkrankheit nur eine kurze Erdenzeit vorhergesagt. Das Kinderkriegen fällt auch aus. Sie verbringt Wochen in einer Berliner Klinik. Im Park vor der Station steht der Glaskasten eines Fahrstuhls, der in die Erde führt. Essen wird hier hereingebracht. Sie hatte es ihm am Stationsfenster gezeigt.

„Da bringen sie dann die Leichen raus", hatte sie gesagt.

„Alles Kinder?", hatte er schaudernd gefragt.

„Ja, meistens Kinder", antwortete sie melancholisch. Schweigend dachte sie dann an die vielen verlorenen Freunde.

Wegen all dem ist sie voll eiligem Lebenshunger. Worauf sollte sie denn warten? Auf ihn etwa? Sie hatte doch schon genug gewartet.

Einmal vergisst sie im eiligen Aufbruch die Besuchsrechtskarte. Frech erzählt sie der Wache, dass ihre Wohnung gerade abgebrannt sei. Es ist so absurd, dass man sie einlässt.

Wolf erwähnt seine Eifersucht wegen Endor. Sie beschwichtigt ihn. Viel später erfährt er, dass es wahr ist. Jedoch nicht von ihr.

Bei dem Besuch bringt sie ein überaus nützliches Westspielzeug mit, das hier völlig unbekannt ist. Wolf hat sowas noch nie gesehen.

„Willst du das haben?", fragt sie etwas verständnislos und hält ihm einen runden Kugelschreiber aus mattem Edelstahl hin. Eine kleine flache Digitaluhr ist seitlich eingebaut. Die Flensburger Tante hat ihn ihr geschickt.

Eine Uhr! Klar will er dieses hier verbotene Ding!

Kunze ist gerade nicht da und Oberleutnant Geiger, der wie immer ein wacher Hund ist, führt allein die Aufsicht. Das könnte sein Vorteil sein. Den Uniformierten ärgert es sowieso, dass er hier die Hausarbeiter mitbeaufsichtigt. Zudem noch an einem separaten, abseitigen Tisch. Als Geiger gerade vorbeistreicht und dabei Mühe hat, die vielen lärmenden Leute im Besucherzimmer zu überblicken, nutzt Wolf den günstigen Moment.

„Kann ich das Ding haben?", fragt er harmlos.

Den silbrigen Stift hält er so, dass Geiger die Uhr nicht sehen kann. Richtig vermutet, wirft er nur einen kurzen Blick darauf und verzichtet auf nähere Betrachtung. Vor der hübschen Besucherin kann er zudem seine Macht demonstrieren und erlaubt es großspurig. Zwar ist das ärgerlich, doch ist es die Sache wert.

Wäre das aufgeflogen, hätte man ihm sicher den Privatsprecher gestrichen. Vielleicht auch weiteren Besuch oder Paketempfang. Hätte Geiger viel Wind gemacht, was ihm durchaus zuzutrauen ist, wäre auch der Kontakt aus der Kartei gestrichen worden und man hätte von Wolf verlangt, einen anderen zu benennen. Doch es gelang! Nun, mit der Uhr, ist alles anders. Er wird vorbereitet sein, wenn Schließer Geiger II wieder auftaucht, um ihn aus Langeweile mit sinnlosen Aufträgen zu traktieren. Er kann sich verkrümeln. Er wird wissen, wann es Post gibt, wie der Tagesablauf en détail ist und sogar, wann üblicherweise das Rollkommando erscheint. Damit ist er der Einzige auf der Etage. Er wird das Geheimnis streng hüten.

Jeder Gefangene denkt über die Welt draußen nach und wie es sein wird, wieder frei zu sein. Und natürlich darüber, wie sich das beschleunigen lässt. Vor allem unter den Kriminellen ist jede jemals stattgefundene Amnestie der DDR bekannt. Im Herbst wird „Amme kommt!" zu einem der häufigsten Sprüche, den man sich auf der Piste entgegen murmelt. Draußen klingt das sicher albern, doch ist hier der Druck so groß, dass damit durchaus auch das Bild von der wirklichen Amme gemeint ist; der Nährerin, dem weiblichen Prinzip, das einem helfen wird. Praktisch so eine Art atheistische Marienverehrung. Genau wird überlegt, welcher Anlass zu früheren Amnestien führte, um möglichst ein Muster zu erkennen. Jeder hat etwas beizusteuern. Ein kollektives Gedächtnis entsteht, wird gepflegt, aktualisiert, korrigiert. So meinen viele, dass es im Oktober sicher eine geben wird, da die Staatsgründung diesmal ein rundes Jubiläum ist, zudem auch bei der Armee. Eine beinahe hysterische Hoffnung verbreitet sich und selbst einige Politische sind davon angesteckt, obwohl es natürlich ihre Abschiebung verhindern würde. Eine Entlassung in die DDR wäre für sie kein Segen und würde alles nur verzögern. Als der 7. Oktober dann ereignislos verstreicht, nichts im Radio durchgesagt wird, nichts in der Zeitung steht und auch die Schließer von nichts wissen, sind viele schwer enttäuscht und die allgemeine Stimmung sinkt in den Keller. ‚Bestimmt liegt es an Honecker, dem harten Hund. Ulbricht, der Vorgänger, hätte es sicher gemacht', sagt man.

Fängt nun jemand an, immer noch davon zu reden, heißt es nur noch genervt „Klappe halten!", „Klapp' an!" oder man beschränkt sich auf eine bloße Geste, bei der Daumen und Zeigefinger in Richtung des Sprechenden aneinandergedrückt werden. Die Geste findet bald auch Anwendung bei jeglicher Art von Gerüchten, die natürlich immer dort kursieren, wo es wenig Informationen gibt.

Eine weitere Leidenschaft der Kriminellen ist die Zukunftsdeutung aus Spielkarten. Ein etwas schwammiger junger Heizer mit schütterem blondem Haar macht das täglich ausgiebig. Wolf sieht ihm gern zu und lässt sich das ‚keltische Kreuz' erklären. Eines Tages legt es der Heizer auch für ihn. Die benötigten Karten zieht sich der Fragende selbst. Der Heizer deutet, dass einer von Wolfs Verwandten demnächst vor Gericht stehen wird und dass die Freundin einen anderen hat. Das ist so billig, dass Wolf beinahe lachen muss. Das kann er nicht glauben. Noch nie wurde einer seiner Verwandten verurteilt, und die Freundin sagt, sie stünde zu ihm. Und doch ist beides, wie sich später zeigt, wahr. Kurios.

Ein nervöser, etwas manischer Typ auf Wolfs Zelle ist ein 27-Jähriger Militaria-Händler aus Leipzig, jetzt Heizer. Doch hat er wie Wolf den Drang, sich fit zu halten. Am offenen Fenster des Nassteils joggen sie nach Einschluss oft zusammen auf der Stelle. Beim Dienst im Kohlenkeller macht er das ebenfalls und kommt so auf fünf bis acht Kilometer täglich. Auch er war in einer Stasi-U-Haft, wohl, weil es um Waffen ging. Er rechnet damit, dass sein Vernehmer ihn zurück in die Untersuchungshaft holt, um ihm weitere Sachen anzuhängen. Richtig glaubwürdig findet Wolf das nicht, denn so etwas hat er noch nie gehört. Tatsächlich aber geht er eines Tages wieder auf Transport, zurück in die Leipziger Untersuchungshaftanstalt. Einige meinen allerdings, er sei ein Spitzel gewesen und nur umverlegt worden, nachdem der Auftrag erledigt war. Mag sein. Ihm war er dennoch sympathisch.

Wolfs Vorgänger hatte einst durchgesetzt, dass der Essenausgeber bei den Heizern einquartiert ist, wofür er ihm lange dankbar ist, unbekannterweise. Als der Sommer vorbei ist, wird er auf Betreiben des einfältigen, immer nervösen Schließers Geiger II, der ihn nicht leiden kann, erneut verlegt. Die Zelle der Heizer war für den Mann unpraktisch, da sie jenseits des Treppenaufgangs und damit hinter dem Gitter liegt, das er ständig schließen muss. Mit dem Argument, dass die Essenausgabe diesseits des Gitters liegt, hat er die Verlegung bei Leutnant Kunze erreicht. Alle Einsprüche blieben erfolglos, Geiger triumphiert.
Gefangene schätzen Veränderungen nicht. Erst recht nicht, wenn sie schlechter ausfallen. Diesem tumben Schließmuskel wird er es schon noch zeigen, ist sein Vorsatz. Im Ganzen nimmt Wolf es aber fatalistisch. Dass nun der trübe Winter kommt und die ohnehin bald schwache Wintersonne ihn erst recht deprimieren würde, erleichtert ihm den Umzug.

Der neue Verwahrraum, die 216, hat Sichtblenden an den Fenstern und ist laut, da direkt auf dem Flur des Mewa-Arbeitskommandos gelegen. Die hier dreistöckigen, schmalen Betten sind von der Truppe der Effektenkammer belegt, die – bis auf ein paar wenige, die nebenher politische Paragraphen haben – ebenfalls Kriminelle sind. Allgemein sind die zehn Leute umgängliche Typen. Einige haben jedoch, auch bedingt durch die Enge und mangelnden Verstand, eine, wie man so schön sagt, ‚verminderte Impulskontrolle'. Freundlich wird Wolf begrüßt und die Heizer bedauern seinen Abgang, denn den Essenausgeber, der ja an der Nahrungsquelle sitzt, hat jeder gern auf der Zelle.

Die dritte Etage eines Bettgestells wechselt Wolf nach der ersten Nacht. Unter ihm lag ein dünnes, altes Männchen namens Schuster, der hier als Schneider arbeitet und sich unter seiner Decke der Selbstbeschäftigung verschrieben hat. Das Schaukeln störte dann doch. Ganz unten liegt ein junger Kerl vom Dorf, dem das nichts ausmacht. Er schliefe so besser, meint er.

Schuster ist ein Päderast und hat die Folgen doppelt zu tragen. Diese Leute werden im Knast auch von den Kriminellen verachtet. Sie selbst sprechen praktisch niemals über ihre Tat und andere reden nur das Nötigste mit ihnen. Schuster, der zudem wie eine bucklige alte Frau wirkt, wird geradezu boshaft herumgeschubst. Er reagiert dann mit lauter, hysterischer Fistelstimme. Wolf ignoriert ihn, wo es geht, Mitleid hat er nicht.

Der Vorteil der obersten Betten ist, dass die Sprungfedern nicht durchgelegen sind. Nun muss er eine Etage tiefer ein anderes nehmen, mit dem entsprechenden Problem. Glücklicherweise besorgt ihm die Heizung, in der auch alte Möbel verbrannt werden, eine gute hölzerne Spindtür. Er legt sie unter die Matratze und hat fortan eine vorzügliche Schlafstätte. Gelegentlich wird dieses Bett sogar als Vorbild bei der Kontrolle des Bettenbaus gepriesen. Alle anderen hängen ja traurig durch. Dabei kennt der Wachthabende natürlich nicht die Ursache des 1A-Bettes. Die Spindtür ist mit einer Decke aus der Effektenkammer unauffällig umwickelt.

Zwei anderen Leuten, die wegen der Betten über Rückenprobleme klagen, was der Ärzteschaft natürlich egal ist, besorgt Wolf ebenfalls Türen.

Bedauerlicherweise ist ein solches Einlegen von Brettern aber verboten. Wenn das Rollkommando kommt, ein Trupp Uniformierter aus der Verwaltung, die regelmäßig die Zellen filzen, um Illegales aufzuspüren, nehmen sie Wolf das Ding jedes Mal weg. Sie bringen es zum Verfeuern in den Keller. Die Heizer bringen es ihm in alter Freundschaft jedes Mal zurück. So hat eben jeder sein Tun.

Die Hauptaktivität nach dem abendlichen Einschluss ist bei den ‚Effekten' exzessives Skatspielen. Der Lärm stört Wolf beim Lesen und so spielt er oft mit, sich dabei denkend: ‚Pech im Spiel, Glück in der Liebe.' Mit dieser Maxime stört es ihn nicht im Geringsten, wenn er verliert. Da bekanntlich Übung den Meister macht, wird er zudem immer besser. Um Geld zu spielen, lehnt er jedoch ab. Dabei kochen die Leidenschaften hoch und Streit und Verschuldung entsteht, bis hin zu Keilereien, was natürlich auch hier passiert.
Diese Abneigung gegen Kneipenatmosphäre ist tief angelegt. Als Kind in den Sommerferien bei der Großmutter ergab es sich oft, dass der Großvater vom Einkaufen nicht zurückkam. Er war dann im ‚Treffpunkt', einer Kneipe der Kleinstadt, bei Spiel und Trank hängengeblieben. Als gutmütiger Zecher bekannt, wurde er oft erst bei der Schließung spätnachts aus der Schänke geworfen und das durchaus im wörtlichen Sinn. Er, der nicht gehen wollte, flog dabei der Länge nach in die Rosenrabatten vor dem Eingang. Die Aktentasche mit den Versicherungseinnahmen warf der Wirt hinterher. Verwandtschaft, die gegenüber der Kneipe wohnte, brachte dann den lärmenden und singenden Buchhalter im Handkarren nach Hause in die Oberstadt.
„Ich hatte nur ein Glas Bier... also, vielleicht zwei. Oder drei", entschuldigte er sich dann bei bester Laune und mit schwerer Zunge, im Nachthemd am Ofen stehend, die Ellenbogen blutig verschrammt, was er gar nicht bemerkte. Die Großmutter fand das schlimm. Immerhin war ihr Vater zu Zeiten des Herzogs von Anhalt noch der Gerichtsvollzieher im Ort gewesen. Wegen ihr fand Lenni das auch schlimm, denn die Großmutter mochte er sehr. Der Großvater aber war ohne Alkohol ein stieseliger und unleidlicher Mensch.

„Wie ist denn die neue Waschmaschine?", hatte einmal eine Nachbarin die Großmutter gefragt.

Die fiel aus allen Wolken, denn sie wusste von nichts. Am Tiefpunkt seiner Kneipenkarriere hatte der Großvater sich mit diesem Vorwand 600 Mark geliehen, um Spielschulden zu begleichen. Nach heftigem Streit kam so etwas allerdings nie wieder vor und er mäßigte sich.

Unter den exzessiven Skatspielern im Strafvollzug ist Ralf ein trübes Beispiel. Der kleine, dickliche Kerl mit den langen Gorillaarmen ist aufbrausend, laut und hasst es, zu verlieren. Oft setzt er alles, was er besitzt, und leiht sich immer noch mehr. Gehetzt, schuldet er dann bei anderen um und verspricht Zinsen. Im Spiel setzt er nun weiter und verliert natürlich. Eines Tages kommt es zum Showdown und er wird von seinen Gläubigern auf dem Flur verprügelt. Er trägt einige Blessuren davon und lässt sich, mit dem Argument, man könne ihn hier nicht leiden, auf ‚Plaste' verlegen, um der Drangsal zu entgehen. Dort beginnt er von vorn.

Wolf lieh Ralf, der den allerdings zutreffenden Spitznamen ‚Ratte' trug, nie etwas. Wegen seiner aggressiven Bettelei schenkte er ihm jedoch mehrmals Geld. Ein rundum unangenehmer Zeitgenosse.

# Lebensmittelhandel

Um den Inhaftierten zusätzliche Dinge zu verschaffen, hatte jemand erdacht, einen Kiosk im inneren Gefängnishof zu errichten. Jedes Arbeitskommando darf dort wöchentlich nachmittags hin. Leider krankt die schöne Idee, wie so oft im Sozialismus, an den Widrigkeiten des Alltags. Immer bildet sich eine lange Schlange und für jene, die gerade in der Schichtarbeit sind, fällt der Einkauf ganz aus. Wolf ist deshalb angehalten, dort zur vereinbarten Zeit für ‚seine‘ Leute von Mewa III einzukaufen.

„Möchtest du Würstchen?", fragt ihn eines Tages überraschend der Langstrafer, der dort verkauft. Dieser Zimmergenosse des Hausscheichs drückt sich gern gewählt aus. Als Wolf ihn irritiert ansieht, meint der Verkäufer, dass der Kollege von ‚Plaste‘ die Würste gern anbietet. Wolf fällt ein, dass sich in seiner Ausgabeküche tatsächlich ein kleines, mobiles Heißwasserbad befindet.

„Dafür habe ich kein Geld", erwidert er gleich darauf resigniert. Hausarbeiter erhalten nur 40 Mark Lohn monatlich und das meiste gibt Wolf für Zigaretten aus.

„Sammle doch auf der Etage", schlägt der Verkäufer vor.

Dass dabei viel zusammenkäme, glaubt Wolf zwar nicht, versucht es aber trotzdem. Selbst mag er Bockwürste nicht, was wohl vor allem mit dem langen Anstehen danach bei Ausflügen in der Kindheit zu tun hat. Geschmeckt hatten sie auch nicht.

Wolf fragt auf der Piste und tatsächlich finden sich unter den aktuell 130 Leuten etliche Interessenten. Er nimmt dem Verkäufer daraufhin eine ganze Pappkiste voll Würste zum Einkaufspreis ab.

Über Verkaufskalkulationen hatte er sich nie zuvor Gedanken gemacht. Alle Preise sind ja staatlich festgelegt. Auf Vorschlag des Kioskbetreibers hin setzt Wolf den Verkaufspreis, so wie er draußen ist, auf eine Mark pro Stück fest.

Zu seinem Erstaunen lassen sich alle Würste an einem schönen Herbstnachmittag binnen kurzem auf dem Flur verkaufen. Die allgemeine Stimmung hebt sich dadurch beträchtlich. Dazu auch sein Ansehen und er selbst hat plötzlich 70 Mark Gewinn gemacht. Dabei ist allerdings der etwas bittere Beigeschmack, dieses Geld auf Kosten seiner Schicksalsgenossen erhalten zu haben.

‚Nein, zum Händler bin ich wohl nicht geboren‘, sinniert er.

Oft wird er später gefragt, wann es wieder Brühwürste gäbe. Er fragt nach, erhält aber nie wieder welche.

Über den Grund für die abweisende Art des Kioskhäftlings klärt ihn der Kalfaktor von Plaste II auf. Was Wolf nicht erwartet hatte, blüht natürlich auch hier: der Mann, der bereits draußen einen Kiosk betrieb, ist korrupt und wohl genau deshalb hier. Wolf hätte ihn bestechen und ihm einen Teil der Einnahmen abgeben müssen, um weitere Ware zu erhalten. Das allerdings ist ihm zutiefst zuwider, dachte er doch eigentlich, es ginge hier um Läuterung.

# Ein Vollzugstag

Um halb vier Uhr morgens beginnt für ihn der Tag. Der Schließer, der seine Runde macht, weckt Wolf. Er schlägt kräftig gegen die Tür des ‚Verwahrraumes' und entriegelt sie, was zumindest angenehmer als die allgemeine Sirene ist. Dann eilt er weiter.

Am anderen Ende des langen Ganges, an der Verwaltungsseite, befindet sich ein üblicherweise verschlossenes Gitter. Für Wolf lässt er es offen. Dahinter sind der Treppenaufgang des Wachpersonals, ein Aufenthaltsraum und ein Sanitätszimmer. Sicher zwanzig der 130 Leute des Arbeitskommandos erhalten am Gitter täglich Medikamente. Bei manchen hat Wolf den Eindruck, dass sie die Pillen als eine Art Wertschätzung ansehen. Andere arbeiten daran, vorzeitig krankheitshalber entlassen zu werden. Ihm selbst läge wegen der Gesundheit nichts ferner.

Um die Tabletten und auch die flüssige Medizin herunterzuspülen, wird ein kleiner Messbecher aus Glas, befüllt mit Tee oder Malzkaffee, gereicht. Die Dinger hat Wolf vorzubereiten, zu spülen, abzuzählen. Er macht diese Arbeit so langsam wie möglich. Wegen der Örtlichkeit schätzt er sie sehr.

Eigentlich hat die Vor- und Nachbereitung im Sani-Zimmer zu erfolgen, einem grell neonbeleuchteten Raum mit Sichtblenden an den Fenstern. Da er hier jedoch um diese Zeit allein ist, prüft das niemand. So macht er es am großen, geöffneten Fenster der Stirnseite des Hauses. Es ist nur wenig vergittert und hat keine Sichtblende. Die Außenmauer ist niedrig und es ist vollkommen still. Zu seinen Füßen liegt die Stadt. Ganz nah stehen hier, meist in dichtem Morgennebel, die grünen Kuppeln des Naumburger Doms, einen milden, besänftigenden Hauch von Ewigkeit verströmend. Sicher steht er seit Jahrhunderten da. Ein paar gelbliche Straßenlaternen verblassen langsam und das erste Licht des Tages taucht als

Streif am Horizont auf. Die grünen Hügel der Landschaft erheben sich in der Ferne aus der Dämmerung. Noch ist die Stadt da draußen nicht erwacht. Kühle, frische Morgenluft dringt herein. Dieser Moment, diese halbe Stunde, hat etwas enorm Ergreifendes und Schönes. Schon immer waren sie ja da, diese Morgen. Sie sind so ewig, dass sie noch bestehen werden, wenn all das hier längst zerfallen ist. Und auch, wenn sein eigenes Schicksal längst verweht sein wird.

Die Vorstellung erfüllt ihn mit tiefer Genugtuung. Es treibt ihn zuletzt, auch seine schlafenden Kameraden damit zu beglücken, und so lässt er das Fenster bis kurz vor dem Wecken geöffnet. Der lange Gang wird durchlüftet. Beschweren kann sich vorerst keiner, denn die Zellen sind noch verschlossen. Tessler, ein kleiner, dicklicher Oberleutnant, kommt die Treppe hinaufgestapft und schließt es unwirsch. Er startet die Sirene, macht den Aufschluss und die ersten kommen bald heraus, über die Kälte fluchend. Ihr Unverständnis betrübt Wolf etwas. Aber sie haben ja nicht gesehen, was er sah, denkt er dann milde und noch ganz beschwingt.

Die Medizin wird eine Zeitlang von einer jungen Krankenschwester seines Alters vorbereitet. Sie ist schlank, hat große dunkle Augen und ein fein gezeichnetes Gesicht. In dieser groben Männerwelt ist der Wunsch nach weiblicher Sanftheit groß. Offensichtlich ist Wolf ihr aufgefallen, wenn auch vielleicht nur wegen der weißen Jacke, die niemand sonst hier trägt.

Normalerweise ist weibliches Personal immer durch das Gitter getrennt und fertig, bevor Wolf dort arbeitet. An einem Morgen jedoch ist er durch Zufall mit ihr zusammen hinter dem offenen Gitter. Die Situation ist derart ungewöhnlich, dass beide etwas verlegen sind. Er möchte sie gern ansprechen, doch im nächsten Moment wird ihm bewusst, in welch verschiedenen Welten sie leben. Nicht einmal den Fensterblick kann er ihr zeigen. Für jemanden von draußen, der das täglich sieht, ist das ganz sicher lächerlich. Und wer weiß, vielleicht ist sie auch gar nicht empfänglich dafür und hält ihn für einen Spinner. Ihre Rollen in diesem Haus stehen zwischen dem Leben.

Früher als gewöhnlich kommt Tessler eilig die Treppe herauf, wohl um das Versäumnis des Schließers auszubügeln. Er blickt finster wegen der Situation, schickt Wolf in den Zellentrakt und schließt das Gitter hinter ihm.

Öfters denkt Wolf noch an diesen seltsamen Moment. Vielleicht war das Ganze doch nur eine der vielen Provokation, die hier untereinander immer wieder vorkommen. Denn Wolf hatte dem Effektenchef, der auf seiner Zelle liegt, erzählt, dass er sie attraktiv findet. Der ist nun einer von dem Kaliber, die Informationen weitergeben. Vielleicht nicht, um sich Vorteile zu verschaffen, denn er ist ein gutmütiger Typ. Eher noch, weil man ihm erklärt hat, dass er das in seiner Funktion tun müsse, um sie zu behalten. Aber wer weiß das schon.

Ist es eine Woche mit Nachtschicht, kommen jetzt die Leute von der Arbeit herein. Wolf empfängt sie mit dem Schließer auf dem betonierten Hof, um gleich das Essen zu ‚kübeln'. Oft ist das Oberwachtmeister Geiger. Er ist der Bruder des gleichnamigen Offiziers. Der große, schlanke Typ ist immer recht laut und bestimmend, vielleicht, weil es ihn wurmt, nicht wie sein Bruder höher in der Hierarchie zu stehen.

Öfters ist auch Günther dabei, Wolfs kahler Haftkamerad von der Iso-Station. Auch ihn hat man hierher verlegt. Er ist jetzt bei den Hausarbeitern ‚Hofdackel', also Mädchen für alles, und sucht immer Beschäftigung.

Ist der Bus durch das Stahltor eingefahren und hat sich seiner Menschenfracht entledigt, sammeln sich alle Gefangenen zellenweise dort im Hof. Morgennebel lässt das gelbe Licht der Peitschenlampen diffus und unwirklich erscheinen. Ohne Tritt, in Viererreihen marschierend, kommt den dreien dann bald schweigsam eine Masse Leute entgegen, abgekämpft und braun eingekleidet in die schäbigen, unförmigen Altkleider der Armee.

‚So kam mein Vater aus dem Krieg zurück, genau so sah das aus!', flüstert Günther ihm einmal ganz eindringlich zu. Wolf kann es sich gut vorstellen. Schwer und müde ist der Tritt, gereizt und voller Unmut die Stimmung.

Das Ganze ist immer ein unangenehmer Moment. Allen ist klar, dass die beiden Weißkittel und der Uniformierte, die da munter wartend stehen, zur anderen Seite gehören. Zu jener der Bewacher. Günther wird das auf Dauer nicht aushalten, er möchte auch sichtbar zu den Verurteilten gehören. Er lässt sich bald auf Plaste I ins Haupthaus versetzen, zu jenem leichteren Arbeitskommando für Ältere und Kranke. Aber die Arbeit dort wird auch ihn auffressen. Bald schon macht er einen gehetzten Eindruck und hat keine Zeit mehr dazu, mit Wolf über die Lage zu sinnieren.

Wolf sucht sich unter den Ankömmlingen der Nachtschicht den Verwahrraumältesten jener Zelle, die heute das Frühstück kübelt. Der ruft ein paar Leute raus. Zusammen holen sie das portionierte Zeug vom Haupthaus ab, das praktisch nur aus Malzkaffee, Mischbrotscheiben, Margarine und Pappeimern mit ‚Stalintorte' besteht, jener immer und in rauen Mengen verfügbaren Erdbeermarmelade. Manchmal gibt es allerdings auch Kirschmarmelade, selten begehrtes Pflaumenmus und noch seltener Pfirsich.

Da in der Essenausgabe ihrer Etage ein Kühlschrank steht und die Lagerung in den Zellen verboten ist, haben etliche dort Wurst vom Vortag oder aus ihren Paketen eingelagert, die sie sich von Wolf zusätzlich ausgeben lassen. Dabei sind sie stets misstrauisch, ob nicht etwas fehlt. Doch er kann nur für sich selbst garantieren. Die Tür des kleinen Raumes darf laut Wachpersonal nicht verschlossen sein.

Startet er die Essenausgabe, holen sich zuerst die paar ‚Diätler' ihre warme Suppe im Plastikteller ab. Sie besteht meist aus dünnem Milchbrei mit Sago, auch ‚Froschaugensuppe' genannt. Gelegentlich ist es Milchreis oder Griesbrei, ebenfalls recht wässrig. Die Suppe ist heiß begehrt und immer fragen auch andere danach. Gern schenkt er aus dem kleinen

Zehn-Liter-Kübel, der meist nicht mal voll ist, alles aus, auch wenn das nicht erlaubt ist. Trotzdem, oder vielleicht deshalb, gibt es oft Streit, Fluchen und Beschimpfungen, weil es natürlich nicht reicht. Selbst der Schließer wird öfters zur Klärung geholt. Dem ist das natürlich herzlich egal. Er will vor allem für Ruhe sorgen, zieht aber meist unverrichteter Dinge ab, nachdem er die Lage als minder problematisch eingestuft hat.

Das Herunterklappen eines Bretts im Türrahmen, auf dem das Essen abgestellt werden kann, ist bei dieser Suppenverteilung unbedingt nötig, um Tumulte zu vermeiden. Öfters muss Wolf damit drohen, die Ausgabe zu schließen, dann wird es ruhiger. Einmal ist es ihm allerdings zu viel. Jemand packte ihn wütend am Jackett und zerrte ihn über den ‚Tresen'. Etwas muss sich ändern. Er beschließt, einen der Kriminellen auf der Piste, die es hier ja auch gibt, einen baumlangen, freundlichen Kerl, ‚anzustellen'. Der übernimmt nun die Suppenausgabe und erhält dabei für sich und seinen ‚Spanner' je einen Teller voll. Wolf wehrt sich jetzt auch nicht mehr, wenn dieser ihm eine Packung Zigaretten in die Brusttasche schiebt, um ihn zu ‚kaufen'.

Stolz über seine plötzliche Bedeutung, macht der Krimi die Ausgabe gern. So ergibt sich ab nun jeden Morgen das merkwürdige Bild, dass sein athletischer neuer Helfer, lautstark und wenn nötig handgreiflich, für Ruhe sorgt und Suppe austeilt. Wolf sitzt unterdessen auf einem Stuhl am Sichtblendenfenster der Ausgabe und liest in Heines „Notizen aus meiner Matratzengruft". Das Buch passt zur Lage. Später liest er die Memoiren von Lenins Fahrer. Der lässt sich etwa, neben den üblichen Lobhudeleien an den Chef, über die Erstürmung der Moskauer Anarchistenhäuser aus, die bis an die Zähne bewaffnet waren und sogar MGs auf ihren Dächern hatten. Dass Lenins Auto ein beschlagnahmter Rolls Royce war, steht natürlich nicht drin. Man kann das Gefährt noch heute am Sterbeort des unsäglichen Mannes besichtigen.[s. Anh.]

Ist der Frühstücksrummel vorbei, erfolgt bald der Einschluss der Nachtschicht zum Schlafen in die Zellen. Gegen halb neun morgens ist es vollkommen ruhig. Wolf legt sich nach dem Abwaschen noch mal ab, obwohl verboten. Der Schließer-Kontrollgang sieht das und weckt ihn jedes Mal mit Schlüsselhieben an die Tür, verschwindet aber meist wieder. Auch er weiß, dass Wolf nichts zu tun hat. Manch einer ist neu hier und brummt ihm sinnlose Arbeiten auf, wie etwa das Kehren des Hofes. Doch lässt er das bald wieder sein, da er ihn ja wieder abholen und eigentlich dabei auch beaufsichtigen müsste. So einer lässt ihn im Hof gar einmal Sand von einer Ecke in eine andere schippen. Wolf sieht ihn an, als hätte er nicht alle Latten am Zaun, doch der neue Schließer besteht darauf. Also macht Wolf es. Nach 15 Minuten bricht der Neue die Sache ab. Wohl nach Rücksprache mit Kollegen oder auch aus Sorge um seinen Ruf unter den Inhaftierten. Es gibt eben Möglichkeiten des passiven Widerstandes. Ein erfahrener Schließer weiß das und gibt der Bequemlichkeit den Vorzug.

Ein anderer ‚Wecker' für Wolf um diese Zeit ist ‚Skippi', ein Heizer und ebenfalls Kohlenbunkersportler. Den Namen hat er von der australischen Filmserie „Skippi, mein Buschkänguruh", was zu ihm passt. Er hat einen immer leicht nach vorn gebeugten, federnden Gang.

„Na Kalf, wieder am Pennen?", schleicht er sich grinsend in die Effektenzelle und freut sich jedes Mal diebisch, ihn geweckt zu haben. Der junge Kerl hat, wie Gipsy von Z/A, Kinderheim und Jugendwerkhof hinter sich. Es ist ein netter, stets lustiger Typ und sie verstehen sich gut. Auch wenn sie sich nicht viel zu sagen haben, ist er Wolf sympathisch, denn er hat den Harzer Dialekt, was ihn an die schönen Ferientage dort erinnert.

Hauptsächlich interessiert Skippi natürlich Wolfs Funktion. Er schenkt ihm öfters Zigarettenpackungen, damit der ihn in Erinnerung behält, falls es mal etwas Besonderes zu Essen geben sollte. Natürlich tut Wolf ihm den Gefallen. Es wäre sowieso zu schade, etwa restliche Butter an die Küche zurückzureichen. Kann sein, dass er es weiterverkauft, doch davon will Wolf nichts wissen.

Skippi trägt nur maßgeschneiderte Polizeiuniformen und sieht stets ‚wie aus dem Ei gepellt‘ aus. Weiß der Teufel, wie er die Effektenkammer dazu bringt, das für ihn zu machen. Die gegenseitige Vorteilnahme, sich jemanden ‚warm zu halten‘, ist in diesem Etablissement recht verbreitet. Auch Wolf braucht etwa die Heizer, wenn auch nur, um seine beschlagnahmte Spindtür für das Bett wiederzubekommen. Oder auch die Leute der Effektenkammer, falls die fadenscheinige Kleidung wieder einmal kaputt geht.

Um die Essenausgabe zu erledigen, hat Wolf formal einen Gesundheitspass. Er wurde nach der Prüfung von Stuhlproben ausgestellt. Sein eigenmächtiger Einsatz des anderen Häftlings in der Essenausgabe, der diesen Raum ohne jenen Pass betritt, bleibt natürlich nicht unbemerkt. Nach ein paar Wochen wird es untersagt, wohl wegen Denunziation durch einen bei der Suppenausgabe ‚zu kurz Gekommenen‘. Zwar kann Wolf erwirken, dass ihm ein neuer Helfer gestellt wird, doch das Ergebnis ist mehr als traurig.

Der Zugewiesene ist ein schmuddeliger alter Knabe, der kaum laufen kann. Er trägt einen tiefen Scheitel aus fettigen Haaren, den er sich beständig über die Glatze kämmt. Beim Brotschneiden mit der Handmaschine, wozu er sich breitbeinig mitten in den Raum setzt, hängt ihm dieser dann zottig vom Kopf. Auch ist es ihm recht unangenehm, von einem jungen Kerl Anweisungen zu erhalten. Wolfs Einwände gegen den Mann fruchten nicht und er ermuntert die Leute des Arbeitskommandos, die sich zunehmend beschweren, dies bei der Verwaltung zu tun. Er ist dabei etwas unsicher. Es könnte als Aufwiegelei angesehen werden, so dass er sich möglicherweise bald selbst im Arrest wiederfindet. Und ‚Nachschlag‘ auf sein Urteil will er sicher nicht.

Schließlich hat man ein Einsehen. Die Stimmung des Arbeitskommandos ist, auch wenn man es nicht zugibt, wohl eine wichtige Komponente. Wolf ist erleichtert, als der Mann abgelöst wird.

Der folgende ‚neue' Helfer der Essenausgabe ist froh, von Plaste weggekommen zu sein und etwas Leichteres zu arbeiten. Er ist ein älterer, großer Krimineller mit grauem Bürstenhaarschnitt und recht kräftig. Das trübe Bild des Vorgängers noch vor Augen, akzeptieren die Leute vom Arbeitskommando ihn. Er hat jedoch ein Handicap, das äußerlich so gar nicht zu ihm passt und weshalb er auf dem Plaste-Arbeitskommando gewesen war. Ein, zumindest für Wolf, dramatisches Ereignis offenbart es.

Wenn die Freizeit zwischen Arbeit und Nachtruhe endet und der Einschluss beginnt, wird das Radio, das über die Lautsprecher läuft, ausgeschaltet. Es ertönt die Hupsirene und alle haben sich auf ihren Zellen einzufinden. Zwei Schließer gehen durch, prüfen in jedem Raum die Belegzahl und verriegeln dann die Zellentüren. Bei diesem Zählappell hat man Aufstellung zu nehmen.

„Verwahrraum 216 mit zwölf Strafgefangenen zum Einschluss angetreten", meldet dann etwa der Verwahrraumälteste dem Schließer.

Oder „Acht von zwölf zum Einschluss angetreten" – mit Begründung, warum die Fehlenden nicht da sind. Meist ist das wegen Mehrarbeit, Arztbesuch oder Verlegung der Fall.

Bei einer solchen abendlichen Zählung stehen sie einmal alle aufgereiht. Es wird Meldung gemacht, als plötzlich der neue Küchenhelfer wie ein gefällter Baum auf den Boden knallt und in verkrampften Zuckungen mit den Augen rollt. Der Schließer ist überrascht, alle anderen auch.

„Stehn Se auf!", befiehlt er, was sinnlos ist, da der Angesprochene ersichtlich ‚weggetreten', also ohnmächtig, ist.

Keiner weiß, was zu tun ist. Die Inhaftierten warten auf eine Anweisung, doch die kommt nicht und der Oberwachtmeister nimmt einfach weiter die Meldung ab, als wäre nichts geschehen. Die ist zum Glück recht kurz.

„Was hat der, muss der auf Krankenstation?", fragt er dann mehr sich selbst und man sieht ihm an, dass das Ereignis den Ablauf stört.

„Das ist ein Epileptiker. Kann ich ihm helfen?", sagt unerwartet der verurteilte Dieb unter ihnen, während die anderen stumm dastehen.

„Heben Sie den auf", antwortet der Schließer, der sichtlich überlegt, ob das ein Simulant ist.

Wolf steht direkt neben dem Umgefallenen, der inzwischen aus dem Mund schäumt. Als der Dieb und Ex-Wahlhelfer sich über ihn beugt, springt Wolf ihm unterstützend bei.

„Ich kenne das", flüstert der Dieb, „man muss die Hände lösen."

Da erst sieht Wolf, dass der Mann seine Daumen in den geballten Fäusten hält. Sie hieven ihn aufs nächste Bett und öffnen die Hände.

Langsam kommt der Küchenhelfer wieder zur Besinnung. Der Wachtmeister sieht das und geht ungerührt ab. Er verriegelt die Zellentür und eilt zur nächsten Abnahme.

Der Versehrte, jetzt mit großer Beule am Kopf, entschuldigt sich mehrmals, was Wolf recht traurig findet. Dafür kann er doch nichts.

Das Ereignis hat alle etwas beunruhigt.

„So schnell kann es vorbei sein", sagt der Effektenchef mit wiegendem Kopf und blickt Wolf dabei nachdenklich an.

Das Kartenspiel beginnt schweigsam. Der Neue will nicht mitmachen, ihm brummt noch der Schädel. Sie alle haben sich eben ein dickes Fell zugelegt, wie man so sagt.

# Weihnachten

Da ist ein kleiner Raum im Treppenaufgang, zu dem Wolf in diesem Haus voller Schlösser sogar einen Schlüssel hat. Sein Einziger. Hier ist Material gelagert, dass er für das ganze Haus alle zwei Wochen auszugeben hat. Zumeist sind es Putzmittel, aber auch Toilettenartikel, wobei die krümelige DDR-Zahnpasta am wenigsten gefragt ist. Hier putzen sich die meisten mit Westzahncremes das Gebiss. Wolf allerdings nicht, ist er doch überzeugt, dass Askese genau hierher, an diesen Ort der Entsagung, prima passt. Jedenfalls bei Zahnpasta.

Am begehrtesten sind Rasierklingen, die wegen des illegalen Teekochens einem starken Verschleiß unterliegen. Sicher hat Wolf dafür Verständnis. Eine Stange dieser Edelstahlklingen kostet allerdings 200 Mark und die Verwaltung ist entsprechend knauserig damit. Um zu haushalten, muss Wolf manchen ‚Großverbraucher' abweisen, worauf jedes Mal ein Palaver folgt.

Dem noch nicht genug, kommen eines Tages im November, vor der Weihnachtszeit, zwei SGs von Plaste II zur Materialausgabe. Sie sehen sich ganz praktisch in der kleinen Kammer unter der Treppe um und stellen fest, dass man hier doch prima Wein herstellen könnte. Wolf muss lachen. Das ist so absurd, dass es schon wieder gut ist. Auch sein Vater stellte einst in ihrem Keller Wein in Glasballons her, was dem kleinen Lenni ein wundersames Rätsel schien. Es blubberte dort immer so friedlich und roch wunderbar.

„Kein Problem", sagen sie, und erklären ihm aus dem Stand, mit voller Begeisterung, wie einfach das ginge. Mit Brot, Zucker und Wasser und völlig geruchsfrei. So etwas wäre sicher mehr als die übliche Teedröhnung der Leute.

„Ich könnte einen 15-Liter-Kübel beisteuern", sagt Wolf.

Eine Weile denkt er noch darüber nach. Das Risiko, entdeckt zu werden, besteht natürlich. Oder sind sie Agent Provocateurs? Aber der Vorschlag kam zu unwillkürlich.

Schließlich lässt er es sie machen, verpflichtet sie aber zu absoluter Verschwiegenheit. Alle zwei Wochen erscheinen nun am Ende der Materialausgabe die beiden Sommeliers und überprüfen ihr ‚Produkt'. Tatsächlich haben sie in der Adventszeit einen süßlichen, prickelnden Rosé geschaffen, der einige Prozent Ethanolgehalt hat. Die Verteilung muss freilich recht konspirativ erfolgen. Öfters trinken sie es zu dritt aus dem Stand im Putzmittelraum und nehmen nur ein paar unauffällige Plastikbecher mit auf die Piste. Kurz vor Weihnachten dann holen die beiden mit zwei großen Kannen den ganzen Rest ab.

Natürlich wurde die Sache ruchbar und ein Schließer prüft die Kammer. Aber da ist der kleine Kübel bereits leer und wieder zurück im Haupthaus. Das Spitzelwesen, zumal hier unter Leuten, die alle bereits inhaftiert sind und also sowieso am Fuße der Leiter stehen, ist Wolf tief zuwider.

‚Wer ist der größte Schuft im Land? Der Denunziant!', heißt es ja nicht umsonst. Dessen Ruf ist denkbar schlecht und doch gibt es ihn. Wohl schon immer und vielleicht auch gerade unter prekären Verhältnissen.


Bereits am Nikolaustag kommt Weihnachtsstimmung auf, doch seitens der Verwaltung passiert nichts. Auch das Essen ist wie gewöhnlich. Gegen Abend wird es ein paar Leuten zu bunt. Ein Gerücht läuft über die Piste, dass der Nikolaus käme. Und wirklich versammeln sich viele auf dem Flur.

Schließlich kommt einer von ihnen, mit Scheuerlappen als Kopftuch und einem Wischmopp als Bart, humpelnd den Gang entlang. Wolf kann beim besten Willen nicht erraten, wer es ist. Die Verkleidung ist perfekt. Der Bursche hat eine der Schwarzdecken umgelegt. Auf dem Rücken trägt er, als Sack zusammengehalten, eine weitere Decke mit ziemlichem Volumen. Nach einigem „Ho, Ho" und „Ha, Ha" leert er ihn über den Kopf hinweg auf den Flur. Der Inhalt besteht aus einer mächtigen Menge Filzpantoffeln und er erntet herzlichen Applaus für die Nummer. Fast alle Zuschauer müssen nun doch einmal lachen.

Weihnachten in Gefangenschaft ist wohl die trübste Zeit, die man sich vorstellen kann. Die wenigen Konfessionellen haben zumindest die Möglichkeit, zu einer Messe zu gehen. Leutnant Kunze hat wohl die Idee, es für seine Hausarbeiter etwas freundlich zu gestalten.

Gegenüber des ‚Verwahrraums' der Heizer liegt eine große Zelle, die immer verschlossen und praktisch leer ist. Sie ist eigentlich als Aufenthaltsraum gedacht, doch findet hier nichts statt. Kunze lässt von den Kriminellen-SGs einen Weihnachtsbaum aufstellen und bringt Christbaumkugeln. Eine zerbricht Wolf beim Aufhängen versehentlich. Der Uniformierte wird sofort feuerrot und fühlt sich provoziert.

„Die sind von mir zu Hause", sagt er vorwurfsvoll und blickt ihn scharf an. Es ist eine spontane, sehr private Äußerung. Christbaumkugeln sind in der DDR stets schwer zu bekommen und wenn, dann sind sie teuer.

„Es tut mir leid", entschuldigt Wolf sich ehrlich. Es ist ja rührend, dass der so etwas macht. Zumal als Atheist. Die Erzieher der ‚politischen' Häftlinge veranstalten gleich gar nichts. Misstrauisch nimmt er die Entschuldigung an.

Wolf ist gespannt, wie denn die Weihnachtsfeier gestaltet werden soll. Welche Art stille Andacht könnte hier drin wohl erzeugt werden? Christliche Lieder stehen ja bestimmt nicht auf dem Programm.

Unter dem glitzernden Baum werden am Weihnachtstag nach dem Mittagessen dann Post und Pakete der Angehörigen verteilt. Das überrascht Wolf nun wirklich und es kommt tatsächlich eine freudige Stimmung auf. Kunzes gute Wünsche mit Handschlag sind freundlich und aufrichtig, wofür Wolf ihm dankbar ist, auch wenn das sein ‚Oberaufseher' ist. ‚Nächstes Weihnachten bin ich draußen', denkt er befriedigt.

Die Westverwandten haben ihm fünf goldgelbe Apfelsinen schicken lassen. Isa hat auf jede ganz klein ‚I. L. D.' geschrieben. Soll heißen: Ich liebe dich. Sie duften großartig.

Für den Essenausgeber ist die Weihnachtszeit mit viel mehr Arbeit als sonst verbunden. Die Verwaltung weiß, dass es nötig ist, die Gefangenen an diesen freien Feiertagen ‚bei Laune' zu halten. Deshalb gibt es richtige Menüs mit Vorsuppe, panierten Schnitzeln und Dessert hinterher. Fünfzehn Kübel Essen müssen dafür aus der Küche geholt werden, mehr als eine Zellenbesatzung ist dazu nötig. Mit Aussicht auf ein solches Essen machen es die Leute aber ohne zu murren. Hunderte von Plastikgeschirrteilen muss Wolf hinterher per Hand abwaschen und vereinzelt wirft man sie ihm höhnisch ins große Becken. Als er nicht mehr nachkommt, hilft ihm ‚Skippi' ganz freiwillig beim Abtrocknen. Zum Dank will Wolf ihm dann auch mal eine Zigarettenpackung geben, doch die lehnt er ab. Skippi ist eben ein echt netter Typ.

Todmüde abends auf der Matte, erinnert Wolf sich an die Schulspeisung im ‚Treff', dem großen Veranstaltungsraum im zweiten Wohnkomplex seiner Heimatstadt. Jeden Tag gingen sie nach der Schule zum Mittagessen hin. Die Küche dort war groß und lange Schlangen mit Kindern bildeten sich vor den Ausgaben, wobei sich viele Ältere vordrängelten. An zusammengestellten Tischen aß man das oft kaum genießbare Zeug, was nur wenig besser war als hier.

Am Ausgang nun standen zwei große Tische für das schmutzige Geschirr, an der eine hoffnungslos überforderte ältere Frau die Berge abwusch. Meist schimpfte sie dabei wie ein Rohrspatz, denn die schmutzigen Teller wurden ihr oft hingeworfen und flogen manchmal auch auf den Boden.

Eines Tages aber stand dort plötzlich eine junge, dunkelhaarige Frau. Sie war vielleicht 19 Jahre alt, groß und tatsächlich schön, nur wirkte sie mit ihrem Silberblick etwas einfältig. Manche pubertierenden Schüler nun, sich von ihrer Reife provoziert fühlend, die sie selbst noch nicht hatten, warfen ihr übermütig die Teller hin, um sie zu dem üblichen Schimpfen zu provozieren. Allerdings tat sie das nicht. Sie war sichtlich betroffen, hielt inne und blickte traurig. Lenni schämte sich zutiefst für seine Altersgenossen. Einige Male erlebte er das und hätte ihr doch so gern einmal sein Mitgefühl ausgesprochen. Aber wie nur, ohne sich eine Blöße vor den Klassenkameraden zu geben?

‚Vielleicht wiederholt sich eben alles', denkt er jetzt resigniert. Und weil er es nie getan hatte, war er nun selbst in ihrer Lage. Eine tiefe Traurigkeit erfasste ihn. Deswegen, weil Weihnachten war, und überhaupt wegen allem.

# Zeitgenossen

Unter den politischen Strafgefangenen der Etage, den einhundertdreißig SGs, was im Übrigen eine Bezeichnung der Verwaltung ist, mit der man sich gern gegenseitig verspottet, hat Wolf als Essenausgeber eine Sonderstellung inne. Für sie ist er ein systemnaher Funktionshäftling, ein Teil der Repression. Als Hausarbeiter gehört er ja sichtlich zu den Kriminellen.

Für diese wiederum ist er ein ‚Politischer', ein intellektueller Eierkopp, ein Don Quichotte, der unsinnig gegen die Windmühlen des realen Sozialismus anrennt.

Beide Lager finden ihn suspekt.

Manchmal sind die Übergänge fließend. Der junge Landwirt etwa, jener mit dem schaukelnden Bett, fuhr betrunken an einen Baum, hat aber mit dem 220er auch einen politischen Paragraphen am Hals, denselben wie Wolf. Vielleicht ist er deshalb auch in Naumburg. Als er mit Freunden bezecht eine Kneipe betrat, standen dort ein paar Sowjetsoldaten in Uniform am Tresen. Den Bauernjungen fiel nun nichts Besseres ein, als die Hacken zusammenzuschlagen und den römischen Gruß zu zeigen. Der wird heutzutage allerdings nicht gut aufgenommen und sie erhielten zu dem Autounfall ein halbes Jahr Haft obendrauf. Er hat also anderthalb Jahre, wie Wolf auch.

Der andere Politische auf der Effektenkammerzelle, der dritte neben dem Bauernsohn und Wolf, ist ein echtes Unikum. Mit einem Mund breit wie ein Frosch und schief stehenden Augen wirkt er zunächst geistig eingeschränkt. Er ist aber ein wirklich intelligenter Skatspieler. In Wut auf seinen Vater hat er irgendwelche politischen Briefe an dessen Funktionärskollegen geschickt, weshalb er den § 214 am Hals hat. Der Papa ist eine höhere Parteicharge der SED, der herrschenden Einheitspartei, und konnte dem Sohnemann wohl Vorzugsbehandlung mit leichter Arbeit hier im Gefängnis verschaffen. Das wird allgemein akzeptiert, jeder versteht das und findet es normal. Wer Beziehungen hat, muss sie im Sozialismus eben nutzen, das ist klar. Er ist komfortabel ,auf Effekten', also in der Kleiderkammer, beschäftigt, obwohl er ein politisch Verurteilter ist und zum Nähen von Kleidung völlig unbegabt. Dank dem Papa sieht man darüber hinweg.

Neben dem schon erwähnten Schuster, den alle nur mit Nachnamen anreden, gibt es noch einen Weißhaarigen – ein weiterer Päderast. Auch mit diesem redet jeder nur das Notwendigste. Das Delikt finden alle tief unmoralisch. Niemand will sich mit so jemandem gemein machen, das würde von den anderen auch übel aufgenommen werden.

Der Bauernjunge, der draußen in einer ,landwirtschaftlichen Produktionsgenossenschaft', einer LPG, arbeitet, ist ein gutmütiger Bursche. Manchmal erzählt er Geschichten aus dem Landleben. Zum Beispiel, dass er mit der Mähmaschine nach einem Erntetag zuhause vorbeifährt und die Hälfte des Kornspeichers in seinen Hof abpumpt. Als Futter für das eigene Vieh. Im Dorf machen das alle so. Die so aufgepäppelten Tiere werden dann an den staatlichen Konsumhandel verkauft, der sie, weil subventioniert, unterhalb des Einkaufspreises in die Geschäfte bringt. In der Zeitung aber wird jeden Herbst die ,Ernteschlacht geschlagen', bei der die Bauern dafür gelobt werden, dass sie das Brot sichern. So kann das natürlich nichts werden mit dem Sozialismus.
Aber Wolf kennt es ja selbst, aus dem Optikerhandwerk. Bei jeder gelieferten Bestellung von Brillenfassungen waren immer nur wenige der hoch begehrten, leichten Metallgestelle dabei. Diese waren bereits für Kunden reserviert. Falls der Chef sie nicht selbst brauchte, um damit seltene Güter einzutauschen. Dicke, schwere Kunststoffbrillen hingegen gibt es immer. Keiner nimmt sie eigentlich gern. Anderswo allerdings sind selbst diese Brillen begehrt, wie Wolf einmal erstaunt feststellte.

Es war mitten im Sommer gewesen. Nur wenige Menschen waren in der Mittagshitze unterwegs, als drei kräftige, trainierte ,Südländer' das Geschäft betraten. Sie trugen Khaki-Kleidung und zwei stellten sich sofort mit dem Rücken an die beiden Eingangstüren, die muskulösen Arme verschränkend. Der Dritte ging auf Wolf zu. Irgendwoher kannte er den, kam ihm noch in den Sinn.

,Was wird das denn', dachte er, ,die Kasse werde ich bestimmt nicht verteidigen.'

Der vierschrötige Typ legte ein Rezept auf den Tisch und wollte zwei Brillen für ... seine Oma, wie er sagte. Beinahe hätte Wolf aufgelacht. Wie sich zeigte, war es Teofilo Stevenson, der Boxweltmeister im Schwergewicht. Mit einem kubanischen Krankenkassenrezept. Wolf konnte ihm nur Kassengestelle anbieten, also die einfachsten, doch war der Mann hochzufrieden. Kuba ist eben noch ärmer als die DDR.

Eine wirklich grobe Anekdote des Optikerlebens lieferte Wilfried, der jüngste Geselle. Als rasender Motorradfahrer erhielt er dauernd Stempel im Führerschein und fürchtete deshalb, ihn irgendwann abgeben zu müssen.[32] Auf Polizisten war er gar nicht gut zu sprechen, sie lauerten an vielen Ecken. Als Christ verachtete er außerdem die atheistische Staatsmacht. Als eines Tages ein harmloser Polizeioffizier in voller Uniform den Laden betrat, ein kleiner, dicklicher Mann, übernahm er ihn sofort. Er wollte ein freches Exempel statuieren. Der Arme bekam eine große, dicke und runde Damenfassung in Olivgrün aufgeschwatzt. Etwas anderes sei halt nicht da. Bei der Abholung ein paar Tage später erhitzte Willi auch noch den Bundsteg der Fassung und überzeugte den Litzenträger davon, dass das heiß angepasst werden müsse. Er drückte ihm das Kunststoffgestell auf die Nase, das nun wirklich optimal saß. Wolf war erstaunt, dass der Kollege mit diesem derben Scherz durchkam. Der Chef erfuhr nichts.

Solcherart ist eben das Ansehen der Staatsmacht jenseits der offiziellen Verlautbarungen. Wo diktiert wird, was man zu denken hat und was für gut zu befinden ist, kann es wohl kaum anders sein, oder?

Das Diktat von oben hatte jeder bereits erlebt. In der Schule gab es an einem schönen Sommertag einmal unterrichtsfrei. Alle wurden morgens mit Pionierkleidung zur Magistrale befohlen, der großen Verbindungstraße in die Altstadt.

„Fehlen ist nur mit ärztlichem Attest erlaubt", schärfte ihnen die Lehrerin ein. „Wer nicht da ist, erhält eine Fünf im Fach Gesamtverhalten."

Ein hoher Staatsgast aus Vietnam namens Lê Duân sollte begrüßt werden. Er besuchte das Buna-Werk. In den weißen Thälmann- und Jungpionierblusen, mit blauen und roten Halstüchern, warteten morgens viele hundert Kinder der Stadt entlang der vierspurigen Straße. Stunden vergingen und Wolfs Lehrerin hatte Mühe, ihre fünfte Klasse ruhig zu halten, denn natürlich machten die Jungs Faxen. Das Wetter war prächtig und der Himmel strahlend blau. Dann kam die schicke Autokolonne. Ehrlich erfreut darüber, weil nun das Warten vorbei war, winkten alle fröhlich. Und natürlich wollten sie den Mann sehen, auf den man so lange gewartet hatte. Schließlich schwenkte hinter der getönten Scheibe eines Parteivolvos ein kleiner alter Mann, der nur bis zur Nasenspitze zu sehen war, freundlich lächelnd mit erhobener Hand den Arm. Es dauerte nur ein paar Sekunden, dann war er vorbeigerauscht. Zwar hatten sie nun frei und konnten nachhause gehen, doch war die vierte Schulstunde bereits um und damit sowieso Schulschluss. Na, wenigstens hatten sie schulfrei gehabt.

Nach dem Besuch gab es wohl ein Wirtschaftsabkommen, denn bald konnte man eine ganze Zeit lang süße Toffees aus getrockneten Bananen kaufen, die sogar in essbares Papier gewickelt waren. So etwas kannte zuvor niemand. Sie wurden im Bruderland Vietnam produziert und schmeckten wirklich lecker.

Mit dem Dieb, der auch dem Epileptiker half, hat Wolf ein interessantes Gespräch. In besseren Zeiten war er

Parteikandidat und Wahlhelfer gewesen. Persönlich habe er dreißig Prozent der Wahlergebnisse im Ort als ungültig weggeworfen. Damit konnten stets mehr als neunzig Prozent Zustimmung nach oben gemeldet werden. Es sah einfach nicht gut aus, wenn der Wahlbezirk zu viele Stimmen gegen die ‚Liste der Kandidaten der Nationalen Front' hatte. ‚Das war eben so', sagt der Dieb lapidar. Problematisch fand er das nicht und würde es auch wieder tun. Für seine Verurteilung waren diese Taten ohnehin bedeutungslos.

Bei solchen Zellengenossen, die vor allem an ihrem persönlichen Vorteil interessiert sind, hungert Wolf förmlich nach geistigem Austausch. Allerdings sind die meisten der ‚Politischen' in Naumburg in Wirklichkeit gar keine. Zwar haben sie sich Gedanken gemacht und wollen die DDR verlassen, doch fast alle nur wegen des materiell besseren Lebens im Westen. Winnie etwa, ein Ingenieur, hat mit seiner Frau ein großes ‚A' aus Papier geschnitten und ans Wohnzimmerfenster gehängt. Das A steht für Antrag auf Ausreise in die BRD. In der Heckscheibe von Autos sah man das öfters. Man konnte sich dabei als Fahranfänger rausreden. Am Wohnungsfenster ist es aber der § 220, öffentliche Herabwürdigung. Das Paar hat den Anwalt S., den viele aus den christlichen Gemeinden nehmen. Es ist ein Mann, der leise und einfühlsam spricht und auf den sie viele Hoffnungen setzen.

„Er hat kein Parteiabzeichen und trägt schwarze Anzüge. Er ist ein Kirchenvertreter", sagt Winnie ehrerbietig und ein wenig herablassend. Wolf hatte ihm von seinem Anwalt A. erzählt. Jenen anderen kennt er nicht. Dass der Kirchenmann ein Spitzel ist, der ganze Berge von gehässigen Berichten über seine Klienten für die Stasi schreibt, erfährt man viel später.

Draußen dauert es bis zur Bewilligung der Ausreise in den Westen etwa drei Jahre. Es ist mit allerlei Schikanen verbunden. Manchmal dauert es länger, öfters gibt es auch gar keine Bewilligung. Jemand, der kein Künstler ist und dem die Westverwandtschaft fehlt, bekommt sie so gut wie nie. Die beiden wollten ihrer Angelegenheit mit dem A etwas Nachdruck verleihen. Sie bekamen vierzehn Monate aufgebrummt. Winnies Frau sitzt in Hoheneck, dem einzigen politischen Frauengefängnis des Landes. Er beantragt ein Zusammentreffen, was bei gefangenen Eheleuten halbjährlich geht. Der Prozess ist langwierig, findet aber statt. Mehrere Tage ist er auf Transportreise durch verschiedene Gefängnisse. Nach einer Woche ist er wirklich zurück. Der Anwalt S. half dabei.

Zwei, drei Neuzugänge nimmt das Arbeitskommando pro Woche auf. Die Leute sind dann meist auf Schicht und Wolf erklärt den Neuen die Umstände hier. Zunächst sind sie zurückhaltend. Da dieser Essenausgeber offensichtlich auch aus einer Stasi-U-Haft kommt, plaudern sie bald frei. Wie auf der Zugangsstation macht Wolf sich einen Sport daraus, die Paragraphen der Neuen einzuschätzen. Über die Zeit wird er immer besser darin. Fast alle, vor allem die Jüngsten, sind 213er – Republikflucht. Sie haben versucht, irgendwo über die Grenze in den Westen zu kommen. Die ist allerdings schwer bewacht und gesichert. Einer hat kleine Metallwürfel direkt unter seiner Haut, die von den Selbstschussanlagen stammen.

„Die wandern zu den Gelenken. Sieh mal hier", sagt er und greift sich einen unter der Haut mit zwei Fingern.

„Der war vor drei Monaten noch da." Dabei deutet er fünf, sechs Zentimeter weiter aufwärts.

„Werden die denn nicht entfernt?", fragt Wolf konsterniert.

„Nur die drei aus dem Bauch haben sie rausgeholt, die in den lebenswichtigen Organen", antwortet der Neue.

„Ich werde wohl nicht abgeschoben. So als lebenden Beweis lassen die mich bestimmt nicht", sagt er dann traurig.

Sicher hat er Recht. Wolf ist ganz betroffen. Er möchte ihn am liebsten umarmen. Aber das wäre gerade recht unmännlich, denn es sind noch andere dabei und sie kennen sich ja nicht.

Von all den neu auf Mewa III Eingefahrenen, die er kennenlernt, ist nur einer ein echter Politischer. Er will das System verbessern, hat dazu Gedichte geschrieben und sie in Briefkästen geworfen. Es ist ein dünner, großer Abiturient, der recht intelligent aussieht. Er versteht sich als eine Neuauflage der ‚Weißen Rose', jener Studentengruppe im Widerstand früherer Zeiten, die jedes Schulkind kennen muss. Den Bezug zur DDR findet die Stasi natürlich gar nicht lustig. Auch er hat den 220er.

‚Die harte Schichtarbeit ist bestimmt zu schwer für ihn', denkt Wolf. Und tatsächlich wird der Schüler bald auf Plaste verlegt.

Zum jahrzehntelangen kalten Krieg der Systeme, Kapitalismus gegen Sozialismus, bei dem die Deutschen geteilt an der Nahtstelle leben, gehört die Eigendarstellung beider Seiten. So verkündet die DDR beständig neue ‚soziale Errungenschaften', die freilich recht dürftig ausfallen. Wolf las einmal einen Brief an die Mutter, der ihr stolz die 43,5-Stunden-Arbeitswoche mitteilte. Im Westen gab es da bereits die 40-Stunden-Woche. Die Privatwirtschaft hat dort Flächentarifverträge, um die Löhne anzugleichen. Die sind dazu noch viel höher als im Osten. Auch gibt es dort einen großen Sektor an Staatsbetrieben.

Die Linken propagieren stets soziale Sicherheit, die andere Seite dafür persönliche Freiheit. Die BRD und die DDR – das sind die Schaufenster der beiden Weltsysteme. Wer aber will in diesem kurzen Erdenleben nicht etwa die Karibik sehen, anstatt ein unbedeutendes Rädchen im großen Aufbauwerk des Kommunismus zu sein? Auf die karibische Insel Kuba reiste sein alter Chef nebst Gattin für sagenhafte sechstausend Mark, doch sonst niemand. Der Reiseveranstalter hatte den schönen Namen *Jugendtourist*.

Zu gern hätte Wolf über solche Sachen diskutiert, ein paar Freunde gefunden. Doch die Politischen vom Arbeitskommando sind wenig zugänglich. Jemand, der seinen Ausreiseantrag zurückgezogen hat, ist allemal verdächtig.

In den langen Monaten der Haft findet er nur eine Ausnahme: Marius. Als typischer Berliner ist der umgänglich und offen. Vor dem Einschluss sitzt Wolf öfters bei ihm in der Mannschaftszelle auf dem Bett im dritten Stock. Sie plaudern und er lässt Wolf an seiner Pfeife mit würzigem Westtabak teilhaben. Er macht sich nichts aus Wolfs Position. Sicher auch, weil er bereits bei der Armee gedient hat und deshalb ein paar Vorteile zu schätzen weiß. Hier sind es Butter, Kräutertee, eine Spindtür fürs Bett und so was. Vielleicht auch, weil sein Vater ein hoher Parteigenosse ist und er das Festhalten am Sozialismus kennt. Zum dritten aber, weil er ein Sonderling ist, ein Idealist. Er hat eine ganz andere Sichtweise, die Wolf sonst nur aus der Kinderzeit kennt. Dazu gehört unbedingt die Pfeife, um die er ein echtes Gewese macht. Er schätzt das Friedenspfeifenritual der Indianer. Wolf findet das wegen der Vorstellung vom einfachen, naturverbundenen Leben gut. Die Wandervogelbewegung hatte das und die FKKler, die sich nackt baden und sonnen, wie es der Vater gern mit der Familie tat.[33] Den wahrheitssuchenden Christen ist es ebenso ähnlich und es schimmert auch durch die Gedichte von Eichendorff.

Eine moderne Bibel hat Marius und zeigt Wolf einiges darin. Sie wollen das vierzigtägige Osterfasten zusammen machen. Diese Schrift ist mit ihren täglichen Sinnsprüchen ungemein tröstlich. Wolf denkt fest an eine Taufe.

Die Indianer in den USA galten in der DDR als eine Art Freiheitskämpfer, die von den Yankees ungerecht behandelt wurden. Verdrängt wird gern, dass sie gefangene Siedler als Sklaven hielten. Sie um des Ruhmes willen am Marterpfahl umbrachten. Sie folterten und skalpierten, und was der Untaten mehr sind.[34] Doch sieht man ihnen das im Sozialismus alles nach. Ihre Geschichte ist geeignet die Amerikaner als

Unholde vorzuführen. Marius weiß um all das und sieht es ganz realistisch. Es bleibt für ihn bedeutungslos vor der großartigen Idee vom naturnahen Leben, das sie führten, bevor Weiße nach Amerika kamen.

Wie jeder Junge hat Wolf alle Defa[35]-Indianerfilme gesehen. Der glatzköpfige Rolf Hoppe spielte darin den bösen Amerikaner, während der muskulöse Gojko Mitic als ,Tecumseh' oder ,Osceola' der indianische Freiheitskämpfer war. Als sie älter wurden, fanden sie die einfachen Geschichten etwas lächerlich. Marius blieb dabei. Er meint es ernst und will unbedingt in die US-Reservate. Seine beiden Kinder tragen Indianernamen. Zusammen mit anderen Enthusiasten hatte er die US-Botschaft in Berlin besetzt. Nach ein paar Tagen verließen sie das Gebäude mit dem Versprechen der Stasi, sie abzuschieben. Prompt wurden sie verhaftet.

Etliche interessante und witzige Stunden verbringen sie nun zusammen. Dadaismus und Prosa kann er nicht viel abgewinnen; Naturpoesie, Gontscharow und dem Pazifismus schon. Auch über Denunzianten reden sie. Diesen Abweg, diese Spirale, sehen sie beide gleich. In schweigendem Einverständnis rauchen sie die Pfeife. Bis die Sirene zum Einschluss ruft und Wolf wieder in die Effektenzelle geht, ist es beinahe wie in der Bohème-Zeit mit Utz in der Hallenser Dachmansarde.

# Kehrtwende

In den langen Winterwochen fasst Wolf einen Entschluss. Viele Leute sieht er nach zwei Drittel ihrer Strafe mittwochs oder donnerstags nachts auf Transport gehen. Einer geht sogar bereits nach der Hälfte ab. Er ist bei Amnesty International in London bekannt, die ihn adoptiert haben. Ständig war er von einem Grüppchen Bewunderer umgeben und lief ziemlich wichtigtuerisch umher. Es war etwas lächerlich. Obwohl fit, gesund und ein Politischer, ließ man ihn erleichtert auf Plaste arbeiten. Dahinter stand wohl die Sorge um das Image als ‚sozialer Friedensstaat‘, sollte der Bursche einmal abgeschoben werden und von seinem Schicksal berichten. Wie weit doch der lange Arm des Westens reicht! Bis in dieses Gefängnis hinein.

Für die meisten der Politischen, ob nach der Hälfte der Strafe oder zwei Dritteln, ist die Zeit hier im Osten jedenfalls vorbei. ‚Was werde ich haben, was sein, wenn ich als ‚Politischer‘ in die DDR entlassen werde?‘, rätselt Wolf. Da sind nicht viele Blumentöpfe zu gewinnen. Als Friedhofsgärtner bei der Kirche kommen fast nur Konfessionelle unter. Bleibt noch Kulissenschieber am Theater oder Kartenabreißer an einer Kinokasse, doch die brauchen nicht viele. Falls ihn ein Optiker einstellen sollte, wäre das mutig, doch das wollte er ja nicht mehr sein, hatte extra das Abendabitur begonnen. Könnte er das fortsetzen? Möglich. Ein Studium allerdings, welches auch immer, wohl kaum. Schon die paar Jungs aus seiner Klasse, die Berufsausbildung mit Abitur machten und unauffällig waren, mussten technische Fächer studieren, weil es nur diese für sie gab. Die Tochter seines alten Chefs freilich studierte Kinderheilkunde. Der Papa hatte das organisiert. Solche Beziehungen hatte Wolf allerdings nicht. Es war wohl besser, wenn er das Land verließe.

‚Ich stelle einen neuen Ausreiseantrag‘, entschließt er sich.

Er hat noch sieben Monate, und vielleicht klappt es ja mit der Abschiebung. Von draußen käme er nicht so leicht in den Westen. Hier hingegen ist, so absurd das auch sein mag, eine Pforte.

Das Schreiben hat Wolf ausgefeilt formuliert. Dichtgedrängt, einseitig auf einem Briefbogen. Einige politische Argumente sind darin. Er kann Isa beim Besuchstermin eine Abschrift zustecken. Der vorsichtige Vater wird sie allerdings später vernichten.

An einem belebten Tag auf der Piste geht er zur Postausgabe und trifft dort auf Erzieher Kunze. Der ist merkwürdigerweise parfümiert und in eine Ausgehuniform mit Ordensklimperladen an der Brust gekleidet. Offenbar hat er noch was vor. Egal, es muss jetzt sein. Hinter Kunze ist das Fenster mit dem Blick über die Stadt. Wolf sieht kurz hinaus in die Ferne, um inneren Abstand zu gewinnen. Er ist ziemlich aufgeregt und voller Adrenalin. Irgendetwas würde sofort passieren, ist er sich sicher.

„Herr Leutnant, ich habe meinen Ausreiseantrag neu geschrieben. Hier ist er."

Das zusammengerollte Blatt schiebt er durchs Gitter. Die Lippen des Offiziers werden schmal. Augenblicklich wird er rot vor Wut.

„Das nehme ich nicht an", presst Kunze hervor.

Nun, an diese Möglichkeit hat Wolf gedacht.

„Gut", antwortet er, „dann werfe ich es in den Kasten des MfS."

Der Leutnant zuckt die Schultern. Doch Wolf merkt, dass dieser Antrag für seine ‚Erziehung' eine Niederlage bedeutet und ihm vielleicht selbst Probleme bereiten wird, was Wolf allerdings egal sein kann.

Der schwarze MfS-Briefkasten befindet sich eine Etage tiefer ebenfalls an der Gitterschleuse. Unter den vielen Gerüchten lautet eines, dass er geeignet sei, direkt Informationen an die Staatssicherheit zu liefern. Etwa Beschwerden, neue Angaben zum Fall oder Denunziationen. Ob das stimmt, kann Wolf

nur hoffen, offiziell ist es nicht. Nie sieht er im Gebäude einen
‚Externen‘, der diesen Kasten leert. Überhaupt geht da niemand dran, wenn die Zellen offen sind. Sollte es aber stimmen, so würde sicher Notiz davon genommen werden. Und bekannt gemacht hat er es über Kunze ja nun.

Wolf wirft das Schreiben ein.

Zunächst geschieht – gar nichts. Wolf spricht, außer mit Marius, mit niemandem darüber. Der findet das etwas bedenklich. Vielleicht ganz pragmatisch, weil ihm bestimmt sein Küchenkontakt verloren gehe.

Der Effektenchef auf Wolfs Zelle scheint bald etwas zu wissen. Er deutet es aus dessen unsicherem Verhalten und komischen Blicken. Aber es wundert ihn nicht. Im Gegenteil, er findet es gut, dass sich vielleicht etwas bewegt. Zudem war er langsam ungehalten über den Kerl. Der prahlt mit seinen Tätowierungen, die er angeblich selbst gemacht hat. Wolf hatte er versprochen, ihm Baudelaires „Cri de Coeur" auf den Innenarm zu stechen, doch schob er es immer wieder hinaus. Entweder war es nur Angeberei oder er hatte einfach Angst, entdeckt zu werden.

Zwei Wochen später ist es so weit. Er soll abgelöst werden. Klar, als Essenausgeber ist er nicht mehr tragbar. Sein Fall wurde offenbar beraten und er hat einen Neuen anzulernen. Es ist ein Krimineller, der, in froher Erwartung der kommenden persönlichen Vorteile, vor Eifer sprüht. Es ist schon abzusehen, dass er mit seinen neuen Regeln, denn natürlich will er alles besser machen, einigen Ärger auf der Piste bekommen würde. Der Gefangene hier hasst eben Veränderungen. Die Arbeit auf dem Kommando ist ihm schwer genug und beinahe jeder von der Verwaltung getätigte Eingriff in den Ablauf wird hier als Affront angesehen, als Machtdemonstration.

Am dritten Tag sieht Wolf dem Neuen bei der Arbeit nur noch zu. Der wird prompt angegangen, weil er sich wie ein Schließer gebärdet und Anweisungen erteilt. Damit ist er die ideale

Zielscheibe. Jemand packt ihn, stößt ihn herum. Hilflos kreischt er Drohungen. Wolf ist ganz gelassen. Das alles geht ihn kaum noch etwas an. Er beruhigt die Gemüter, damit hier nicht zuletzt noch die uniformierte Knüppelgarde aufzieht und er selbst Blessuren davonträgt. Außerdem könnte das ein gefundenes Fressen für die Leitung sein, um ihn wegen Aufwiegelei in den Arrest zu stecken.

Am Abend muss Wolf seine Sachen packen. Die gesamte Habe landet verschnürt in einer Decke. Mit dem unförmigen Sack auf dem Rücken, wie es hier Brauch ist, wird er Ende Februar auf Mewa VIII, die Galvanik, ins Haupthaus verlegt. Er ist zufrieden, hat er doch nur noch sieben Monate. Was soll also groß passieren? Allerdings: Der Mensch denkt, Gott lenkt, heißt es ja.

# Archaik

Die Arbeit auf Galvanik gilt als nicht so hart wie jene der anderen Mewa-Kommandos. Hier werden größere Metallstücke verchromt und der Zug der Teile durch die verschiedenen Tauchbäder lässt sich eben nicht beschleunigen. Die Arbeitsnorm müsste also überschaubar sein. Es gibt auch nur zwei Schichten, früh und spät. Wegen der giftigen Dämpfe ist die Arbeit jedoch gesundheitsschädlich. Beim leichten Plaste-Arbeitskommando ist das allerdings auch so. Hatte jemand im Erdgeschoß von Haus 2 die Türen der Werkhalle offengelassen, zog jedes Mal der giftige Geruch verbrannten PVCs bis in die oberen Etagen. Die Leute fluchten lauthals darüber und man suchte gelegentlich auch nach dem Schuldigen.

Direkt hinter dem Kinosaal liegt die neue, riesige Zelle. Sie ist mit zweiundzwanzig Leuten belegt recht deprimierend. Zwar ist der Raum groß und hell und die Betten nur zweistöckig, doch dafür sind diese alt und durchgelegen. Die harten Seegrasmatratzen anstatt denen aus Schaumstoff, wie Wolf es zuletzt hatte, tun ein Übriges. Eine Spindtür bekommt er hier natürlich nicht, seine Kontakte sind im anderen Haus geblieben.

Auf der Zelle geht es zu wie auf einem Bahnhof. Praktisch gibt es hier nur Kriminelle. Der Zellenchef, ein großer, kräftiger Bursche, weist Wolf ein freies Bett bei der Tür an. Sie ist weit entfernt von dessen eigener, ruhiger Ecke. Außer bei der Postverteilung, die seltsamerweise er hier vornimmt, hat Wolf keinen Kontakt zu ihm. Es ist ihm auch lieber so. Der Bursche ist von einer persönlichen Entourage umgeben, einer Art Hofstaat aus sechs oder acht Leuten, die unter sich bleibt. Sie besetzen zur Hauptzeit die wenigen Tische und veranstalten dort Privatfeiern bei Tee, Gelächter und Spiel. Der Rest versucht, in diesen erlauchten Kreis aufzusteigen, Prestige und ein paar Vorteile zu erlangen. Haben sie etwas anzubieten – etwa, indem sie den Inhalt ihrer Pakete spenden – erwerben sie sich damit sozusagen Verdienste. Andere sind privilegiert, weil sie erfolgreich Handel mit Westartikeln treiben und diese dann beisteuern. Die größten Spender finden sich so im näheren Umfeld des Zellenältesten.

Es ist interessant, das anzusehen. So musste in archaischen Gesellschaften eine Oberschicht entstanden sein. Dann vielleicht eine Kriegerkaste, zur Verteidigung. Oder ist es auch heute noch die Grundstruktur menschlichen Lebens? Organisiert sich so der Mensch auf natürlichem Wege? Und welche Rolle hätten darin Frauen? Die Schönsten würden wohl auch ohne materielle Güter in den Dunstkreis des Chefs gelangen und durch ihre Erscheinung an dessen Macht partizipieren. Dann weiter, indem sie seine und ihre eigenen Kinder auf die Welt bringen. Ihre Gene also weitergeben sowie ihre soziale Stellung. Ist das die Selektion des Menschen?

Der Zellenchef lässt ihn in Ruhe. Wolf hat ihm nichts anzubieten, weshalb er hier wohl am ehesten als Narr reüssieren könnte. Er ist auch nicht gewillt, in dieser Hierarchie aufzusteigen.

‚Die sozialistischen Parteien sind doch letztlich auch so organisiert', grübelt Wolf. Sie verstehen sich als Kaste, die sich zur besseren Akzeptanz ‚revolutionäre Kampfpartei der Arbeiterklasse' nennt. Eine Gruppe, die dann die ‚Massen', eines ihrer Lieblingsworte, lenkt, die sonst angeblich nicht wissen würden, was sie eigentlich wollen und was ihrem Wohle dient. Das hat Lenin postuliert. Unterdessen konsumieren die Parteigenossen aber Ressourcen, von denen der Arbeiter nur träumen kann: Villen, Dienstwagen, Chauffeure, Köche. Sie erklären, dass dies ja nicht ihr Privatbesitz sei. Es sei ‚Volkseigentum', das ‚allen' gehöre. Diese Diskrepanz zwischen Wort und Wirklichkeit ist so offensichtlich, dass das Volk mit Hingabe Witze darüber erfindet.

Glücklicherweise hat Wolf wieder ein oberes Etagenbett erhalten. Zwar lebt man dabei mit den Erschütterungen, die der Mann unten erzeugt, doch ist es heller und luftiger.

Bei diesen stabilen Betten alter Bauart ist ersteres auch weniger gegeben.

Sein Bettnachbar heißt Tesauer. Er kommt aus Halle und arbeitet im selben Betrieb wie Wolfs Vater. Nach seiner Entlassung wird er dahin zurückkehren. Es ist die kommunale Freibäderfirma, bei der auch Wolf in den Sommerferien als Rettungsschwimmer angestellt war. Das kann nun allerdings kein Zufall sein.

Tesauer ist ein schlichtes Gemüt. Über seine Tat spricht er nicht. Plump versucht er, Wolf öfters auszufragen. Der bleibt einsilbig und der andere lässt es irgendwann. Das tut Wolf zwar etwas leid, aber mein Gott, er hat noch ein halbes Jahr, man muss es ja nicht übertreiben.

Wie Wolfs Vater berichtet, hatte Tesauer vom nachbarlichen Altstoffhof Batterien geangelt. Mit einer Angel. Dem Betreiber bot er sie dann wieder zum Kauf an. Zum Haftantritt stellte er sich nicht selbst, wie es befohlen war, sondern versteckte sich recht lächerlich. Die Polizei zog ihn aus seinem Bettkasten. Tesauer erinnert Wolf stark an den Stasi-Zeugen mit den Schreibfehlern aus seiner Vernehmungszeit. Dessen Bericht hatte er ja gesehen. Es sind wohl nicht die Besten, mit denen der Kommunismus zu siegen glaubt.

Zur Arbeit auf Galvanik geht es mit den schon bekannten Bussen wieder in die Metallwarenfabrik. Obwohl genauso verdreckt wie Mewa III, ist es in diesen Werkhallen etwas leiser. Nur die lange Laufkette unter dem Dach, an der die Metallteile hängen, sorgt hier für einigen Lärm. Mit 150 bis 180 Mark im Monat verdient der Strafer hier mehr als auf den anderen Mewa-Kommandos, wo es 130 gibt. Der Grund ist die Gesundheitsgefährdung.

„Die Arbeit ist spezialisiert. Man muss angelernt werden", sagt ihm ein Zivilmeister.

Wolfs Eindruck ist allerdings, dass hier, genau wie auf Mewa III, die langsamsten und damit leichtesten Arbeiten bereits vergeben sind. Allerdings ist das relativ, denn diese ‚privilegierten' Leute inhalieren die Säure- und Chromdämpfe aus den großen Tauchbecken. Man erlaubt ihnen, sich private, bunte Tücher vor Mund und Nase zu binden. Auf diese Vergünstigung sind sie stolz. Rauchabzüge oder Masken gibt es nicht.

Als ein Neuer zieht Wolf mit einer ‚Schildkröte' zwei Tage lang Eisenkisten, angefüllt mit Metallteilen. Dieser mechanische Hubwagen ist übel schwer und der löchrige Boden dient auch nicht gerade der Sache. Die Zeit, die es dauert, ist ihm allerdings egal. Um nicht der Sabotage durch Bummelei verdächtigt zu werden, muss man vor allem in Bewegung bleiben. Seine unzureichende Körperkraft fällt auf. Misstrauisch sieht ihm ein Zivilmeister im grauen Kittel zu.

„Was hast du bisher gemacht?", fragt er den Delinquenten am dritten Tag.

„Auf Mewa III gestanzt", antwortet Wolf.

„Komm mit", winkt er ihm.

# Unfall

Der Weg führt in eine abgelegene Werkhalle. Kein Mensch ist hier. Auf einzelnen Betonsockeln stehen Stanzmaschinen aufgereiht, sicher acht an der Zahl. Der übrige Teil des uralten Bodens, der aussieht, als stamme er vom Anfang der Industrialisierung, ist blanke, steinharte Erde. Ein trichterförmiger Abflussgraben, eine halbe Armlänge tief, durchzieht die Halle. Nach draußen ist er natürlich vergittert. Mengen von Bohrflüssigkeit nahm er wohl einst auf, doch ist er gerade halbwegs trocken. Man muss sich vorsehen, um nicht hineinzustolpern.

Wolf erhält eine weit hinten liegende Maschine zugewiesen. Hier werden halbe Hohlkugeln aus Aluminiumguss eingelegt. Die Maschine presst die Grate der Gussform platt. Zusammengesetzt sind sie als Rollen unter Sesseln bekannt.

Die Halbkugeln werden per Hand eingefüllt. Immer ein Stapel. Dummerweise verkanten sie sich ständig und die Maschine schaltet dann ab. Wolf muss in den schmalen Schlitz greifen, um zu versuchen, das jeweilige Stück mit der Hand zu lockern, damit es wieder passend in der Form sitzt. Auf diese Weise ist der Produktionsausstoß recht dürftig und der Zivilmeister, der gelegentlich vorbeikommt, runzelt die Stirn. Wolf beschreibt ihm das Problem und verlangt ein Werkzeug. Einen Schraubenzieher oder Ähnliches darf der ihm aber nicht geben, da Wolf hier ohne Aufsicht ist.

„Na dann", sagt Wolf und sie resignieren beide. Wenigstens ist auch dem Zivilmeister jetzt die Stückzahl recht egal.

Am Nachmittag kommt es zum Unfall an der Maschine. Wieder kann Wolf ein verklemmtes Teil nicht lösen. Auch wiederholtes Stanzen bringt diesmal nichts. Da er nicht zum x-ten Mal den Zivilmeister mit dem Werkzeug suchen will, beschließt er, etwas Neues zu probieren.

Die Stanze lässt sich zur Sicherheit nur mit zwei roten Knöpfen in Gang setzen, die man beidhändig drückt. Die rechte

Hand in der Maschine, am scharfkantigen Gussteil, schaltet Wolf mit Daumen und Zeigefinger der anderen Hand den Motor ein. Die hydraulische Stanze geht nicht bis ganz runter, das sah er. Es müsste also gehen. Leider war das falsch gedacht. Sie stanzt tief genug, um seinen rechten Daumen mit schnellem Schlag zu quetschen. Es schmerzt sofort höllisch. Einen Augenblick lang sieht Wolf Sterne. Die Hand herausgezogen, sieht er, dass der Nagel in Blut schwimmt. Auf der Innenseite des Daumens ist wie eine Stanzmarke die scharfe Kante des Gussstücks ins Fleisch eingedrungen. Der Knochen scheint aber okay, es war ja auch noch ein halber Zentimeter Platz. Erstaunlich, was so ein Finger aushält. Wolf eilt zum Meister, eine Blutspur hinter sich, hoffend, nicht vorher umzukippen. An der Arbeitsstelle verbunden, muss er nun warten, bis die Frühschicht endet.

Am späten Nachmittag sieht Wolf im Strafvollzug einen der Ärzte der Krankenstation. Es ist ein Häftling, auch ein ‚Ausreiser'[36]. Der Arzt fordert vom Sanitätsgefreiten Betäubungsmittel, sichtlich deprimiert darüber, überhaupt danach fragen zu müssen. Der Uniformierte wirft einen nicht eben intelligenten Blick auf die Wunde und erlaubt es großzügig. Das Mittel wird in Wolfs Daumenglied gespritzt, das sich dabei am Riss öffnet und sofort wie ein roter Blumenkohl aussieht. Der Arzt näht gleichmütig die Wunde zu, desinfiziert und schreibt ihn eine Woche krank.
Wolf hatte ziemliches Glück. Etliche Leute verlieren durch die Arbeit mit den alten Maschinen und die hohe Stückzahlnorm Fingerglieder. Noch mehr Leute tragen Narben davon. Bei den mit Säuregasen Bedampften sieht man natürlich äußerlich nichts. Sie husten nur öfters.

‚Wer den Schaden hat, braucht für den Spott nicht zu sorgen', heißt es ja, und so muss sich Wolf über seinen Unfall natürlich Sprüche anhören, wie: „Wenn der Essenausgeber mal arbeiten muss..." Die Geschichte läuft durchs halbe

Haus. Wolf nimmt es mit Humor, zumal er sich zu dem Job als Kalfaktor seinerzeit ja nicht gedrängt hatte. Befreit von der Arbeit, allerdings mit heftigen Schmerzen, liegt er zunächst auf der leeren Mannschaftszelle. Das heißt, Liegen ist natürlich nicht erlaubt, also Sitzen am Tisch.

Vor der Zelle verläuft ein breiter Gang, der rechts durch eine zweiflügelige Tür zum Speisesaal führt. Wolf kannte ihn. Einmal hatte die Z/A-Station das Privileg erhalten, dort an einer Kinoveranstaltung teilzunehmen. Sicher zweihundert SGs waren da. Nachdem die Schließer die Türen verriegelt hatten, lief irgendeine seichte Unterhaltung. Es war lustig gewesen, da ein paar Witzbolde das Geschehen auf der Leinwand immer wieder gut kommentiert hatten. Dass die Halle einmal sein täglicher Ort der Mahlzeit werden würde, ahnte er da noch nicht.

Links führt der breite Gang vor der Zelle zu einer Gitterschleuse. Dahinter liegt ein immerzu verschlossenes, dunkles Treppenhaus. Hier geht es zur Gefängnisverwaltung am Haupteingang, die unter der Postadresse ‚Am Salztor 5' residiert. Es ist der Gang der Hoffnung für fast alle. Es ist der letzte Weg in dieser Einrichtung, denn hier hindurch geht es ‚auf Transport' in den Westen. Dass Wolf das weiß, verdankt er dem Zufall der neuen Unterbringung auf Galvanik.

Wird jemand zur Abschiebung ausgewählt, fordert man ihn auf, innerhalb einer halben Stunde die Sachen zu packen. Unter Aufsicht verlässt er im nächsten Moment die Zelle und damit die Kameraden, mit denen er viele Monate zugebracht hat. Das geschieht immer nur nachts, zwischen elf und eins. Einmal erwachte er wegen der Geräusche von offenbar vielen Füßen draußen. Die Zellentür ist hier meist offen und so schlenderte er auf den Gang. Für einen Augenblick sah er das Sammeln der Leute im Speisesaal. Ein Uniformierter bemerkte ihn und schloss mit unwilligem Blick die Flügeltür. Bei dieser Irregularität des sozialistischen Gefängnislebens wollen sie keine Zuschauer. Es ist eben eine typische Stasi-Aktion. Die Leute sind danach verschwunden, als hätte es sie nie hier gegeben. Nur im Gedächtnis der Inhaftierten leben sie weiter, ihre Namen und Geschichten hallen nach. Manche hier führen gar Listen der abgegangenen Personen – über ihre Haftdauer, ihre Paragraphen, ihr Abschiebedatum –, um ein Muster zu erkennen. So wissen alle Politischen, wann wieder ein Transport zu erwarten ist und wie lange man selbst wohl noch ausharren muss. Wer aber wirklich dabei sein wird? Das bleibt selbst für die Leute mit den besten Westkontakten ungewiss. Wolf legte sich wieder hin. Bald darauf trabte ein Pulk Leute am Verwahrraum vorbei in Richtung Hauptausgang. Es war sicher ein Transport. Andere Mewa-Leute bestätigten es ihm am nächsten Tag.

Dass ein Speisesaal zu allem möglichen dienen kann, kannte er bereits. Die Schachturniere der Stadt, seine Jugendweihe, das Umarmen der ersten Freundin während eines Kinofilms – all das fand in der Schulspeisung statt. Noch eines ergab sich, als Lennis siebzehnjähriger Onkel starb. An dem Morgen waren Leipzigs Straßen leer gewesen, doch ein Kleinbus der sowjetischen Armee fuhr ihm ins Motorrad. Der Soldat hatte eine rote Ampel übersehen. Hartmut war sofort tot – Halswirbelbruch. Monate später lud man die Mutter zur Gerichtsverhandlung. Sie war erstaunt darüber. Hunderte russische Soldaten bildeten das Publikum, als auf der Saaltribüne in der Torgauer Kaserne der Prozess stattfand. Der Fahrer wurde zu zwei Jahren Gulag verurteilt. Die Bühne wurde abgeräumt, der Vorhang ging auf und die Vorführung eines vaterländischen Kinofilms begann. Den wollte sie aber nicht ansehen.

# Gefilzt

An einem stillen Vormittag im Krankenstand ist Wolf allein auf der großen Galvanikzelle. Er liest zum x-ten Mal die empfangenen Briefe der Freundin. Schlüsselrasseln und das schnelle Knallen von Absätzen aus Richtung des dunklen Treppenaufgangs reißen ihn aus seinen Betrachtungen. Er springt auf. Uniformierte eilen vorbei, durch den Saal hindurch, und schließen die Flügeltür auf der anderen Seite. Zwei große, lange Kerle kennt er aus Haus 2. Sie sind vom Rollkommando, das die Zellen durchsucht und bei Unruhen mit Gummiknüppeln erscheint. Die Galvanikzelle ist aber, abgesehen von ein paar Leuten im Speisesaal, die sie auch filzen könnten, hier der einzige Ort zum ‚Zerlegen‘.

Während sie die Leute im Speisesaal einer Leibesvisitation unterziehen, nähern sie sich langsam seiner Zelle. Es sind sechs Mann. Wolf überlegt fieberhaft, wie er der Filzung entgehen kann. Bis jetzt ist es ihm gelungen, einen Berg von Briefbögen – die Umschläge werden nicht ausgehändigt – und fünf Fotos zu behalten. Es ist das Wichtigste, was er besitzt. Schon öfters gelang es ihm, sich dem Kommando zu entziehen, diesmal aber ist die Sache ernst. Die Mappe am Körper zu tragen, wäre auffällig. Pech, dass er immer noch die enge Polizeikleidung trägt, die ihm maßgeschneidert wurde. Würde er die Briefe am Körper tragen, wäre das ‚willentliches Verbergen‘ und könnte geahndet werden. Wolf beschließt, die Mappe einfach in einen Beutel zu schieben. Als sie im Saal mit den Leuten fast durch sind, schlendert er ihnen so unbedarft wie möglich entgegen. So, als wäre er sowieso gerade auf dem Weg in den Saal.

Das Rollkommando ist, wie er es bereits vom Haus 2 kennt, im Geiste schon bei der kommenden Zellenarbeit. Zügig werden sie alle Matratzen in der Mitte zusammenwerfen, ebenso die persönliche Habe der Insassen, die Betten verrücken und überhaupt alles auf den Kopf stellen. Anscheinend haben sie dafür eine Zeitvorgabe, denn es dauert selten länger als zwanzig Minuten. Als sie heranrauschen, macht Wolf respektvoll Platz. Huldvoll nehmen sie es im Vorbeilaufen zur Kenntnis. Beinahe hat er es geschafft, als der Vorletzte sich umdreht und ihn näher ins Auge fasst. Sein Blick fällt auf den Beutel. Er schert aus und kommt noch einmal zurück. Den Gummiknüppel waagerecht in beiden Händen, weist er Wolf in den Essenssaal. Auf einem Tisch muss er ihm den Inhalt präsentieren. Die Augen gehen dem Uniformierten über, als er Wolfs stattliche Briefsammlung sieht, die an sich aber nicht illegal, sondern eher einem Versäumnis der Postausgabe geschuldet ist.

„Wieso haben Sie das?", fragt er gespannt und sieht Wolf an, als sei er ein gefährliches Insekt.

„Es hat sich so ergeben", antwortet Wolf so beiläufig wie möglich. Als wäre es das normalste der Welt. Solche scharf gemachten Verwaltungsheinis, die wenig Umgang mit dem Gegenstand ihres beruflichen Lebens haben, kennt er bereits vom Sandschippen. Bestimmt hat man dem erzählt, wie hypergefährlich diese Politischen hier seien. Aber natürlich hat er die Macht.

Wolf muss die Taschen leeren. Den Metallkugelschreiber legt er so ab, dass der andere die eingebaute Uhr nicht sieht. Über seine Freude, den Kollegen einen derart ‚fetten Fang' präsentieren zu können, denn erfahrungsgemäß finden sie beim Filzen wenig, sieht er nicht näher hin. Auch bei den Briefbögen verzichtet er auf weitere Ursachenforschung. Knurrend überlässt er Wolf auf Nachfrage den Kugelschreiber, der ihn sich rasch in die Brusttasche schiebt. Der Uniformierte greift sich, bis auf die erlaubten drei Briefbögen, alle seine Sachen und eilt davon, um sich rasch wieder seiner Filztruppe anzuschließen. Bestimmt hat Wolf der nun folgenden eifrigen Suche in der Zelle gehörig Auftrieb verschafft.

Nach dem Abzug des Rollkommandos geht er zum Ort der Verwüstung und zieht seine Sachen und die Matratze aus dem wirren Haufen. Dann richtet er sein Bett.

Als das Arbeitskommando von der Schicht kommt, gibt es natürlich lange Gesichter. Der Stubenchef fragt ihn, um seine Autorität herauszustreichen, warum er nicht bereits aufgeräumt habe. Das hätte Wolf noch gefehlt. Der glaubt wohl, er hat einen Neuzugang vor sich.

„Ist gerade erst passiert", antwortet er lapidar.

Zwar sieht der andere ihn ungläubig an, doch kann er nichts machen. Wüsste er um den Zeitpunkt der Filzung, wäre das ein Beweis für seine Nähe zum Personal. Das kann auch er sich nicht leisten.

Still, als wäre nichts geschehen, sortiert jeder wieder seinen Kram. Anders als bei den Politischen flucht hier keiner.

‚Ob das Ganze ein Nachspiel für mich hat?', sinniert Wolf. Möglich wäre es. Andererseits hat das Rollkommando nichts mit den sonstigen Schließern und Offizieren zu tun, wohl um Vorteilnahmen zu vermeiden.

Etwas passiert aber doch. Die Leitung hat wohl getagt.

„Pack deine Sachen, du wirst auf Nichtarbeiter verlegt", teilt ihm der gegenüber der Obrigkeit stets servile Zellenälteste mit.

„Weshalb?", fragt Wolf ihn.

„Keiner soll allein im Verwahrraum bleiben, sagen sie."

Wieder packt er sein Bündel.

# Bohème-Treffen

Die zwei Zellen der ,Nichtarbeiter' liegen am anderen Ende vor dem Speisesaal. Der Flur davor ist täglicher Durchgang für eine Menge Leute aus vielen Arbeitskommandos, die im Saal verköstigt werden. Hunderte sind es täglich und man kommt sich hier vor wie auf einer Trabrennbahn. Sicher ist das gewollt. Wer irgendeinen Grund dafür zu haben meint, nicht zu arbeiten, überlegt sich das unter diesen Bedingungen wohl noch einmal.

Nach der Volksspeisung, die Stunden dauert, wird der Saal verriegelt und ein Gitter verschließt den Durchgang. Die Zellentüren der Nichtarbeiter bleiben zunächst geöffnet. Man kann nun auf den blanken Betonfliesen des einsamen, großen Flures umherwandeln. Nichts und niemand stört hier die Abgeschiedenheit vor dem abendlichen Einschluss.

,So muss es für Zootiere sein, wenn die Besucher weg sind', kommt es Wolf in den Sinn.

In der Gefängnishierarchie gilt ,Nichtarbeiter' als die unterste Ebene der Inhaftierten. Ganz oben steht der Hausscheich mit einigen Funktionshäftlingen, die Einzelzellen ,mit Ausstattung' bewohnen. Sie haben das Recht, Uhren zu tragen. Dazu zählen auch die ,Außenarbeiter', eine Art Vorzeigetruppe gelungener sozialistischer Umerziehung. Sie reparieren die Sicherheitsumzäunung und pflegen ein paar Grünstreifen. Etliche davon spielen Musikinstrumente in einer eigenen Band. Kaum jemand hat Kontakt zu ihnen. Sie treten vor Besuchern auf, die niemand sonst zu sehen bekommt. Es folgen jene Hausarbeiter, die auf gewöhnlichen Mannschaftszellen liegen, so wie Wolf als Essenausgeber einer war. Dann kommen die Arbeitskommandos der Mewa mit der Masse der Politischen. Es ist das zahlreiche Arbeitsvolk.

Die beiden Plaste-Arbeitskommandos sind die vorletzten. Ihre Werkstätten sind direkt bei den Wohnzellen, was unangenehm ist, da man, bis auf eine Stunde Freigang, nur selten woanders hingehen kann. In der untersten Kategorie, dem Krankenstand, ist Wolf jetzt gelandet. Noch dazu mit einem furchtbar schmerzenden Daumen.

Er braucht nicht lange, um herauszufinden, wie seine Mitinsassen hier ticken. Fast alle sind versehrte, alte Männer. Da außer dem Reinigen von Zelle, Flur und Speisesaal praktisch nichts zu tun ist, langweilen sich etliche und übernehmen deshalb gern diese Arbeiten. Einer stellt sich gar, regungslos auf einen Besen gestützt, mit Vorliebe auf den Gang und betrachtet den unablässigen Strom der Kantinenesser. Es sieht imposant aus. Der große, bewegungslos verharrende Alte gehört als ,Arbeiterdenkmal' in Bronze gegossen draußen vor die Einrichtung, findet Wolf. Er ähnelt verblüffend dem riesigen Indianer im US-Film „Einer flog über das Kuckucksnest". Selbst Wolfs Sympathieavancen prallen völlig an ihm ab.

Ein Teil der Nichtarbeiterbelegschaft wechselt ständig, denn immer wieder werden welche aus der Verletztenkategorie hier tageweise ,zwischengelagert'. Sie sind zu krank, um zu arbeiten, und zu gesund, um auf der richtigen Krankenstation zu liegen.

Das Hinlegen wird hier nicht streng geahndet und manche verweisen stöhnend auf ihre Leiden, wenn man sie daran hindern will. Bald tut Wolf das auch und hebt bei Ansprache einfach seine verbundene Hand. Meist reicht das. Damit kann er eben nicht mal einen Besen schwingen.

Durch die Geräuschkulisse ist Lesen hier allerdings unmöglich und so hat er Muße, gründlich über seine Situation und das Leben an sich nachzudenken. Es ist Ende Februar und beinahe ein Jahr ist er jetzt inhaftiert. Warum hat man ihn zum Essenausgeber ernannt, obwohl er den Stasimann auf der Zugangsstation abblitzen ließ? Oder hatte das der Bezirksstaatsanwalt veranlasst? Oder das Gericht? Vielleicht dachte sich auch die Stasi in Halle, dass Wolf ihnen noch von Nutzen sein könnte, später im Westen. Waren sie es gewesen, die ihm die privilegierte Stellung verschafften? Dass die Stasileute einen nie in Ruhe lassen, wenn sie das wollen, haben sie ja längst bewiesen. Da waren die geflohenen DDR-Sportler, die dann merkwürdige Autounfälle mit Todesfolge im Westen hatten. Das kam im West-TV, in der Sendung ‚Kennzeichen D'. Es ist die einzige, in der solche Dinge manchmal erwähnt werden. Immerhin gibt es ja auch noch Wolfs Onkel im Bonner Verteidigungsministerium. Mit Sicherheit sind sie an dem interessiert. Noch mehr aber brennt ihm die Frage auf der Seele, ob sie ihn abschieben werden.

‚Hätte ich von Anfang an bei meinem Ausreiseantrag bleiben sollen? Habe ich mir den Weg nach Westen durch den Rückzieher verlegt? Oder war ich sowieso schon auf dem ‚Abschiebegleis', mit oder ohne Antrag?', sind seine Überlegungen. Er musste unbedingt mit dem Freund und ‚Mittäter', der hier praktischerweise immer zum Essen geht, über solche Dinge reden.

Seit der Verhaftung hatte er Utz nicht mehr gesprochen. Scheinbar eine Ewigkeit ist es her, seit sie in der Dachmansarde zusammenlebten. Wo sie nächtelang über Kunst, Bücher und das Leben diskutierten, sich als wahre Bohemiens fühlend. Und dabei als beinahe die einzigen von Halle. Viele Monate war das her und die Ereignisse hatten sie verschlungen, auseinandergerissen wie ein Orkan. Sogenannte Mittäter werden nicht nur bei der Stasi, sondern auch im Gefängnis getrennt. Plötzlich allerdings waren sie im selben Gebäude untergebracht. Im Durchgang sehen sie sich und bedauern, nicht ausgiebig reden zu können, wie in alten Zeiten. Doch Utz hat eine Idee.

Er ist auf einem Mewa-Arbeitskommando und es gibt ein paar Tricks, um sich mal ‚freizunehmen', ohne dass es gleich nach Arbeitsverweigerung aussieht. Einer davon ist, ein ganzes Stück Butter zu essen, dass man sich zu dem Zweck erhandelt. Dann macht man unbestimmte Bauchschmerzen geltend. Die Blutprobe beim Arzt ergibt für kurze Zeit ein ungünstiges Bild und man ist erst einmal freigestellt.

Wolf bezieht derweil eine Bettstelle im Untergeschoß und reserviert eine daneben, was nicht schwer ist, sind es doch die miserabelsten Schlafstätten, die er je hier sah. Der Abstand zum oberen Bett beträgt gerade mal fünfzig Zentimeter, ganz abgesehen von den steinharten, verbeulten Seegraspolstern. Es macht ihm jedoch nichts aus. Klaustrophobische Anwandlungen lassen sich durch einfaches Augenschließen wegdenken. Es ist ein gelegentlicher Trick, der in den alltäglichen Misshelligkeiten des Sozialismus schon immer brauchbar war.

Tatsächlich gelingt es Utz, sich für zwei Nächte auf Nichtarbeiter verlegen zu lassen. Darüber, dass es so reibungslos funktionierte, freuen sie sich wie kleine Kinder, denen es gelungen ist, den Erwachsenen einen Streich zu spielen. Nach dem Einschluss plaudern sie die halbe Nacht; immer wieder unterbrochen von Zellengenossen, die sich über die manchmal unbeherrschte Lautstärke und wieherndes Lachen beschweren.

Hauptgegenstand ist anfangs natürlich die Stasi-Haft. Sie stellen fest, wie leicht es für die Stasi war, immer wieder ihre Aussagen miteinander abzugleichen. Durch Personenbeschreibung finden sie heraus, dass sie dieselben Vernehmer hatten. Utz hatte den, der bei Wolf den ‚good cop‘ spielte, als es um die Erweiterung der Anklage auf § 219 ging, und umgekehrt.

Utz erzählt, wie triumphierend der Vernehmer ihm mitteilte, dass Wolf seinen Ausreiseantrag zurückgezogen hatte.

„Ich war total enttäuscht von dir", sagt er. „Ich dachte, du würdest sofort entlassen."

Wie er darauf kam? Mit Entlassung hatte Wolf nicht gerechnet.

„Und, hast du deine Überzeugungen auch zurückgenommen?", fragt Utz spöttisch.

„Nein. Und ich habe auch niemanden verpfiffen. Nur immer die Maschine gefüttert, mit so viel Unbedeutendem wie möglich. Außerdem habe ich meinen Ausreiseantrag jetzt neu gestellt."

Ein kurzes Schweigen entsteht.

„Ich habe dich nicht verraten", ergänzt Wolf. „Nur das mitgeteilt, was wir verabredet hatten. Du wolltest doch auch rüber."

„Ja", stimmt der andere etwas resigniert zu.

Die aktuelle Situation, diese drastischen Folgen jedoch, haben sie sich beide nicht vorstellen können.

Ein interessantes Detail betrifft Utz' wochenlangen Zellengenossen bei der Stasi – einen Franzosen. Der hatte versucht, seine DDR-Freundin im Kofferraum auszuschleusen. Gegen die alltäglichen, kleinen Schikanen im Zellenhaus rebellierte er unsinnigerweise, beim Stasi-Vernehmer hingegen biederte er sich jämmerlich an. Das ist völlig unsinnig gewesen, stellen beide überlegen fest. Dem Franzosen waren die Verhältnisse in der DDR eben fremd. An die Humanität eines Stasimannes zu appellieren, ist nutzlos. Der gibt dem inhaftierten Feind nur etwas, wenn er eine Gegenleistung erhält. Informationen eben.

Der Gulag selbst, der historische, sowjetische, hat keinen offiziellen Namen in der DDR, er ist ein Tabu. Erst der Literat Solschenizyn gab ihm einen, im Westen. Da sei mal etwas unter Stalin gewesen, hieß es nur, doch der war ja längst tot. Dabei hatte lange vor Solschenizyn schon Solonewitsch den Gulag beschrieben. Seine Generation ist jedoch längst vergessen, stand er doch im Weltkrieg auf der Verliererseite und floh vor den siegreichen Bolschewiken nach Südamerika.

Die Moskauer Metro etwa, mit ihren tiefen Schächten, wurde an einem Ende von den begeisterten Enthusiasten, den ‚Aktivisten', gegraben und am anderen Ende von hungernden Gulag-Häftlingen. Doch wer weiß schon davon? Kurz ist eben das Gedächtnis der Menschen unter Orwells Wahrheitsministerium. Erst recht, wenn man gedanklich sozusagen auf der fröhlichen Seite des kommunistischen Aufbauwerks lebt.[37]

Utz erzählt dann vom einzigen Brief seiner Eltern, die seither den Schreibkontakt verweigern. Es macht ihn betroffen. Immerhin ist er das einzige Kind seiner Mutter. Der Stiefvater, den er immer seinen ‚falschen Vater' nennt, ist Dozent an der pädagogischen Hochschule, wo Lehrerinnen ausgebildet werden. Pädagogen aber sind für Sozialisten wie Agitatoren. Sie müssen stramm auf Parteilinie sein oder zumindest völlig unauffällig, denn die Hege der Kinder im Sinne der politischen Ziele ist ein ernsthaftes Anliegen. Der Mann hat einfach zu viel zu verlieren.

Nach der Absage der Eltern nimmt Utz als Kontakt Heidi. Es ist eine Freundin, die auch Wolf kennt.

„Sie brachte mir Gläser mit selbstgemachtem Sauerkraut in die U-Haft und empfahl mir, doch zu meditieren, jetzt, wo ich so viel Zeit und Ruhe hätte", erzählt Utz.

Heidi ist so abgehoben, dass es schon schmerzt. Was wusste sie schon von der Last gefangener Tage? Beide müssen sie herzlich lachen. Bestimmt wollte sie nur helfen, doch Utz verzichtete lieber auf weitere Besuche.

Dann gibt es da noch seine neue Freundin, die er fünf Wochen vor der Verhaftung kennengelernt hatte. Zuerst war sie ihm nicht allzu wichtig, doch jetzt, unter diesen Umständen, verklärt sich ihr Bild zur großen Liebe. Er hatte sie über das Vorhaben mit den Losungen, die sie öffentlich anbringen würden, informiert. Dass die Stasi ihr daraus einen Strick drehen würde, ahnten sie nicht. Viel später wird sie ihm offenbaren, dass man sie zwang, als Spitzel zu arbeiten. Sie wurde bedroht.

„Hätte ich mich geweigert, wäre ich wegen Mitwisserschaft angeklagt worden", wird sie ihm eines Tages unter Gewissensqualen sagen.

Da hatte sie längst einen Anderen und ein Kleinkind und viele Freunde verloren, nachdem es bekannt wurde. Unter allen, die an ihrem Fall mehr oder weniger beteiligt waren, ist sie vielleicht die am meisten Betroffene.

Dann wechselt das Gespräch zu den unterhaltsamen Dingen, die sie zusammen erlebt haben. Utz ist in allem konsequenter als Wolf, andererseits auch impulsiver und planloser. Zuerst als Degenfechter auf der Potsdamer Sportschule, flog er wegen Randale raus. In der Druckerei der örtlichen Parteizeitung besorgte ihm der ‚falsche Vater' eine Lehrstelle. Die Eltern warfen ihn irgendwann raus. Er lebte in Kohlenkellern, bis ihn eine Alki-WG aufnahm – eine Gruppe junger, exzessiver Zecher, die ihm den Spitznamen ‚Typi' gaben. Er passt irgendwie zu ihm, aber verständlicherweise mag er ihn nicht. Zuletzt war es diese eigene Dachwohnung. Ein Zimmer nur mit angeschlossener Küche, die er sich zum Künstleratelier herrichtete. Darin steht eine unfertige Plastik – die Büste einer alten Frau aus Ton. Wenn er ihre Gesichtszüge modellierte, dachte er an seine Mutter. An der Wand hängt als Vorlage Dürers Kupferstich „Bildnis der Mutter". Neben einem weiteren Stich der betenden Hände. Oben am Dach ist eine große Glasscheibe mit grandiosem Blick in den Himmel eingebracht. Für die Notdurft gibt es einen langen, krummen Gang mit Lehmwänden, an dessen Ende ein einsames WC ohne Heizung steht. An der Wohnungstür schließlich hängt ein altes Gedicht:
‚...kann dir die Hand nicht geben, dieweil ich eben lad'...'[38]
Manchmal waren sie im Jagdhofkeller gewesen – der Diskothek für Agrarstudenten. Oder im Moritzburgkeller, einer Kneipe für Kunst- und Industriedesignstudenten. Da verkehrten bewunderte Unikate mit *„soo* einer Matte und *soo* einem Brot" – angezeigt durch das Ausbreiten der Hände. Gemeint waren lange Haare sowie Bärte bis zum Bauchnabel. Einer etwa, ein netter Typ, den man ‚Bierlatte' nannte, war Student im dreiundzwanzigsten Semester. Kurios.
Utz war es auch gewesen, der Wolf den Wohnungsschlüssel eines Bekannten überließ. Samstags traf er sich dort mit Isa und sie hatten eine schöne Zeit. Es war karg möbliert, aber hell. Der eigentliche Mieter saß im Gefängnis. Einst gehörte er zum Bibelkreis des Pfarrers Brüsewitz, der sich öffentlich

verbrannt hatte. Als Achtzehnjährigen sperrte man ihn für fünf Jahre in Thale ein. Irgendetwas hatte er wohl gewusst und nicht gemeldet. Nach der vollen Zeit ließ man ihn frei, doch inzwischen saß er erneut. Der Umgang mit den Kriminellen hatte ihn selbst zu einem gemacht. Isa und Wolf gruselte die Geschichte und sie verdrängten sie schnell. Tausend andere Dinge waren interessanter und wer glaubt schon an Vorzeichen.

# Abtransport

Am Daumen sind die Fäden gezogen und Wolf erhält eine zweite Woche Krankschreibung. Dieser vermaledeite Daumen! Es ist März und unaufhaltsam nähert sich der Zeitpunkt, an dem zwei Drittel der Strafe vorüber ist. Mit Verletzung würden sie ihn sicher nicht auf Westtransport schicken. Und mit einer Krankschreibung? Wohl auch nicht. Wenn man ihn auch nicht abschieben würde, so sollte doch wenigstens dieses Hindernis beseitigt sein!

Tage vergehen, in denen er weiter auf Nichtarbeiter ist. Doch urplötzlich schreibt man ihn gesund. Vorzeitig. Ein Sanitätsoffizier weist das an. Warum?

„Ich hätte dir noch drei Tage mehr gegeben", sagt der Arzthäftling und zuckt die Schultern.

Er weiß ja nichts von seinem Strafmaß und den zwei Dritteln.

Zurück auf die Galvanik-Zelle verlegt, soll es morgen wieder zur Schicht gehen. Die Wunde ist, auch wenn sie manchmal juckt, noch nicht geschlossen. Wolf ist gespannt, wo sie ihn damit einsetzen wollen. Leicht wird er es ihnen jedenfalls nicht machen. Doch es kommt anders.

In der Nacht auf Donnerstag, es ist Mitte März, wird um halb zwölf Uhr die Galvanikzelle aufgeriegelt. Ein Schließer tritt ein. Ein weiterer wartet draußen.

„SG Wolf?", blickt er sich suchend um.

Sofort ist er hellwach.

„Sachen packen, Verlegung!"

Eilig hat er in ein paar Minuten das Bett abgezogen und den Spind geleert. Die Schließer überwachen ihn mit Argusaugen, damit er nicht noch etwas übergibt oder zurücklässt.

Der kriminelle Zellenchef sieht verschlafen und etwas verblüfft auf diesen seltsamen Vorgang, der sonst hier nicht vorkommt.

‚Tja, Leute, das Privileg der Politischen. Verachtet, aber manchmal unverhofft abgehend. Und schneller als ihr alles hinter sich lassend', denkt Wolf und schwingt sich sein Bündel auf den Rücken.

Er ist unsicher. Sollte es wirklich so weit sein? Vor zwei Wochen war der letzte Transport abgegangen. Es geht flott in letzter Zeit. Allerdings waren das nur sieben Leute gewesen und damit halb so viele wie sonst. Jeder hofft, dass der Strom nicht versiegt.

Im Speisesaal sammelt man sie und es werden immer mehr. Es wird verlangt, die Kleiderbündel auf einem wachsenden Haufen abzulegen, wo man es nur schwer wiederfinden wird. Eine unterdrückte, freudige Stimmung kommt auf. Die Leute sind aufgeregt und geradezu heiter.

‚Jetzt nur nicht noch auffallen', denken wohl die meisten. Es soll vorkommen, dass sie renitente Leute zurückhalten.

Ein langer Verwaltungsoffizier ruft Namen nach Liste auf. Alle sind von verschiedenen Arbeitskommandos. Es sind viele – über zwanzig Leute. Die Uniformierten blicken streng und unbeteiligt. Auch ein Zivilist, sonst hier nicht zu sehen, steht breitbeinig dabei, die Szenerie überblickend. Seine helle Windjacke deutet auf Stasi.

Die Träger solcher Jacken kennt Wolf. Sein Rettungsschwimmerverein wurde gelegentlich bei Popkonzerten als Ordner eingesetzt. Für die Sechzehnjährigen waren 25 Mark Stundenlohn gut gewesen und den Eintritt sparte man sich auch. „Hey, die Stasi ist auch hier!", rief einmal bei einem Puhdys-Konzert ihr Trainer André ein paar Windjackenträgern hinterher. Die waren genervt und einer drehte sich zu ihnen um. Wolf war beunruhigt gewesen und überzeugt, dass die jetzt ihre Personalausweise verlangten. Er hatte seinen nicht dabei.

„Tarnjacken aus dem Exquisit können wir uns nicht leisten!", rief der Stasimann jedoch scherzend zurück. Alle lachten, erleichtert über die unerwartete Reaktion. Manchmal ist es auch einfach.

Der Stasimann in Naumburg bleibt unbeteiligt.

Es wird zum Folgen aufgefordert, wobei die Schuhe ebenfalls im Speisesaal zurückzulassen sind. Das ist nun eine wirklich merkwürdige Anweisung. Der letzte Beweis, dass seine Tage hier gezählt sind? Ein triumphierendes Gefühl macht sich bei Wolf breit. Mit einem Funken Bedauern trennt er sich von seinen Lederturnschuhen, die ihm so viele Monate gute Dienste geleistet haben. Sie landen auf dem großen Berg klobiger Arbeitsschuhe der anderen.

Die nun folgende Anweisung zu absoluter Ruhe ist kaum nötig. Auf Strümpfen geht es los und alle folgen wie die Lämmer zum Verwaltungstrakt.

In einer bogenüberspannten Säulenhalle werden die Zivilsachen ausgehändigt. Uniformierte der Verwaltung, die man sonst nicht sieht, übergeben sie. Auch eine Frau ist dabei. Was sonst für Interesse gesorgt hätte, bleibt diesmal unbeachtet.

Das Umziehen geht bei allen erstaunlich schnell. Es ist recht kalt, doch keiner beschwert sich diesmal. An der Wand ist ein großes, farbiges Gemälde. Es ist eine Allegorie auf das Leben aus bürgerlicher, vorproletarischer Zeit in schönen Biedermeierfarben. Wolf hat es schon einmal gesehen. Es fiel ihm im Vorbeigehen auf, als er hier einrückte. Gott, ist das lange her! Kurz hat er Zeit, es etwas näher zu betrachten. Es wirkt milde, sattzufrieden und betulich, mahnend auch. Der Sünder wird hier geläutert werden, meinten die Stadtväter sicher einst. Dann fegte sie der Zeitgeist hinweg. Erst Nationalsozialisten und später dann Kommunisten übernahmen die Macht. Alles Leute, die hier wohl auch inhaftiert gewesen waren. Ewiger Lauf der Zeit!

Bequemerweise ist jetzt dieselbe Jahreszeit wie zu seiner Verhaftung. Einige von ihnen sind recht unpassend sommerlich gekleidet. Der Nachbar bemerkt seinen grauen Ledermantel der einstigen Feldgendarmerie. Er streift ihn mit einem Blick.

‚Bestimmt hält er mich für einen Punk‘, denkt Wolf trotzig.

Was er an Haftkleidung monatelang am Leibe trug, landet nun auch hier auf einem Haufen. Die ehemaligen Mitgefangenen von der Effektenkammer werden sie sicher sortieren. Ob ihnen sein Kram auffällt? Ein paar von ihnen hatten immer Nachtdienst, wenn die Transporte stattfanden. Der Effektenchef erzählte ihm das öfters, weil es Wolf interessierte. Auch, wie viele Leute dann dabei waren, berichtete er.

Dieser Kriminellen-SG der Kleiderkammer hatte im letzten Herbst einmal seine ganze Kartei für ihn durchgeblättert, um Daten zu sammeln. Wolf wollte die Personenzahl in dieser Einrichtung wissen, in die man ihn hineingeworfen hatte – einmal Subjekt, anstatt nur Objekt sein. Der andere wollte zunächst nicht. Wolf sagte ihm, dass er dabei nichts Illegales tue, da die Zahlen ja sowieso auf seinem Tisch seien. Er gab nach.

Auf diesen Karteikarten ist neben dem Namen und der ausgehändigten Kleidung auch das Geburtsjahr eines jeden Häftlings verzeichnet. Der Effektenchef machte für ihn pro Jahrgang eine Strichliste. Es dauerte etwa eine Woche. Jeden Abend gab er Wolf einen Kartonschnipsel mit den bereits gezählten Jahrgängen. Wer weiß, warum er das tat und ob es überhaupt stimmte. Vielleicht hatte er ja wenig zu tun und fand es originell, an etwas Irregulärem beteiligt zu sein.

Sie stellten fest, dass in Naumburg etwa 500 Gefangene waren. Der älteste war 72 und die jüngsten 18 Jahre alt. Es waren so viele, dass das Durchschnittsalter aller bei zwanzig Jahren lag. Wolf selbst war auch zwanzig. Hier drin wurde er einundzwanzig.

Die Gefängnisse sind eine eigene, vernetzte Parallelwelt. Durch viele Verlegungen entsteht unter den Gefangenen ein Muster an Informationen, das über das Wissen um stattgefundene Amnestien hinaus geht. Vor allem Kriminelle, die öfters auch woanders eingefahren sind, erzählen gern prahlerisch davon. Mit der Zeit entstand so für Wolf ein Bild von wohl fünfzehn Gefängnissen, U-Haftanstalten nicht eingerechnet. Draußen ist das natürlich nicht bekannt. Das Größte ist neben Bautzen demnach das ‚Zuchthaus Brandenburg'. Es heißt, dieser Schriftzug sei auch noch am Eingang lesbar. Dort sitzen die Langstrafer, verurteilt zu mehr als zehn Jahren. ‚Was hat wohl jemand zu verlieren, der sowieso schon lebenslänglich hat', gruselte es Wolf. Er war froh, nicht dort gelandet zu sein.

Von Bützow sang ihm der Kartenleger-Heizer einmal ein sentimentales Lied vor, das er im Jugendwerkhof gelernt hatte:

„Kurz vor Güstrow,
auf den drei Bergen,
steht ein Haus, aus gelbem Stein.
Drin verbracht' ich meine Jugend,
ohne Licht und Sonnenschein ..."

Er kannte alle Strophen.

Obwohl auch verstreut, sammelt man die politisch verurteilten Frauen meist in Hoheneck und die Männer in Naumburg. Kann man sie so vielleicht leichter auf Transport schicken?

Eine Ausnahme unter den Politischen sind die Zeugen Jehovas. Sie verweigern den Wehrdienst total und das wird immer mit zweieinhalb Jahren Haft bestraft. Damit sind sie im erschwerten Vollzug und man schickt sie unter Kriminelle. Etwa in solch übel beleumundete Haftanstalten wie das Hüttenwerk Thale. So etwas wissen die Kriminellen.

Leute, die schon vieles gesehen haben, erinnern sich auch an die ‚schwarze Pumpe' – das stinkende Kraftwerk bei Bautzen, wo im Akkord Kohle geschaufelt wird.

Es gibt allerdings ein Gefängnis, das völlig geheimnisvoll ist. Niemand, mit dem Wolf spricht, war dort oder kennt jemanden. Den Namen aber kennen alle: das Militärgefängnis Schwedt. Nur Verurteilte der Militärjustiz bringt man dorthin, heißt es. Reservistendienstverweigerer etwa. Lehnen solche Offiziere die jährlichen drei Monate Manöverdienst ab, gibt es ein halbes Jahr Gefängnis. Michel war dort inhaftiert, der Sohn des Optikers, der Wolf ausbildete. Er reiste danach in den Westen aus.

Jeder der fünfzehn Bezirke der DDR hat ein Kriminellen- und ein Stasi-Untersuchungsgefängnis. Zuletzt schätzt Wolf aus den Erzählungen, und zusammen mit dem Effektenchef, dass es im Land etwa 700 000 Inhaftierte gibt, von denen vielleicht 100 000 Politische sind. Die DDR hat 17 Millionen Einwohner. Die große Mehrheit hält die Klappe und läuft mit der Herrschaft mit. Ein Staatsgebilde funktioniert eben so. Wohl jedes.

Wolfs Privatsachen werden in eine braune Papiertüte gefüllt. Sie wird zugeklebt und geht getrennt auf Reisen. Darin verschwindet seine digitale Casio-Armbanduhr, die ihm der notorische Onkel Alfred einst schenkte. Die beschlagnahmten Briefe sind nicht dabei. Es ist zwecklos, sich zu beschweren, bestimmt wanderten sie in die Heizung.

Noch in der Nacht geht der Transport los. Das Ziel sollte bekanntermaßen und hoffentlich eine Haftanstalt im früheren Chemnitz sein, die der Abschiebung dient.

,Karl-Marx-Stadt, welche Ironie', grübelt Wolf, als sie schläfrig und nach langer Fahrt mit zwei Bussen einen Berg hinaufgefahren werden. Die Scheiben sind mit Farbe zugepinselt, doch erkennt man durch ein paar Ritzen etwas grünen Bewuchs.

,So sieht er nun aus, dein Sozialismus. Wo sind sie hin, die Enthusiasten deiner Idee des idealen Staats? Sie fahren im Volvo mit zugezogenen Gardinen, während die Landeskinder verkauft werden', denkt er trotzig.[s. Anh.]

Um halb zwei Uhr nachts wird er in ein historisches Ziegelsteingefängnis eingeliefert. Es hat erstaunlich helle und freundliche Innenwände.

Auf der Zelle sind sie zu dritt. Sichtlich wurde das einmal für mehr Leute gebaut. Genächtigt wird komfortabel in breiten

Doppelstockbetten. Hier soll sicher ein guter Eindruck zurückbleiben. Es gibt zu vielerlei Hoffnungen Anlass.

Das Prozedere auf dem Kaßberg ist dasselbe wie in der Stasihaft Halle, bis hin zur Türklappe und den Plastiktellern. Es ist ja auch eine echte Stasianstalt.

Der erste, der Wolf holen lässt, ist ein Stasimann in Zivil. Er blättert in seiner Akte. Jeder einzelne Fall wird hier wohl noch einmal begutachtet. Wolf sitzt wie auf Kohlen. Wie werden sie mit ihm verfahren?

„Sie haben Ihr Übersiedlungsersuchen zurückgezogen?", ist prompt die erste Frage nach dem Abgleich der Personalien.

Längst hat Wolf es sich überlegt: Er will hier weg. Mit dem Transport ist er auf einer gewissen bürokratischen Schiene gelandet, die das möglich macht. Einer seltenen für Leute seines Alters.

Oder würden die ihn etwa hier entlassen, wenn er ja sagt? Sofort? Wohl kaum. Zwei Drittel seiner Strafe sind um, doch vorzeitige Haftentlassung ist hier doch nicht ihr Metier.

Und wenn nicht entlassen, dann käme er vielleicht zurück in die Naumburger Zellen. Oder gar zum MfS nach Halle? Bloß das nicht!

„Ich habe meinen Antrag neu gestellt. Im Strafvollzug", antwortet Wolf, vielleicht eine Spur zu hastig.

Das kurz joviale Interesse seines Gegenübers lässt sofort nach.

‚Gut so', denkt Wolf.

Der Stasimann wird förmlich.

„Sie halten Ihr Anliegen auf Übersiedelung in die BRD also aufrecht?", schnarrt er trocken.

„Ja."

‚Vielleicht weiß der ja gar nichts davon? Vielleicht hatte der Strafvollzug die Sache ja gar nicht weitergegeben?', grübelt Wolf.

236

Das wäre wieder mal typisch für den sozialistischen Schlendrian. Oder, weil so etwas für das Erziehungskonzept der Anstalt, also für die Statistik, nicht gut ausgesehen hätte.

Wolf vermutet, dass dieser Kerl in seiner höherwertigen Exquisit-Kleidung ein Entscheider ist.

‚Welchen Dienstgrad hat der wohl?', fragt er sich.

Dann kann er gehen.

Bei einer anderen Vorführung erklärt der Stasimann kurz, dass er nun aus der Staatsbürgerschaft der DDR entlassen und noch einen Anwalt treffen würde, der die Übertragung von bestehendem Eigentum festhielte. Mitnehmen lässt sich also nur das, was man am Leibe trägt.

Nein, Fragen hat Wolf keine.

Nach und nach treffen die Zellengenossen denselben Mann. Sie tauschen sich rasch über Details aus. Man könnte ja plötzlich in eine andere Zelle verlegt werden. ‚Wissen ist Macht', hatte doch Lenin verkündet. Sie alle sind alte Hasen der Stasihaft, so leicht schreckt sie nichts mehr.


An den Nachmittagen scheint die Sonne durch die beiden Zellenfenster. Zum ersten Mal seit langem sieht Wolf sie wieder. Auf ‚Nichtarbeiter' in Naumburg gab es kaum Sonnenlicht und der Freigang auf Galvanik fand abends im schattigen Innenhof statt.

Ein Nachteil während der vielen Monate als Essenausgeber war, dass er als Einzelner keinen Freigang und somit auch keine Bewegung an frischer Luft erhielt. Den anderen Hausarbeitern ging es ebenso, doch störte die das nicht. An ihre Fitness dachten etliche aber doch. Einige Heizer joggten im Kohlenkeller auf der Stelle. Bei jeder Schicht geschätzte fünf Kilometer. Das schien Wolf jedoch recht ungesund, so inmitten des Kohlenstaubes. Im Nassteil der Zelle, am geöffneten Fenster mit Sichtblende, lief er selbst auf Zeit, dank seiner Uhr. Als ‚Kraftsport' war das alles jedoch verboten. Der Häftling sollte nicht fitter sein als das Personal.

Um Sonnenbäder nehmen zu können, hatte Wolf eine Idee. Es gelang ihm gelegentlich, den Schließer davon zu überzeugen, dass er in der Heizung etwas zu erledigen hätte. Obermeister Geiger war dafür besonders geeignet, da ihn Begründungen nicht sonderlich interessierten. Wenn gutes Wetter war, sprach er ihn an. Geiger, selbst gelangweilt, schloss ihn dann in den südlich gelegenen Hof von Haus 2. Er sperrte die Stahltür zur Heizung auf und verschwand für eine halbe Stunde auf ein Schwätzchen mit Kollegen ins Hauptgebäude. Wolf hatte ihm ein brauchbares Argument für Abwesenheit geliefert. Warum er ihn dort nicht auch einschloss? Nun, vielleicht ahnte er etwas.

In der Heizung unterhielt sich Wolf kurz. Dann setzte er sich auf die Betonrampe davor in die pralle Mittagssonne. Die verbotene Uhr half ihm dabei, die Zeit nicht zu vergessen. Es war ein idealer Platz, denn der Turm konnte das Areal nicht einsehen. Hinter der Außenmauer, die hier nur sieben Schritt entfernt lag, blinzelte die grün belaubte Krone eines hohen Baumes mächtig hervor. Grüßte er ihn nicht eigentlich freundlich? Genau wie die Büschel von Löwenzahn in den Betonritzen. Wolf glaubte es. Bäume und Löwenzahn haben keine politische Agenda.

Die Mauer wirkte hier geradezu zerbrechlich. Wärmende Sonnenstrahlen streichelten Gesicht und Hände und beinahe schien es ihm, als wäre er frei. Dieses ganze staubige Neuzeitidyll war doch wie nach Ludwig Richters Kupferstichen gemacht. Er blinzelte in die gleißende, weiße Sonne. Sie war die Relaisstation nach draußen, strahlte sie doch ebenso auf die schönen Orte, an denen er bereits gewesen war: den Heidebadstrand, die feinsandigen Ostseedünen, das Schwarze Meer in Vesselie und natürlich auf Isas Gesicht. Blickten beide hinauf, würden sie die Wärme des anderen auf der Haut spüren. Das hatten sie vereinbart. Einmal am Tag, irgendwo. Klar würde es funktionieren.

Anfangs dachte er daran, über diese marode Mauer aus länglichen Betonelementen zu klettern, die keine Stacheldrahtkrone hatte. Der Hundefreilauf dahinter wäre wohl auch kein Hindernis gewesen. Oft war er nur nachts besetzt und das Bellen verriet die Tiere ohnehin. Sie schlugen wegen allem möglichen an. Doch wozu? Selbst, wenn es ihm gelänge, so hieße das doch nur, ,vom kleinen in den großen Knast' zu kommen, wie man unter den Politischen sagte. Oder war das bloß eine defätistische Ausrede? Sollte man es nicht wenigstens versuchen? Es stimmte allerdings schon. Das Land war so gut überwacht, dass man ihn früher oder später erwischt hätte. Bald dachte er nicht mehr daran und räkelte sich wohlig an der warmen Hauswand. Einmal waren es sogar herrliche vierzig Minuten gewesen.

Eilig ziehen kleine Wolken am Himmel über den Gefängnisberg, als er nun nach draußen sieht. Man spürt den kommenden Frühling. Sonnenstrahlen streifen die gekalkte Zellenwand, an der mit Fingernägeln eingekratzte, halbe Romane lesbar werden. Unter Liebeserklärungen und belangloser Prosa ist ein Autor besonders nützlich. Er schreibt in Stichpunkten, was hier jeden Tag passiert, vierzehn Tage lang. Dann endet es abrupt.
„Wird wohl kurz hier", sagt Wolf laut und liest es den Zellengenossen vor.
„Oder er wurde verlegt", meint einer trocken. Sie schweigen betroffen. Alles ist möglich.
Es ist eigentlich kaum noch von Interesse, die einzelnen Schicksale zu hören, jeder kennt bereits so viele. Aus Zeitvertreib berichten sie einander.
Die anderen beiden sind aus Berlin. Da ist ein momentan etwas abgehalfterter Sunnyboy, der sich beständig die schüttere blonde Locke aus dem Gesicht streicht. Er versuchte, in Rumänien ein Flugzeug in die falsche Richtung zu besteigen, also nach Westen. Das passende Ticket auf seinen Namen hatte er einfach mit Westmark im Reisebüro gekauft. Leider

passte es nicht zu seinem DDR-Personalausweis. Wochenlang war er dann im Flughafenknast von Bukarest. Bei dem korrupten Personal konnte man sich bessere Nahrung dazukaufen. Jedenfalls so lange, bis sein Westgeld verebbt war. Für sozialistische DDR-Mark und rumänische Lei gab es wenig bis nichts zu erwerben.

Die Dauer seines Aufenthalts dort ergab sich, weil zunächst genügend ‚Republikflüchtige' eingesammelt wurden. Dann startete die Rückreise im extra bereitgestellten Flieger. Mit einem Rundflug über jene sozialistischen Hauptstädte, die an der Westgrenze lagen, also Sofia, Bukarest, Budapest und Prag, wurden weitere Aufgegriffene zugeladen. Zuletzt ging es für ihn geradewegs in die Berliner Stasi-U-Haft Rummelsburg. Die Leute aus der Provinz hingegen brachte man ins Bezirksgefängnis ihres Wohnortes.

„Wie lange das wohl schon so geht?", sinniert Wolf.

„Im Sommer ist es jeden Monat einer", meint der Blonde.

Der andere Berliner verblieb nach dem Gerichtsprozess ebenfalls in der Rummelsburg. Dieses Gemäuer liegt direkt an der Spree und am gegenüberliegenden Ufer ist, welche Ironie, bereits Westberlin. Die Beiden hatten nichts Gutes zu berichten aus dieser alten Haftanstalt, wo offenbar alles engmaschig vergittert ist und man nicht hinausblicken kann.

Der dritte Zellengenosse ist etwas älter. Er und seine Frau besaßen gefälschte Pässe. In Bratislava bestiegen sie den Zug nach Wien.

„Wir sahen schon die Donaubrücke, als sie uns rausholten", schwärmt er mit verklärtem Blick.

Für diesen ‚besonders perfiden' Fluchtversuch bekamen sie drei Jahre Gefängnis aufgebrummt. Was für ein Tagebuckel! Ein ‚normal Flüchtender', der nichts bei sich hat und deshalb als ‚spontan Handelnder' betrachtet wird, erhält anderthalb Jahre Haft. Trägt er aber etwa eine Zange mit sich, gibt es Strafzulage, was sich auf drei Jahre summieren kann. Einer der Neuzugänge auf Mewa III war ein stämmiger, kleiner Bur-

sche gewesen. Er lebte im Grenzgebiet, war also eine über-
prüfte ‚Vertrauensperson'. Aus Liebeskummer wollte er weg.
In Handarbeit schweißte er Blechplatten an die Fahrerkabine
seines Baggers; gedacht als Kugelfang.
„Ist das Fahrzeug nicht zu langsam?", fragte Wolf.
„Schon. Kommt aber überall durch", meinte der Landtechni-
ker mit Stolz.
Es gelang ihm, mit dem Gefährt den Grenzzaun zu durchbre-
chen, doch musste er wegen des Baumbewuchses einer
Waldschneise folgen. Dann durchbrach er den bekannten,
zweiten Zaun. Es war aber leider derselbe wie zuvor, nur
eben an anderer Stelle. Wegen des unwegsamen Geländes
war ihm das entgangen. So stieg er zwei Kilometer weiter
wieder bei der ‚Nationalen Volksarmee' aus. Wegen ‚schweren Grenzdurchbruchs' erhielt er drei Jahre. Warum er damit
erleichterten Vollzug bekam, blieb ein Rätsel. Dass es letztlich die Stasi ist, die die Strafmaße vorschlägt, welche die
Richter dann verhängen, schien Wolf bereits in der U-Haft
wahrscheinlich.

An diesem Tag passiert nichts mehr, außer dass sie üppige
zwei Stunden Freigang haben. Es ist keine Betonbucht, sondern ein sensationell weites, mit Maschendraht umzäuntes
Areal. Wegen des kalten, böigen Windes hält sich der Segen
etwas in Grenzen. Wolf überlegt, auf den Asphalt ‚Im Herbst
auf dem Oktoberfest' zu kratzen, so wie er es damals in Halle
sah. Bald könnte er jetzt in Bayern zu sein! Nein, er lässt es
bleiben. Besser keine Schwierigkeiten einhandeln.

Die nächsten Tage sind angefüllt mit Warten und immer wieder bürokratischem Prozedere. Er wird einem Mann vorgeführt, der sagt, dass er Anwalt sei.
‚Bestimmt ein Vertrauter des MfS', denkt Wolf.
„Haben Sie persönlichen Besitz?", fragt der Anzugträger.
Einen Moment grübelt er. Als es dem Stasianwalt zu lange
dauert, hilft der ihm auf die Sprünge:

„Häuser, Goldschmuck..."
Wolf muss lächeln. Was der sich vorstellt. Dann fällt ihm sein Motorrad ein. Es wird eine notarielle Urkunde darüber aufgesetzt. Er überschreibt es dem Bruder.

Eine geschlagene Woche lang passiert nichts außer Gefängnisalltag. Keiner prüft mehr die persönliche Habe nach verbotenen Gegenständen. Nur die Zellenreinigung ist noch von Bedeutung. Wie gewohnt machen sie das selbst, ganz selbstverständlich. Jeder ist mit Gedanken an die Zukunft beschäftigt und sie reden kaum noch über das Vergangene. Geklopft wurde mit den Nachbarzellen anfangs viel, aus alter Gewohnheit. Bald darauf nur noch für ein paar Absprachen auf dem Freihof.
Das Essen ist außergewöhnlich gut, beinahe, als wäre jeden Tag Haftsonntag. Nur einmal gibt es einen Tiefpunkt mit Kohlsuppe, aber das ist wohl dem Wochenende geschuldet. Jene dünne Graupensuppe aus Naumburg allerdings, die es nur montags gab und von der für hundert Leute ein einziger Sechzig-Liter-Kübel reichte, sieht Wolf hier nicht.
Am Ende der zweiten Woche erhält er einen Zettel in Postkartengröße, auf dem ‚vorzeitige Entlassung auf Bewährung' steht. Ein schwarzweißes Foto wurde dafür gemacht. Blass sieht er darauf aus, gestresst, schütter. Gleich darauf folgt eine grünliche Urkunde. Dort steht: ‚Entlassung aus der Staatsbürgerschaft der DDR' und sein Name. Noch im Beisein des Stasimannes betrachtet er das große Siegel des seltenen Dokuments. Wer stellt sowas aus? Ah, der Innenminister aus Berlin. Es ist wirklich wahr – sie schieben ihn ab! Wolf jubelt innerlich. Was für ein kostbares Stück.
Die beiden Dokumente passen nicht zueinander. Wolf grübelt über jenen Zettel mit dem Passfoto. Er soll sich also in der BRD ‚bewähren', beim Klassenfeind. Eine seltsame Regelung ist das. Also soll er in Westdeutschland schweigen, wo die getane Meinungsäußerung erlaubt ist, da er sonst gegen die Bewährungsauflage seiner bisherigen Heimat verstieße?

Und wer kann das ahnden? Für das westdeutsche Recht ist der Zettel bedeutungslos, ebenso seine Haftstrafe. Die Auflage gilt demnach nur, wenn er in der besagten Zeit wieder in der DDR wäre. Doch dort lässt man ihn nicht mehr einreisen. So wurde es gesagt. Kurios.

# Grenzstation

Solange er im Kaßberg-Gefängnis ist, können sie die Staatsbürgerschaftsurkunde jederzeit wieder zurückziehen. Davon ist er überzeugt. Einerseits gibt es das bürokratische Prozedere, doch kann es die Stasi sofort umwerfen, wenn es die Lage des Klassenkampfes erfordert. So frei waren sie von Anbeginn.

Das ständige Grübeln ist ihm Segen und Fluch zugleich. Den Segen hat ihm der Vater mit seinem analytischen Denken vermittelt. Seine Baustatik wägt alles ab. Sie berechnet alle Möglichkeiten, damit nichts zusammenfällt. Das kennt auch sein Klassenkamerad Siebi, dessen Vater Chemieingenieur ist. Die Väter sind stolz auf ihr technisches Können. Sie verachten die marxistische und überhaupt jede Ideologie. Weil es Dogmen sind, irrational und ohne mathematischen Beweis.

„Religion ist Opium für das Volk", hatte Lenin gesagt und sich wissenschaftlich gegeben. Marx habe die ehernen Naturgesetze gefunden und also die reine Erkenntnis gewonnen. Etwa das ‚Gesetz der Negation der Negation'. In den Augen der Ingenieure ist dieser krude Marxismus nur Firlefanz, nur ein anderes Opium.

Fluch aber ist, dass sich die Logik der Erkenntnis immer weiter ins Unbekannte ausdehnt und dabei die Poesie verlorengeht, glaubt Wolf.

Im DDR-Jugendradio DT-64 wurde einmal die neueste Platte von Neil Young, einem alten Hippie, vorgestellt. Seine Pals waren Ingenieure geworden und er schrieb darüber:

‚I lost out my companions,
they where lost in crystal canyons,
where the aimless blade of science,
slashed the pearly gates.'

Natürlich hatte er recht.

„Neil Youngs Lieder faszinieren durch die Schönheit ihrer Bildersprache", hatte der Moderator nebulös dazu gesagt und ließ alle Songs ohne weiteren Kommentar durchlaufen. Das war freundlich gewesen. Man wusste beim Sender, dass viele Hörer es aufzeichnen würden, weil es die Westplatte nicht zu kaufen gab.

‚Ich brauche Bildung, um diesen Widerspruch zwischen Poesie und Technik aufzuklären', denkt Wolf. Klinische Psychologie will er studieren. Oder gleich Pathologie.

In das Ladengeschäft war manchmal ein kleiner Mann gekommen um sich seine vierzig Jahre alten Brillen reinigen zu lassen. Es waren die schmutzigsten, die Wolf je sah. Sie fielen beinahe auseinander und man konnte kaum noch hindurchblicken. Die Kollegen witzelten darüber, dass dem Pathologen wohl die Brillen öfters ins Untersuchungsobjekt fielen. Wolf imponierte dieser zerstreute Professor.

Beim Freigang auf der vergitterten Fläche trifft er täglich ein, zwei Stunden lang viele andere. Es gibt keine Einzelbuchten mehr. Da ist ein Abiturient, den man in seiner Berliner Schule weggefangen hat. Mit der halben höheren Schulbildung ist er der einzige unter all den Zwanzigjährigen, die ansonsten nur Berufsausbildung haben. Plötzlich ist so etwas wichtig. Es wird ihre Lebensschicksale trennen.

Geld, das von der Verwaltung zwangsweise für die Zeit danach angespart wurde, ist noch zu verbrauchen. Mitnehmen ist nicht erlaubt. Wolf hat siebzig Mark. In kleiner Warteschlange steht er mit Leuten der Nachbarzelle am Hafthauskiosk. Sie wurden hier zusammen geholt. Sprechen ist untersagt. In dem Bretterverschlag unter einer Treppe verkauft ein Uniformierter, kein Häftling. Es gibt fast nichts außer der teuren Tafeln Vollmilchschokolade sowie Früchtewürfel gegen Verstopfung. Eine durchaus sinnige Kombination. Alle kaufen es.

Ende März, auf den Tag genau ein Jahr nach seiner Verhaftung im Schwimmbad, wird die Zellenbesatzung morgens abgeholt. Die letzten persönlichen Sachen werden ausgehändigt. Zurück im ‚Verwahrraum‘ fühlt sich das außerordentlich seltsam an. Wolf trägt seine Casio-Digitaluhr, ein Geschenk des Westonkels. Immer wieder umgreift er sie am Handgelenk, fühlt die geschmeidigen Stahlglieder. Zivilkleidung trug er bereits die ganze Zeit und nun, mit all den Papieren und ein paar Briefen, ist es befremdlich hier. So, als gehöre er nicht mehr dazu. Als befinde er sich in einem verriegelten Hotelzimmer und warte auf etwas.

Plötzlich hören sie das metallene Aufschieben der schweren Zellenriegel. Es sind viele einzelne in rascher Folge. Befehle gibt es keine. Wolf tritt in den Flur des Traktes und sieht zum x-ten Mal auf seine Uhr. Sie zeigt 13:07 Uhr. Die historische, fein ziselierte gusseiserne Treppe hinaufblickend, sieht er viele Leute auf die Galerien treten. Die Einzelbehandlung der Stasi gewohnt, sind alle zögerlich und unschlüssig.

„Komm'se! Komm'se runter!", ruft überraschend ein Mann direkt neben Wolf.

Dabei fuchtelt er einladend mit den Armen. Es klingt jovial und beinahe so, als fordere er Opernpublikum dazu auf, die Pause zu beenden. Er fragt eine Namensliste ab, fordert geordneten Ablauf, Ruhe und Disziplin. Es ist bereits mehr ein Hinweis als eine Anweisung. Wer genannt wird, geht durch ein Spalier Stasileute zum Ausgang.

Wolf tritt auf einen leicht abschüssigen Hof, der direkt an der Außenschleuse liegt. Es ist ein großes, graublaues Stahltor.

Im Vorjahr war es frostig kalt und eisig gewesen, als man ihn verhaftete. Diesmal ist es mild, beinahe warm und ein unruhiger Wind treibt Wolken über den Himmel. Es ist, als könne sich der Tag noch nicht entscheiden, wie er am Abend sein würde.

Zwei italienische Reisebusse warten hintereinander. Die Gefangenen suchen sich Plätze ohne weitere Anweisung, nach eigenem Belieben. So komfortabel hat Wolf lange nicht gesessen. Eigentlich noch nie, überlegt er. Die Sitze sind mit farbigem Velours bezogen. Es ist ein gestreiftes Regenbogenmuster, das es sonst nur in den Interhotels gibt.

Kurz darauf kommen einige Frauen. Eine setzt sich, anfangs unschlüssig, neben Wolf ans Fenster. Es ist eine kleine, blasse Dunkelhaarige um die Dreißig. Sie sieht schlecht aus. Wolf ist erschrocken. Sicher macht er denselben Eindruck.

Zwei Frauen finden direkt ihre Ehemänner. Sie werden mit gedämpftem Hallo begrüßt. Die Paare umarmen sich kurz, halten sich die Hände, flüstern leise.

Ein Zivilist im Anzug und mit Goldmetallbrille westlicher Fabrikation kommt hinzu, als alle sitzen. Er stellt sich in der Mitte des Ganges auf.

„Guten Tag! Manche kennen mich bereits, ich bin Rechtsanwalt Vogel", eröffnet der eher unauffällige Typ.

Ein wohlwollendes Raunen geht durch die Reihen. Es ist tatsächlich der berühmte Wolfgang Vogel, der die Freikäufe der politischen Gefangenen organisiert. Derselbe Anwalt, von dem er in den dunkelsten Stunden der Stasihaft jenes blütenweiße Schreiben auf Leinenpapier erhielt. Diesen enormen Hoffnungsschimmer inmitten feindlicher Umgebung; ausgehändigt von einem Stasi-Jungspund, der ihn gespannt und befremdet musterte.

Wusste Vogel, wie solch ein Schreiben wirkt? Oder arbeitete der sowieso nur mit bester Westqualität? Ein Faible dafür hatte er jedenfalls.

Nach der Verhaftung hatte die Mutter seine Kanzlei in Ostberlin aufgesucht. Sie staunte, als sie in diesen Büros einen richtigen Kopierer sah. In der DDR gab es sonst nur lizensierte Matrizendrucker aus der Vorkriegszeit. Die darauf kopierten Blätter erhielten eine Registernummer in einem Buch. Daneben stand der Name des Auftraggebers und ein Hinweis zum Inhalt. Früher, als der Vater noch freiberuflicher Ingenieur gewesen war und Kopien seiner Baupläne brauchte, hatte er

Lenni öfters in so ein Geschäft mitgenommen. Der private Laden fertigte Ormig-Abzüge, wenn man beruflich berechtigt war. Die Qualität war miserabel, die blasse lila Schrift kaum zu erkennen und der Vater beschwerte sich oft. Die Luft war dort sehr trocken und staubig gewesen. Es roch stechend nach Spiritus, so dass Lenni jedes Mal die Luft wegblieb. Er staunte über die Erwachsenen, die nicht einmal die Nase rümpften. Der Geschäftsinhaber, ein alter Mann, der schütteres Haar hatte und sehr krank aussah, bediente die große schwarze Wundermaschine mit den vielen chromglänzenden, rundlichen Hebeln. Darunter lag auf stumpfen, grauen Dielen sein halbblinder Dackel mit ebenso wenigen Haaren.

„Können wir nicht woanders hingehen?", hatte Lenni gequengelt.

„Es gibt kein anderes", hatte der Vater gesagt, ihn aber bald nicht mehr mitgenommen.

Die Kommunisten wussten zu verhindern, dass der Bürger unbemerkt Flugschriften druckt. Sie selbst hatten das allerdings in ihrer ‚Kampfzeit' stets getan. Das gedruckte Wort ist ihnen eine Waffe, ein Agitprop-Werkzeug.

Ein Schulausflug führte sie einmal in eine Leipziger Druckerei, die nun ein Museum war. Der Besuch war im Unterricht vorbereitet worden, damit sie dort mit der nötigen Andacht vor der Hauptattraktion innehielten, einer Druckerpresse. Lenin persönlich soll in der Zeit der Illegalität die „Iskra" darauf hergestellt haben. Übersetzt bedeutet das ‚Der Funke' und war genauso gemeint. Die Pamphlete sollten wie ein Feuer die Revolution entfachen. Wegen der ‚Reaktionäre' klappte das allerdings nicht. Auch hatte die ‚Arbeiterklasse' noch nicht genug ‚Klassenbewusstsein' entwickelt.

Der Widerspruch, selbst getan zu haben, was man anderen verbietet, fiel Lenni damals auf. Siebi wollte darüber aber nicht reden. Das war doch zwecklos. Die Eifrigen biederten sich mit ehrerbietigen Fragen bei der Lehrerin an. Alle anderen freuten sich über den schulfreien Tag und alberten herum.

Es war einer jener kaum leserlichen Ormig-Abzüge gewesen, auf denen die Eltern die Nachricht erhielten, dass Wolf verhaftet sei.

Nach einigem Warten und aufrichtigem Bewundern des westlichen Kopierers traf die Mutter einen Anwalt der Kanzlei. Zunächst war er hellhörig geworden, als er erfuhr, dass es einen Großvater im Westen gibt. Es wurde jedoch klar, dass dieser die Anwaltskosten nicht zahlen würde, und so sank das Interesse merklich. Vogel übernahm dennoch sein Mandat, denn die BRD sprang finanziell ein. Wolf hatte allen Grund, den Mann zu schätzen.

„Im Interesse derer, die nach Ihnen kommen, äußern Sie sich bitte nicht bei den Medien und der Presse über die Umstände Ihrer Ausreise", erklärt Anwalt Vogel bei seiner Ansprache im Bus.

Ein Häftling fragt, wo seine Frau sei. Vogel wiegelt ab.

„Bitte haben Sie Verständnis, dass ich hier nicht auf Einzelfälle eingehen kann."

Wolf betrachtet zwei Stasileute, die vorn beim Fahrer stehen. Sie schauen distanziert, so als blickten sie auf ein seltsames Panoptikum. Es ist eine gespannte Atmosphäre. Einerseits sind da ihre Verurteilten, die Staatsfeinde und immer noch Mündel, beinahe triumphierend, aber doch in Furcht. Andererseits ist da dieser Zivilanwalt, der den Gefangenen hilft. Er kommt aus der Hauptstadt und ist unmittelbar an die Regierung angebunden.

Ist er der lokalen Stasi überlegen? Bestimmt. Sicher sind aber auch welche aus der Berliner Zentrale hier. Vogel wirkt leicht betreten und gehemmt. Vielleicht muss er lavieren. Oder es ist nur seine persönliche Art.

Der Anwalt erklärt, dass er sie ‚ein Stück begleiten' werde. Dann steigt er aus.

Im Reisebus sind Stasileute platziert. Hinten sitzt einer mit dunkler Sonnenbrille und Windjacke, als wäre er auf Urlaubsfahrt, vorn noch zwei beim Fahrer.

Durch die grauen Schleusen der Haftanstalt rollen die beiden Busse nach draußen. In einer Kolonne, mit einem hellblauen, älteren Mercedes vorn, der ein Ostberliner Kennzeichen hat, einem weiteren Westwagen, der vielleicht der Stasi gehört, sowie einem weißen Mercedes gleichen Typs hinten, verlassen sie das Gefängnis. Es geht bergab durch ein Villenviertel. Passanten sind nur wenige zu sehen. Kaum jemand blickt auf. Man kennt das wohl.

‚Seht ihr denn nicht, dass wir welche von euch sind?‘, denkt Wolf, wie seinerzeit am Bahnhof Weimar.

Allerdings hatte er die westlichen Reisebusse früher ebenso ignoriert. Am Hallenser Opernhaus standen öfters welche. Man blickte scheu vorbei und tat so, als seien sie nicht da. Mit ihrer gediegenen Technik, den gut gekleideten Fahrgästen, ihren Reisezielen in ganz Europa verzwergten sie einem das ganze eigene Leben. Klar hätte er gern mal mit einem der Reisenden geredet. Manchmal waren es Schulklassen gewesen, Jugendliche in seinem Alter. Doch vielleicht wurden sie ja verdeckt bewacht und man selbst würde dann polizeilich kontrolliert, weil man sich dafür interessiert hatte. Man wäre aufgefallen und hätte noch nicht mal was davon gehabt.

Plötzlich fällt ihm ein, dass er ja nun frei ist. Nicht frei genug allerdings, um einfach auszusteigen und nachhause zu fahren. Obwohl er das Papier dazu hat, den Entlassungsschein. Wie gern täte er das! Wieder die Familie in die Arme schließen! Doch was würde geschehen, wenn er es versuchte? Bei dem Gedanken läuft ihm ein Schauer über den Rücken. Bloß nicht das Ganze von vorn.

Die Autobahn führt an den Wohnblöcken von Lobeda vorbei. Ein junger § 213er vom Mewa-Arbeitskommando erzählte Wolf einmal, dass er hier wohne und bestimmt seine Mutter sehen könne, wenn er einmal auf Transport in den Westen wäre. Er kam er gerade aus der Jenaer Stasi-U-Haft und hatte, im Gegensatz zu Wolf, noch einen ziemlichen ‚Tagebuckel‘ vor sich. Er war ein wenig überspannt und nervös, wie alle Neuzugänge.

„Grüße sie von mir, wenn du sie siehst", hatte er gesagt.
Die Tragik dahinter berührte Wolf. Er ließ sich erklären, welche Fenster genau das seien. Heute ist niemand dort. Wolf schickt seine Gedanken hinüber. Wenn die Mutter sie sähe, würde sie wohl nichts Ungewöhnliches bemerken. Der Konvoi wirkt wie eine westliche Transitreisegruppe.

Die letzte Autobahnraststätte vor dem Grenzübergang Wartha kennt Wolf. Wer mit DDR-Kennzeichen von hier weiter in Richtung Westgrenze fährt, ist verdächtig. Mit den Eltern, in dem grauen Trabant, fuhren sie einmal weiter. Nur um zu sehen, wie es da ist.
„Wir werden sagen, ‚Wir haben uns verfahren', wenn man uns anhält", beruhigte die Mutter.
Um die nächste Kurve gab es eine hochfahrbare Betonsperre in der Fahrbahn. An beiden Seiten standen dicke Betonblöcke. Dazu eine rot-weiße Schranke, wie man sie an Bahnübergängen sieht. Sie war offen. Vielleicht kannte man das schon, denn seltsamerweise befand sich gerade hier eine kleine Wendeschleife. Der Vater wendete das Auto und sie kehrten dann in der Raststätte ein. Die Stimmung war ausgelassen, denn es fühlte sich an, als wären sie beinahe drüben gewesen. Außerdem war ja nichts passiert.

Der Bus rollt über das Betonhindernis. Wolf ist wie elektrisiert und hellwach. Als geschähe gerade etwas Verbotenes. So wie damals als Kind.
‚Was für ein Privileg, hier weiterzufahren!', denkt er zufrieden und ist neugierig darauf, wie man sie abfertigen wird.
Alles ist anders als gedacht. Der Bus schraubt sich auf einer neuen, völlig leeren Straße den Berg hinauf und hält plötzlich. Von hier oben sieht man die große Betonfläche der Grenzabfertigung mit ihren vielen Fahrspuren. Umstellt ist sie von Flutlichtmasten, die groß wie in einem Stadion sind. Für ihre Gefängnisbusse gibt es jedoch keine Grenzposten und keine Passkontrollen.

Die Stasileute steigen aus!

Sie bleiben neben dem Bus stehen und unterhalten sich. Als die Begleit-Pkws verschwinden, fühlt Wolf sich einen Moment lang ausgeliefert.

Wenn die Stasi es sich nun anders überlegt? Üppig ist die Furcht vor diesen Leuten.

Als der Bus endlich anfährt, eine Viertelstunde nach dem Halt, macht sich Erleichterung breit. Aus dem plötzlich unbewachten Häufchen Gefangener werden im Nu freie Bürger.

Auf einer langen Brücke rollen sie an zwei hohen Betonsäulen vorbei, die ein riesiges Hoheitszeichen der DDR, den Hammer mit Sichel im Ährenkranz, in der Mitte tragen. Auf den sanften Hügeln rundum ist ewiger Wald.

Helle, saubere Fassaden einzelner Häuser und gepflegte Äcker zeigen gleich darauf, dass sie nun im Westen sind.

Ein wehmütiges Gefühl erfasst Wolf. Augenblicklich ist er überzeugt, einen zivilisatorischen Rückschritt zu machen. Zurück zur ‚Ausbeutung des Menschen durch den Menschen', zurück in den Kapitalismus. Und das ja nur zugunsten eines besseren privaten Lebens. „Kleinbürgertum", würde verächtlich der Kommunist sagen.

Seis drum, dann ist er eben einer.

Wolfs Sitznachbarin beginnt plötzlich erleichtert zu plaudern. Sie kommt aus dem Frauengefängnis Hoheneck, wo sie vierzehn Monate war. Kurz darauf aber wollen sie beide über die Vergangenheit aber nicht mehr reden.

# Epilog

Freund Utz wurde zwei Monate nach Wolf in den Westen abgeschoben. Als fünf Jahre später die Mauer fiel, ging er zurück in den Osten.

Für Verlobte war auf der KSZE-Konferenz eine Frist beschlossen worden. So reiste Freundin Isa sieben Monate später zu ihm. Die Beziehung der beiden hielt noch ein halbes Jahr.

Die Harzer Großmutter verkaufte ihr Elternhaus zu DDR-Zeiten und zog nach Flensburg, in die alte Heimat ihres verstorbenen Mannes. Sie hat es immer bedauert.

Als Ungarn im Sommer 1990 den Eisernen Vorhang öffnet, fliehen viele DDR-Deutsche. Wolf verhilft dem Bruder im Kofferraum seines Autos zur Flucht in den Westen. Er hatte sich, das FH-Diplom auf den Rücken geklebt, nicht selbst durch die ungarischen Grenzanlagen gewagt.

Opernsänger Urs, zwei Monate lang Zellengenosse in der Stasi-Untersuchungshaftanstalt Halle, wurde wegen ‚Nichtnachrichtendienstlicher Agententätigkeit‘ zu drei Jahren Haft verurteilt. Später sang er wieder am Landestheater und trat in seinem geliebten Kabarett ‚Brettlkeller‘ auf.

Alex, anfangs drei Jahre Offizier beim Stasi-Wachregiment, später bei der Kripo, wechselte 1990 zur BRD-Kriminalpolizei. Er ging regulär in Pension.

Marius, Indianer und US-Botschaftsbesetzer, zog nach Saskatschewan.

Wolf wurde strafrechtlich rehabilitiert. Die Stasi-Akte umfasste einhundertzwanzig Seiten. Zu seiner Erleichterung fanden sich keine Spitzel darin. Sicher war er zu jung gewesen.

# Anhang

„Die DDR, das war doch das mit Hitler, oder?", fragt ein junger Österreicher unsicher.

Nein, Hitler war vorher. Die DDR gründete man 1949 in der sowjetischen Besatzungszone Deutschlands. Der Staat basierte gemäß marxistischer Doktrin auf ‚Grundlage des Volkseigentums der Produktionsmittel' unter der Leitung der Staatspartei SED. Fast die gesamte Wirtschaftsproduktion gehörte dem Staat. So sollte Ausbeutung verhindert werden und jeder auf gleiche Weise am Gewinn teilhaben. Die Fünfjahrespläne der Partei hatten immer das gleiche Hauptziel: ‚Erhöhung des materiellen und kulturellen Lebensniveaus'.

Die Realität war freilich eine andere. Der kapitalistische Westen hatte durch Konkurrenz eine ungleich höhere Innovationskraft. Konsumprodukte gab es dort viele und sie waren günstig. Sein Gegenstück im Osten, der ‚sozialistische Wettbewerb', fand hingegen nur auf dem Papier statt. Die Produkte waren von schlechter Qualität und oft gar nicht erhältlich. Kein Hunger, aber Mangel bestimmte den Alltag der Menschen. Zwar gab es billige, jedoch zu wenige Wohnungen (bis zur Heirat lebte man bei den Eltern oder im Wohnheim). Auf ein einfaches Auto wartete man zwölf Jahre. Die Propaganda der Einheitspartei verkündete hingegen überall (kommende) schöne Zeiten.

Die Bevölkerung war wegen des sichtlich höheren Lebensstandards im Westen bis auf einige Enthusiasten unzufrieden und wurde mit Hilfe eines repressiven Apparates niedergehalten. Wer sich negativ äußerte, wurde inhaftiert oder zu einfachen Arbeiten degradiert.

Die Sozialisten hatten einen massiven Zaun quer durch Europa errichtet, der ihr Herrschaftsgebiet abgrenzte. Es war so gut wie unmöglich, diesen zu überwinden, um das sozialistische Experiment zu verlassen. Die Bürger des Westens hingegen bereisten die ganze Erde. Auch der Osten war für sie offen, denn der Weltmarkt arbeitete mit Valuta – konvertierbaren Währungen, die der chronisch arme Sozialismus benötigte, um Importwaren kaufen zu können. Deshalb ließ man sie einreisen. Um davon unabhängiger zu sein, hatten die sozialistischen Staaten einen eigenen Wirtschaftsverbund zum Warenaustausch errichtet, RGW genannt. Die Wirkung war jedoch mäßig, denn jedes Ostblock-Land erzeugte kaum genug für den Eigenbedarf. Oft wurden die Produkte auch gegen Valuta in den Westen geliefert, anstatt zu den sozialistischen Freunden.

Ost- und Westdeutschland waren die Aushängeschilder der beiden Weltwirtschaftssysteme Sozialismus und Kapitalismus. Man wetteiferte bei der Eigendarstellung. Im Westen gab es viele Staatsbetriebe, Flächentarifverträge und hohe Löhne. Wie in Demokratien üblich, war eine gewisse Bandbreite an Meinungen erlaubt.

Im Osten gab es keine Freiheit der Meinung, hingegen sichere Arbeit und stabile soziale Verhältnisse. Prostitution, Pornografie, Bereicherung und Drogen waren verboten; Massenimmigration fand nicht statt. Arbeit war Pflicht.

Im Osten nannte man die profitorientierten Kapitalisten häufig pejorativ die ‚aggressivsten Kreise des US-Imperialismus'. Im Westen wiederum sprach man verächtlich über die ‚Apparatschiks der Nomenklatura im Einparteienstaat'. Beides stimmte.

Man belauerte sich militärisch gegenseitig und provozierte einander. Das Waffenarsenal beider Blöcke war enorm. Tausende Atomraketen standen abschussbereit einander gegenüber. Sie wirkten auf viele bedrückend.

Zu S. 197, Lenin
Der Sozialismusgründer Lenin verstarb am 21. Januar 1924 auf einem beschlagnahmten adeligen Landsitz bei Moskau, heute Gorki Leninskije genannt. Seit er im September 1918 angeschossen worden war, lebte er überwiegend dort. Sowjetrussland bezog für ihn bekanntermaßen das Medikament Salvarsan der Fa. Bayer aus Deutschland. Es war das erste wirksame Mittel gegen Syphilis, weshalb diese Erkrankung bei ihm naheliegt. Vermutet wird, er habe sie sich 1905 im Pariser Exil bei Prostituierten zugezogen. Die Bolschewiken haben das stets verneint. Offiziell litt er an den Folgen des Attentats. Da der Zweck ihnen stets die Mittel heiligt, sind sie generell wenig glaubwürdig. Auf einer Fotoserie vom 1. August 1923, ein halbes Jahr vor seinem Tod aufgenommen, sieht man Lenin im Rollstuhl mit leerem, verständnislosem Blick. Syphilis kann das Gehirn schädigen und das Verhalten beeinträchtigen, wie die Fälle von ,Al Capone' (1899–1947) und Florence Foster Jenkins (1868–1944) zeigen.

Zu S. 98 und 235, Häftlingsfreikauf
Für Abschiebungen von DDR-Gefangenen in die BRD bezahlte der Westen heimlich und je nach Bildungsgrad. Ein Facharbeiter kostete 60 000, ein Arzt 100 000, ein Chefarzt 130 000 DM. An dem Geschäft, bei dem die DDR gegen Devisen zudem unliebsame Querulanten loswurde, hatten beide Systeme Interesse. In der DDR glaubte man, die moralische Wirkung vernachlässigen zu können, sorgten doch 700 000 Stasispitzel und eine Masse anderer staatlicher ,Organe' für ausreichend Friedhofsruhe. Genau wegen dieser moralischen öffentlichen Wirkung, dem humanistischen Mäntelchen, machte die BRD das Geschäft mit.
Das Geld aus dem Menschenverkauf floss in einen Sonderfonds des DDR-,Staatsratsvorsitzenden' E. Honecker. Der biedere Dachdecker, der gern Staatsjagden veranstaltete, finanzierte damit ,Befreiungsbewegungen' in aller Welt. Etwa die roten Sandinisten in Nicaragua und mit einiger Sicherheit

auch den ANC in Südafrika, der blutigen Terror gegen die Burenfarmer verübte, der bis heute anhält.

Honeckers Fonds war mit 5–10 Millionen DM, harten Devisen, denn DDR-Mark waren auf der Welt wertlos, stets gut gefüllt.

Der ideale Staat

‚Grüsset mir die Freiheit', flüsterten sich die Revoluzzer aller Couleur im russischen Zarenreich unauffällig bei Begegnungen zu. Noch gab es echte Schwurgerichte mit Bürgern, die urteilten. Unter den Kommunisten wurden sie von ‚fliegenden Troikas' abgelöst, bestehend aus ‚verdienten' bolschewistischen Laien, wie Reitergeneral Budjonny, die auf der Durchreise Schnellurteile fällten. Mit etwas Glück wurde man nicht erschossen, sondern zu Haft im Gulag verurteilt. Im Lager war man dann einer der vielen ‚Wölfe von Brjansk', denn ‚Kamerad' durfte man nicht sagen, wie Aleschkowski 1959 in seinem Gedicht ‚Genosse Stalin, du großer Gelehrter' schrieb.

# Politische Paragraphen des DDR-Strafrechts 1984 (Auswahl), übliche Urteile

§ 99   Landesverräterische Nachrichtenübermittlung (5+ Jahre Haft)

§ 100   Landesverräterische Agententätigkeit (3+ Jahre Haft)

§ 106   Staatsfeindliche Hetze (2+ Jahre Haft)

§ 213   Ungesetzlicher Grenzübertritt (1 ½+ Jahre Haft)

§ 214   Beeinträchtigung staatlicher oder gesellschaftlicher Tätigkeit (1 Jahr Haft)

§ 219   Ungesetzliche Verbindungsaufnahme (1 Jahr Haft)

§ 220   Öffentliche Herabwürdigung der staatlichen Ordnung (1 Jahr Haft)

In den Jahrzehnten zuvor gab es andere Paragraphen mit deutlich höheren Urteilen. Zum Beispiel wurde sogenannte ‚Boykotthetze' mit 5–10 Jahren Haft bestraft.

Quelle:

Ministerium der Justiz (Hrsg.), Strafgesetzbuch – StGB –. Textausgabe, 6. Aufl., Staatsverlag der DDR, Berlin 1986. u.a.

# Fußnoten

[1] Zit. Karl Marx in Neue Rheinische Zeitung, 19. Mai 1849

[2] Zit. Wladimir Lenin am 18. August 1919 in der Tscheka-Zeitung ‚Rotes Schwert' (russisch)

[3] Dekret vom 5. September 1918. „In der gegebenen Lage ist es unerlässlich, sich durch eine Herrschaft des Terrors den Rücken zu sichern… Es ist erforderlich, die Sowjetrepublik vor den Klassenfeinden zu schützen, indem man sie in Konzentrationslagern isoliert; alle Individuen, die in die Organisation, Verschwörungen und Aufstände der Weißen verwickelt sind, wird man erschießen."

[4] Courtois, S., Schwarzbuch des Kommunismus, Piper 1998

[3] Stasi: Kürzel für Ministerium für Staatssicherheit der DDR

[5] Acht: umgangssprachlich für Handschellen, aufgrund ihrer Form

[6] In der Stasi-U-Haft Gera wurde später ein Gamma-Strahler gefunden. Einige ‚Staatsfeinde' starben an Hirntumoren; möglicherweise als Folge radioaktiver Bestrahlung

[7] VEB: Volkseigener Betrieb, Firma in staatlichem Eigentum

[8] OV: ‚Operativer Vorgang', Stasi-Bezeichnung bei Ermittlungen

[9] Devisen: konvertierbare Fremdwährungen. Im Gegensatz zur DDR-Mark, die eine reine Binnenwährung war

[10] VVN: „Vereinigung der Verfolgten des Naziregimes", DDR-Verein ehemaliger KZ-Insassen des III. Reiches

[11] Trapo: Transportpolizei der DDR

[12] Mauer: umgangssprachlich für die DDR-Grenzmauer zu West-Berlin

[13] Kreisdienststelle des MfS

[14] Genex: ‚Geschenkdienst' der DDR, Westdeutsche kauften in einem Katalog Artikel für ihre Ostverwandschaft und bezahlten dabei mit Devisen

[15] FDJ: ‚Freie Deutsche Jugend', der Jugendverband der SED-Staatspartei

[16] DSF: ‚Deutsch-Sowjetische Freundschaft', eine der staatlichen ‚Massenorganisationen'

[17] PM12: für ein Jahr gültiger Personalausweis. Benannt nach dem entsprechenden Antragsformular

[18] Bezirk: Verwaltungseinheit in der DDR. Es gab 15 Bezirke.

[19] Helsinki 1977: „Konferenz über Sicherheit und Zusammenarbeit in Europa" aller europäischen Staaten

[20] Ostblock: westlicher Propagandabegriff. Gemeint sind die ‚Staaten des Warschauer Paktes' - ein sozialistisches Militärbündnis als Gegenpol zur NATO

[21] SED: ‚Sozialistische Einheitspartei Deutschlands', die dauerregierende Staatspartei der DDR

[22] Effekten: die Kleider- oder Effektenkammer bei Armee, Polizei und Strafvollzug, umgangssprachlich

[23] Bonbon: pejorativ für das SED-Parteiabzeichen

[24] kurz StGB und StPO

[25] IGfM: Internationale Gesellschaft für Menschenrechte

[26] MfS: Ministerium für Staatssicherheit; selten verwendetes, offizielles Kürzel der Stasi in der DDR

[27] Moische Uritzki, Mitbegründer der Tscheka am 20.12.1917. Erschossen von einem Attentäter, der seine ermordeten Freunde rächte.

[28] Katyn: Im Wald von Katyn ermordete die sowjetische Tscheka 22.000 polnische Offiziere und Bürgerliche

[29] Sprengbomben wurden im Luftkrieg zum Aufreißen von Häuserdächern abgeworfen, gefolgt von Brandbomben

[30] Prager Aufstand 1968: Versuch der Tschecheslowakei die sowjetische Herrschaft abzuschütteln. Er wurde militärisch niedergeschlagen. Mit dabei waren deutsche DDR-Truppen, die die Tschechen an die deutsche Besatzungszeit während des 2. Weltkrieges erinnerten

[31] Mumpe: umgangssprachlich für Strafarrestzellen im Naumburger Gefängnis

[32] im DDR-Führerschein erhielt man bei Fehlverhalten bis zu fünf Stempel. Ein weiterer Stempel, und das Papier wurde eingezogen.

[33] Wandervogelbewegung: Vorläufer der Pfadfinder um 1900

[34] von Indianern gefolterte Siedlerkinder: Mary Campbell Willford, Connecticut 1758; Matilda Lockhart, Texas 1839. | „Scalp Dance. Indian Warfare on the High Plains 1865-1879", Thomas Goodrich, Stackpole Books 1997

[35] DEFA: Deutsche Film-Aktiengesellschaft, die staatliche Kino-Produktionsfirma der DDR

[36] Ausreiser: DDR-Person, die einen Antrag auf Ausreise in den Westen laufen hat

[37] „Der Archipel Gulag", Alexander Solschenizyn, Fayard Paris, 1973 | „Die Verlorenen", Iwan Solonewitsch, Essener Verlag 1938 | „1984", George Orwell, Ullstein Frankfurt 1976. Illegale Bücher wurden unter der Hand in der sozialistischen DDR weitergegeben; in der Sowjetunion Samisdat-Literatur genannt.

[38] "Ich hat einen Kameraden", Gedicht von Ludwig Uhland 1809. Unter Napoleon rekrutierte Deutsche mussten seinerzeit auf Tiroler Deutsche schießen. Melancholisches Sinnbild für die Tragik des Bruderkampfes

*